새로운 삶을 창조하는

창의성과 문제해결능력

박영태 · 하수연 · 박원혁

창지사

머리말

뻐꾸기와 뱁새 이야기는 깊은 생각을 하게 만든다. 뻐꾸기는 스스로 알을 품지 않는다. 뱁새와 같은 다른 새의 둥지에 몰래 알을 낳고 그 새로 하여금 자신의 알을 부화하게 한다. 자기 새끼가 아닌 것을 아는지 모르는지 뱁새는 열심히 뻐꾸기 알을 품는다. 그렇게 부화된 새끼 뻐꾸기는 가족애는커녕 그 둥지의 원래 가족인 새끼 뱁새를 쫓아버리고 둥지를 독차지하는 폭군이 된다. 뱁새는 가냘픈 몸매로 자신보다 덩치가 더 큰 새끼 뻐꾸기를 먹여 살리고 있다. 뱁새는 새끼 뻐꾸기가 자신의 새끼인 줄 알고 대견해 할까? 아니면 더 커진 새끼 뻐꾸기에게 위협을 받아 굴종적으로 봉사하는 것일까? 그것도 아니라면 흘러가는 시간 속에 생각 없이 기계적으로 행동하는 걸까? 뱁새의 마음에 들어가 보지 않으니 진정한 마음은 알 수가 없다. 오로지 인간의 마음으로 해석할 뿐이다.

뻐꾸기와 뱁새의 이야기를 제시하는 것은 오늘날 우리 사회를 지배하는 '창의성'과 왕위를 박탈당한 '지능'이 생각났기 때문이다. 창의성은 현대 사회를 지배하는 대단한 용어이다. Guilford가 수렴적 사고로서의 지능과 확산적 사고로서의 창의성을 구분하면서, 또한 급변하는 시대 상황에 부합하면서 창의성은 지능을 밀어내고 교육의 가장 중요한 부분을 장악하고 있다. 마치 뻐꾸기가 뱁새를 몰아내듯이 말이다.

창의성이 창궐하면서 지능은 뒷전으로 밀리고 있다. 때로는 인간 발달의 장애요인처럼 구박을 받기도 하면서 말이다. 박영태(2013b)는 창의성의 지나친 중시는 인간능력의 유기적 역동성을 파괴하고, 상호 연관되고 균형을 취하고 있는 교육에 단편화(fragmentation) 현상을 야기할 수 있다고 지적하였다. 전인적 교육을 지향하면서도 다른 요인을 약화시키고 지나치게 창의성만을 중시하는 교육풍조에 우려를 나타내었다. 마치 큰 힘을 발휘하는 오른팔이 있으니 별 힘을 발휘하지 못하는 왼팔은 무시하는 것은 아닌가 하는 우려이다.

창의성이 부각되기 전에는 지능이 중요시되었다. 이는 지능도 인간 발달에 있어 매우 중요한 요인이라는 것이다. 창의성이나 지능이나 모두 인간 발달의 핵심 요소라면 이를 이론적으로 분석하여 분리하여 생각하는 것은 일반인에게는 별 의미가 없다. 학자들에게는 그 의미의 핵심을 밝히기 위해 분리하여 탐색할 필요가 있다. 그러나 학자들의 연구 결과가 일반인들에게도 침투하여 마치 지능과 창의성이 분리된 능력이고, 지식정보사회, 4차 산업혁명 사회에서 창의성이 지능보다 더 필요한 능력이므로 창의성을 더욱 교육하여야 한다는 신념을 만들고 있는 것은 위험하다고 볼 수 있다. 마치 오른팔의 근육만 강화하고 왼팔은 나약하게 만드는 즉 기형을 만들 위험이 있기 때문이다.

이에 이 책은 창의성을 이해하기 위해 필요한 정보를 제공하면서 인간의 전인적 발달 측면에서 창의성과 문제해결력을 함양하는 데 목적을 두고 있다. 다시 말하면 창의성이 무엇이며 어떻게 함양하여야 하는가 하는 이론적 측면보다 창의성의 이해에 필요한 정보를 제공하면서 일상생활에서 발생하는 제반 문제를 창의적으로 해결하는 능력을 길러 주는 데 목적을 두고 있다. 우리는 이론으로 생활하지 않는다. 신념과 습관으로 생활한다. 물론 이론은 신념과 습관을 함양하는 밑받침이 되지만 이론을 들먹이면서 생활하지 않는다. 이론은 그냥 신념과 습관 속에 녹아 있는 것이다.

이러한 의미에서 기존 출판된『창의성과 문제해결력』을 한 명의 새로운 저자가 함께 참여함으로써 전면 수정하여 출간할 수 있게 되었다. 창의성을 중시하면서 지능과 조화된 '창의지능적 사고'를 함양하기 위해서이다. 창의지능적 사고란 창의적 사고의 다른 표현에 불과하다. 단지 지능이 무시되기보다 지능이 고려된 창의적 사고라는 의미를 강조하기 위해서 붙인 명칭이다. 참다운 창의적 사고에는 이미 지능이 내포되어 있으므로 창의적 사고가 바로 창의지능적 사고인 것이다.

이 책 또한 기존과 마찬가지로 창의성을 학문적·이론적으로 깊이 파고드는 데 목적을 두지 않는다. 창의성의 근본 의미를 이해하고 그 창의성을 어떻게 이용하는지 알도록 하며 나아가 일상생활에서 창의성을 연습하도록 하는 데 그 목적을 두고 있다. 그러므로 이 책은 대학교재로서의 활용은 물론이고 자신이나 자녀의 창의지능적 사고를 체계적으로 함양하고 싶은 부모에게도 매우 유용할 것이다.

이 책은 모두 12장으로 구성되어 있다. 1장은 창의성과 문제해결력의 전반적 구도, 2장은 창의성과 문제해결의 필요성, 3장은 창의성과 문제해결의 의미, 4장은 창의성 함양 방법, 5장은 문제해결 방법, 6장은 창의성의 요소, 7장은 창의적 환경, 8장은 창의적 인성, 9장은 창의적 지식, 10장은 시간적 사고, 11장은 공간적 사고와 생각자석, 12장은 창의성 산물을 소개하고 있다. 그리고 각 장은 마음다지기, 기본 이론 이해하기, 창의성 개발활동, 창의성 개발 연습을 하도록 구성되어 있다. 이 책을 통하여 창의성에 대해 의미를 새롭게 정립하고 그 향상을 위해 여러 방법으로 연습할 수 있을 것이다.

이 책의 표지를 디자인해 준 백찬은(서울대학교 대학원)에게 감사를 드린다. 또한, 이 책의 개정판을 출간하도록 격려하고 허락해 주신 창지사 김기섭 대표님, 나기영 부대표님과 편집과 교정을 도와주신 이초롱 선생님과 편집부 직원분들께 깊은 감사의 말씀을 드린다.

2019년 2월

저자

목차

제1장 창의성과 문제해결능력의 전반적 구도

1. 마음 다지기

1) 내가 만든 명언: 자신을 신뢰하라

자신을 신뢰하라.
평생 만족할 만한 종류의 인격을 만들어라.
내면에 있는 가능성의 불씨를
성취의 불꽃으로 살려 냄으로써
스스로를 최대한 활용하라.

- 포스터 C. 매클레란

◈ 내가 만드는 명언

____________을 신뢰하라.
평생 만족할 만한 종류의 ____________을 만들어라.
내면에 있는 ________________를
______________________________으로 살려냄으로써
______________________________를 최대한 활용하라.

2) 성취인 생각하기: 60조 대군의 신체

인간의 몸은 하나가 아니다. 60조개의 세포로 이루어져 있다고 한다. 다른 말로 하면 60조의 생명체를 거느리고 있는 하나의 조직체가 나의 몸이다. 이른바 나는 60조 군사를 이끌고 있는 위대한 지도자이다. 나의 몸의 위대함을 다카시오 나가오(강석영 역, 1990)가 지은 신체의 소사전의 내용에서 간단히 살펴보자.

제일 친근한 자신의 신체에 대해서는 뜻밖에도 많은 것을 모르고 있다. 일반 사람들은 병에라도 걸리지 않는 한 신체가 어떤 구조로서 어떤 기능을 하는지를 알려고 하지 않는다. 신체의 구조와 그 기능의 일부를 정리해 보자.

- 인체에는 감각기라는 수색대가 있다. 수색대는 겁많은 귀뚜라미가 더듬이를 연방 움직이듯, 끊임없이 외적의 침입을 경계하고 외계의 정보를 수집하고 있다.
- 인체에는 고상한 정신기능을 관장하는 하느님을 닮게 만들어진 부분인 대뇌의 신피질계가 있다.
- 신체의 최고 사령부인 대뇌가 일단 비상사태를 선언하면 모든 신체를 전시체제로 전환하는 교감신경이 있고, 위기가 끝나면 평화체제로 전환하는 부교감신경이 있다.
- 두뇌에는 기억과 판단을 좌우하는 해마와 정서를 관장하는 변연계가 있다.
- 모든 신체에 영양을 공급하는 혈관과 정보를 전달하는 신경이 있다.
- 외부에서 적이 침범하면 이 적들과 싸워서 몸을 지키는 군대인 백혈구가 있다.

◈ 60조 대군의 신체를 읽고 생각해 볼 점

나는 참 묘한 존재이다. 거울에 보이는 나가 있고, 그 나를 바라보는 또 다른 나가 있다.

나는 둘이다. 객체로서의 나와 주체로서의 나가 있다. 그러므로 나는 나의 주인이요 동시에 나의 노예이다. 어떠한 나를 만나느냐에 따라 나의 모습과 행동은 결정된다. 신체의 소사전에 나열된 신체는 객체로서의 나를 잘 보여 준다. 정말 신기하고 오묘할 정도로 체계적이고 탁월한 존재이다. 이러한 특출한 나를 통제하는 것도 역시 나이다. 마치 자동차와 운전기사가 하나로 결합된 모습이다. 아무리 멋진 자동차라고 하더라도 운전기사가 서투르거나 난폭하거나 자기 차를 사랑하지 않는다면 그 멋진 차는 순식간에 망가지고 험난한 길을 갈 수 밖에 없다. 반대로 자동차가 멋지지 않더라도 운전기사가 훌륭하면 자동차를 다듬고 고치고 꾸며서 멋진 차로 만들 것이다. 나는 어떤 주인일까? 이제 이 세상에 하나밖에 없는 나를 내가 어떻게 운전할 것인지 마음을 새로이 가져야 한다. 신체의 소사전에 적힌 내용처럼 내 몸은 너무나 신비하게 작동하며 엄청난 기능을 가지고 있다.

이 책을 읽어 가면서 당신은 점차 지혜로운 주인이 되어 당신 자신을 멋지게 가꿀 것이다. 그러한 마음 다짐이 필요하다. 준비된 마음만이 기회를 잡을 수 있기 때문이다.

2. 기본 이론 이해하기: 전체와 부분

1) 전반적 구도 이해의 중요성

일상생활에서 주어진 상황의 전체적 구도를 파악하는 것은 창의적 삶에서 매우 중요하다. 흔히 우리는 '나무를 보되 숲을 보지 못한다'든가, '숲을 보되 나무를 보지 못한다'라는 말을 하면서 전체와 부분의 중요성을 언급한다. 그러나 인간은 전체와 부분을 동시에 볼 수 없다. 전체를 볼 때는 부분을 빠뜨리고 부분을 볼 때는 전체를 빠뜨린다. 여기서 전체와 부분 중 무엇을 먼저 볼 것인가가 삶에서 중요하다. 결론부터 말하면 전체를 먼저 보아야 한다.

Platon의 자연철학에 비추어 보면 전체는 세상의 모든 것, 즉 우주이며 절대적인 것을 가리키는 반면, 부분은 이 전체를 받치고 있으면서 그 자체로는 전체가 될 수 없는 요소들을 가리킨다(유영미 역, 2016). 이른바 전체는 부분을 담고 있는 그릇이다. 그러나 부분을 합쳤다 하여 전체가 만들어지는 것은 아니다. Miller에 의하면 전체를 의미하는 홀리스틱(holistic)이라는 단어는 그리스어 holon에 기원하며, 전체는 부분의 합으로 환원될 수 없다는 것을 의미한다. Wertheimer의 구조주의에서도 전체는 부분의 합 그 이상이라고 했다. 이는 전체를 이루고 있는 모든 부분을 이해한다고 해서 전체 그 자체를 바로 이해할 수 있는 것은 아니라는 것을 의미한다. 이러한 부분과 전체의 관계에도 불구하고 홀리스틱 교육에서는 불행하게도 산업혁명 이후 인간 세계는 단편화와 표준화를 강조해 왔으며, 그 결과 생명은 단편화(fragmentation)되었다고 지적한다(김현재 외 역, 2000). 홀리스틱 교육은 전체를 보지 못하고 부분만을 보는 교육의 폐해를 우려하고 있다. 홀리스틱 교육은 균형(balance), 포괄(inclusion), 연관(connection)이라는 3가지 관점을 중시(김현재 외 역, 2000)하면서, 부분만을 보면 바로 균형, 포괄, 연관성을 볼 수 없다고 한다. 우리 주변에서 전체를 보지 않고 부분만 보아서 성취적 삶, 창의적 삶을 살지 못하는 경우의 예를 보자.

- 한 사람이 '보름달 멋지다'라며 손가락으로 달을 가리킨다.
  - 달을 가리키는 손가락을 보고 있으면 정작 달은 보지 못한다.

- 예쁜 여학생이 혼자서 중얼거리면서 히죽히죽 웃기도 하고 찡그리기도 하면서 걸어갔다. 이를 지켜 본 사람이 '안타깝다. 어린 학생이 실성을 했나봐' 라고 말했다.
  - 그 여학생은 이어폰을 꽂고 전화를 하면서 걷고 있었다.

- 유아가 선생님께 드리려고 사탕을 가지고 와서 '선생님' 하고 불렀다. 선생님은 다른 일을 하고 있으셨기에 유아에게 밝게 웃어 주고는 고개를 돌렸다. 유아는 몇 번 더 부르다 기분이 상해 "선생님 미워"하고 고함치며 돌아섰다. 선생님은 이유 없이 밉다고 고함치는 유아를 보고 '왜 저러지?' 하고 생각했다.
  - 고함치며 돌아서는 유아만 보았지 그 전에 자신을 보아 달라고 선생님을 열심히 부르는 모습은 못 보았다.

- 동생이 언니에게, "언니, 엄마는 평소에 나에게 잘해 주시는데 바빠서 나에게 관심을 안 줄 때는 엄마가 미워"라고 말했다. 이를 들은 언니가 엄마에게, "동생이 엄마가 섭섭하고 밉대…'라고 말했다.
  - 그 말을 들은 엄마는 동생에게 어떤 마음이 들까?

- 인도영화 신상(神象)을 보면 전체를 보지 않은데서 나타나는 슬픈 결과를 볼 수 있다. 여주인공은 코끼리에 밟혀 처참하게 된 다른 아이의 모습을 보고 난 후, 자신의 남편이 기르는 코끼리에 대해 불안을 느끼게 되고 자신의 아이를 코끼리가 밟아 죽이는 악몽까지 꾸게 된다. 그러던 중 코끼리가 자기 아이를 물에 빠트리려는 장면을 보게 되고, 또 하녀에게 코끼리가 갑자기 달려들어 아이를 빼앗아 갔다는 말을 듣고는 코끼리를 집에서 내쫓든지 죽이라고 하면서 남편과 크게 싸우고 아이와 함께 집을 나가게 된다. 그 후 뒤늦게 코끼리가 자신의 아이를 해치는 것이 아니라 구해 주고 지켜주고 있었다는 사실을 알게 되었고, 이를 알았을 때 코끼리는 이미 남편을 지키다 죽은 후였다.

전체를 보면 아름다움이 보인다. 아무리 멋진 사람이라도 부분으로 부분으로 가면 전체적 아름다움은 상실된다. 미국의 우주인 Russell Schwiekart는 다음과 같이 말했다. "여러분이 지구를 내려다보면 얼마나 많은 국경과 경계를 건너고 또 건넜는지 상상할 수도 없으며, 심지어 그러한 국경과 경계들은 보이지도 않습니다……. 위에서 지구를 내려다보면 지구는 하나의 전체이며 너무나 아름답습니다(Senge, 1990, 370; 김현재 외 역, 2000)."

전체를 보면 생명을 볼 수 있다. Heisenberg는 "무엇보다 부분과 전체의 관계가 확연한 것은 생명이다. 생명체를 구성하고 있는 부분들을 분리시키면 생명을 잃어버릴 수 있다. 부분들이 모두 모여 있어야만 비로소 생명을 유지할 수 있다(유영미 역, 2016)"고 했다. 따라서 전체를 보는 것은 그 존재의 존재 가치 즉, 생명을 보는 것이고 부분을 보는 것은 하나의 기계적인 부품들을 보는 것과 같다.

따라서 부분보다 전체를 먼저 보는 마음자세가 있어야 한다. 전체를 보아야 하는 중요성을 제시하면 다음과 같다.

- 창의적 사고를 하도록 해 준다. 창의적 사고는 조건과 조건 간의 만남을 생각하는 것이다. 전체를 보아야 정확한 관계를 파악할 수 있다. 창의적 아이디어는 통찰에서 나온다. 통찰이란 전체의 구조를 파악하는 것이다.
- 마음의 준비를 하도록 해 준다. Thorndike(1874~1949)는 시행착오 학습과 관련하여 3가지 학습의 법칙을 제시한다. 준비성의 법칙, 연습의 법칙, 효과의 법칙이다. 이 중 준비성의 법칙은 학습이 시작되기 전에 신경세포의 준비가 중요함을 말해 준다. 학습할 준비, 자세가 되어 있을수록 효과적 학습이 이루어질 수 있다.
- 학습을 용이하게 해 준다. Ausubel의 유의미학습은 잠재적으로 유의미한 정보를 학습자가 구속적이고 실제적 방식으로 이미 알고 있는 내용과 관련짓는 과정이다. 따라서 유의미 학습을 위해서는 학습자가 어떤 학습과제에 대해서 유의미 학습태세를 가져야 한다(Driscoll, 2005; 양용칠 역, 2007). 전체를 파악하는 것은 Ausubel의 선행조직자(advance organizer)와 연관되어 학습을 용이하게 한다.
- 전체를 본다는 것은 목적을 분명하게 해 준다. 목적이란 나아갈 방향이며 이 나아갈 방향은 멀리 있으므로 전체를 보는 것이 필요하다.

전체적 구도를 파악하는 것은 통찰을 위한 기반이다. 우리가 사물을 본다고 해서 전체를 보는 것은 아니다. 두뇌에는 전체를 보는 부분과 부분을 보는 영역이 구분되어 있다. 부분을 보면 전체를 볼 수 없고 전체를 보면 부분을 볼 수 없다. 나무를 보면 숲을 보지 못한다는 것은 사실이다. 또한 숲을 보면 나무를 볼 수 없다.

그러므로 우리는 순환적으로 전체와 부분을 보아야 한다. 그래야 올바르게 생각할 수 있으며, 창의적 사고도 이에서 나오게 된다.

2) 창의성과 문제해결능력의 전반적 구도

전체적 구도의 파악은 이 책을 학습할 때에도 마찬가지로 적용된다. 이 책의 부분적 내용에 들어가기 전에 먼저 전체부터 보자.

이 책은 크게 장별 구성과 활동별 구성으로 나뉜다. 장별 구성은 학습해야 할 주제를 중심으로 나눈 것이고, 활동별 구성은 각 장에서 제시하는 창의적 활동을 중심으로 나눈 것이다. 따라서 각 장에 따라 진행하며 각 장에서 주어지는 활동을 실시하면 어느 덧 이 책의 내용을 이해하고 숙지하게 되며, 자신이 창의적으로 변해가는 것을 느낄 수 있을 것이다.

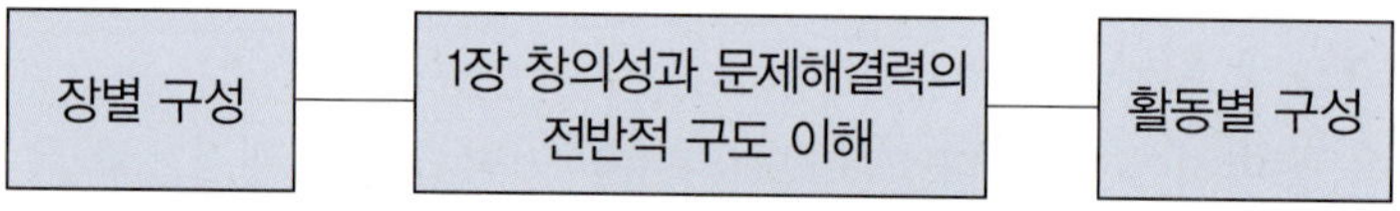

[그림 1-1] **이 책의 전체적 구성**

(1) 장별 구성

이 책은 모두 12장으로 구성되어 있다([그림 1-2] 참조).

◈ 1장

이 책의 내용 구성을 안내하기 위한 오리엔테이션으로 소개하고 있다. 1장의 내용을 숙지함으로써 앞으로의 학습구도를 알고 마음의 준비를 하게 된다.

◈ 2장

이 책을 학습해야 하는 당위성을 설명해 준다. 인간의 행동은 크게 두 방향으로 나타난다. 하나는 자극에 대한 반응으로 나타나는 것이고, 다른 하나는 목적을 지향해서 자극을 찾아가는 것이다. 창의적 인간은 자극에 대한 반응보다 목적을 위해 자극을 탐색해 가며 행동하는 사람이다. 창의성과 문제해결의 필요성은 학습하는 목적을 명확히 해 준다.

◈ 3장

이 책의 핵심 주제인 창의성과 문제해결의 의미를 명확히 이해하도록 해 준다. 명확한 개념이해는 뜀틀의 도약대처럼 창의적으로 나아가는 데 탄탄한 디딤돌이 된다.

◈ 4장

창의성의 여러 이론을 소개하여 창의성 함양 방법에 대한 폭넓은 이해를 하도록 한다. 나아가 이 책에서 중시하는 MeFOT 모형을 소개한다.

◈ 5장

문제해결을 위해 제시되고 있는 여러 이론을 소개하며 문제해결 방법에 대한 이해를 북돋운다.

◈ 6장

창의성을 함양하기 위해서 무엇을 교육하여야 하는지 그에 필요한 요소를 소개한다.

◈ 7장

창의성 발현을 위한 적절한 환경이 무엇인지 소개한다. 손바닥도 마주쳐야 소리가 나듯 창의적 환경을 만나지 못하면 창의성은 나타나기 어렵다.

◈ 8장

창의성을 나타내기 위한 근본적 인성은 어떠한 특성을 가지고 있는지를 소개한다. 결국 창의성 함양은 이러한 인성을 함양하는 데 주목적이 있다.

◈ 9장

창의성에서 지식의 중요성을 소개하고, 창의성에 도움이 되기 위해서 지식은 어떠한 모습으로 구성되어야 하는지를 소개한다.

◈ 10장

사고의 방법 중 문제해결 과정과 연관되는 시간적 사고를 소개한다.

◈ 11장

사고의 방법 중 다양한 아이디어를 생성하는 공간적 사고를 소개하고, 공간적 사고의 구체적 방법으로 생각자석을 소개한다.

◈ 12장

지금까지 학습한 모든 활동의 마무리 부분으로 자신이 스스로 창안한 아이디어나 작품을 소개하는 시간으로 한다. 이때 창의적 작품이 되기 위한 조건이 무엇인지 알 수 있도록 한다.

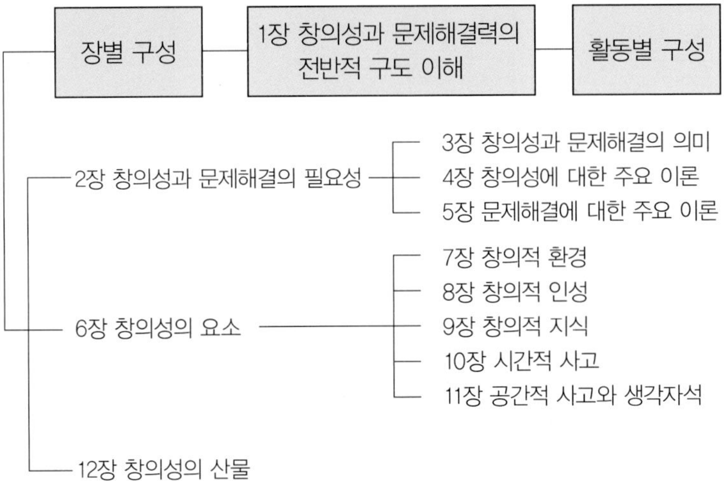

[그림 1-2] **장별 구성의 내용**

(2) 활동별 구성

각 장은 크게 네 가지 활동으로 이루어져 있다. 이 책은 단순히 이론을 소개하기보다 스스로 창의적 활동을 수행함으로써 자신의 창의성을 함양하는 데 주목적이 있기 때문이다. 활동의 의미와 방법을 소개하면 다음과 같다([그림 1-3] 참조).

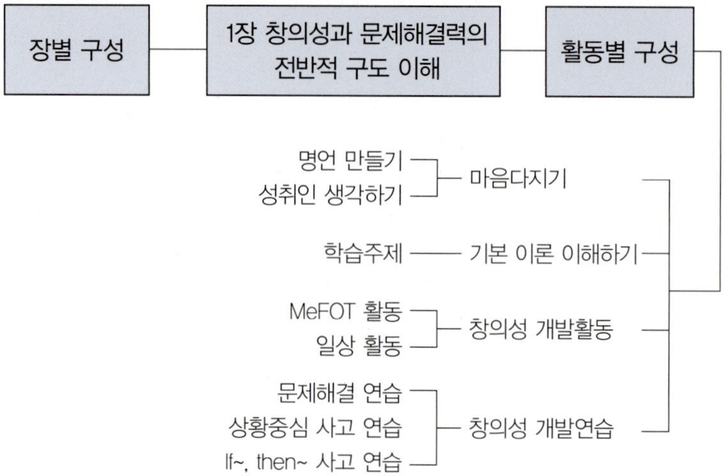

[그림 1-3] **활동별 구성의 내용**

◈ 마음다지기

마음다지기 부분은 '나도 창의적 인물이 되고 싶다'는 마음을 가지게 만드는 활동으로, 내가 만든 명언, 성취인 생각하기의 두 활동이 있다. 내가 만든 명언은 기존 명언을 활용하여 자신의 용어를 만드는 것이다. 즉 기존 명언에서 핵심 용어를 빈 줄(__) 처리하여 거기에 자신의 생각을 넣어 명언을 만드는 것이다. 명언을 만드는 과정에서 자신을 다시 생각해 보게 된다. 성취인 생각하기는 역사에서 성공적 인물이나 창의적 인물의 사례를 통하여 자신을 되돌아보도록 하는 것이다.

◈ 기본 이론 이해하기

기본 이론 이해하기 부분은 각 장에서 제시된 학습주제와 관련 이론을 학습하는 활동이다. 모든 사고와 활동은 기존 지식을 바탕으로 이루어지므로 기본 이론의 이해는 필수적 활동이다.

◈ 창의성 개발활동

창의성 개발활동에서는 창의성을 함양하는 방법을 소개한다. 창의성 요소를 중심으로 하는 MeFOT 활동과 일상적으로 이용되는 활동의 두 가지 활동이 소개된다.

◈ 창의성 개발 연습

창의성 개발 연습 부분은 창의적 사고활동의 자동화를 위하여 스스로 반복 연습하는 활동이다. 문제해결(problem solving) 연습, 상황중심 사고 연습, If~ then 사고 연습 등이 있다. 문제해결 연습은 문제해결능력을 향상하기 위해 주로 주어진 조건하에서 정답을 찾는 것이고, 상황중심 사고 연습은 주어진 조건 이외에 다양한 조건을 찾아가면서 그 상황에서 최선의 정답을 찾는 것이고, If~ then 사고 연습은 특정한 조건을 제공하여 그 조건에 적합한 최선의 정답을 찾는 것이다.

3. 창의성 개발활동

1) MeFOT 활동: 창의인성의 중요성 인식하기

◈ 창의인성의 중요성

- 창의성은 건강한 인성에 깃들고 있다.
- 창의성은 주인으로서의 내가 갖추어야 할 중요한 덕목이다.

◈ 창의인성의 중요성 인식 방법

- 항상 주인으로서의 나를 인식하라.
- 나는 내가 만든다는 생각을 갖고 나를 만드는 나에게 항상 감사해라.
- 건전한 인성은 건강한 신체에서 나온다.
- 나에게 도움이 되는 사람을 만나고, 장소를 찾아가라.
- 쓰레기 같은 생각에 빠지는 것은 마약을 먹는 것과 같이 나쁘다.

2) 일상 활동: 1분의 기적

1분의 기적(one minute miracle)을 어느 책에서 읽었는데 그 당시 너무나 감명을 받았던 짧은 문구이다.

아침에 눈을 뜨면 자리에서 일어나기 전에 1분 동안만 오늘 할 일을 상상하라. 이것은 자기 암시로서 하루의 생활을 체계적으로 하게 한다. 1분 동안 상상하는 것이 바로 주인으로서의 내가 또 다른 나에게 하루의 일과를 지시내리는 것이다. 그러면 자신의 삶에 기적이 일어난다는 것이다. 밝고, 긍정적이고, 진취적인 지시를 내려 보자. 오늘도 나는 나의 모습을 조각하고 있다. 오늘은 어떤 모습으로 나를 조각할까?

여기에 덧붙여 자기 전에 1분 동안 하루의 멋진 일을 상상해 보자. 더 많은 기적이 일어날 것이다.

4. 창의성 개발연습

1) Problem Solving 연습: 무엇이 느껴지나?

◈ 기초문제

* 동일여성의 사진이 두 장 있다. 이 중 하나는 다른 하나보다 동공이 더 확장되어 있는 사진이다. 사람들은 어느 사진을 더 선호하였을까?

◈ 중급문제

* 저울에 사과, 복숭아, 멜론이 담겨 있다. 저울의 균형을 맞추려면 3번 저울의 물음표에 복숭아가 몇 개 놓여야 할까?

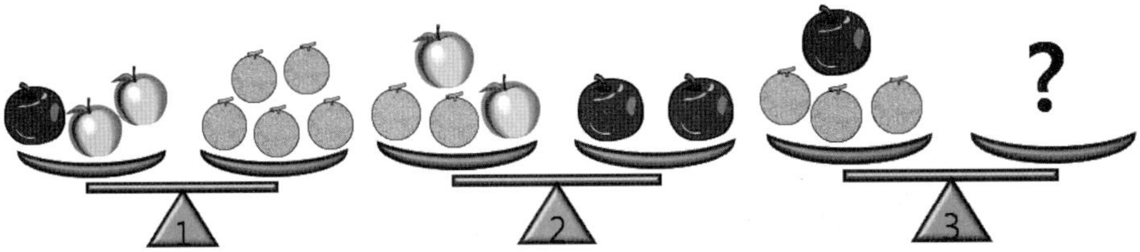

◈ 고급문제

＊다음 그림을 보면서 스스로 느껴보자. 무엇이 느껴지는가? 느끼고 난 뒤 '가능한 해답'에 있는 그림을 보자. 그러고 난 뒤 지금의 느낌에 대해서 생각해 보자.

2) 상황중심의 사고 연습: 아이의 장난

유치원생 아들을 데리고 동창회에 갔다. 음식도 맛있게 먹었다. 오래간만에 만난 친구들과 하고 싶은 이야기가 많았다. 아들은 어른들 이야기에 심심했는지 자꾸 집에 가자고 보챘다.

"엄마아! 집에 가아자……."

아들은 너무 지겨웠다. 어머니는 조금만 더 있다가 가자고 아들을 달랬다.

한참을 기다렸는데도 어머니는 이야기한다고 아들에게 신경을 쓰지 못했다.

아들은 너무 심심했다. 그래서 의자에 앉아서 발장난도 치고, 컵을 가지고 물을 여기저기 옮겨 부으면서 혼자서 놀았다. 그러다 물을 쏟아 테이블보를 적시고 의자가 뒤로 넘어지기도 했다. 그래도 어머니와 어머니 친구들은 자기들끼리만 이야기하고 있었다.

다른 테이블에서 식사하던 사람이 아이가 너무 별나다며 아들을 야단 쳤다. 그러자 어머니는,

"아이들이 놀면서 그럴 수도 있지, 그걸 왜 야단을 치면서 기를 죽여요."

라며 기분 나쁜 표현을 했다. 아이를 야단 친 그 사람도 기분 나빠하면서 숟가락을 놓았다.

＊만약 당신의 상황이라면 어떻게 하겠습니까? 그리고 비슷한 상황을 만들어 보십시오.

3) If ~, then 사고 연습: 내가 왕이라면

다음 이야기를 읽고 if에서 주어진 조건에 따라 then 당신의 행동을 적어 보십시오.

삼형제가 살고 있었다. 첫째는 멀리 보는 망원경이 있고, 둘째는 나는 양탄자를 가지고 있고, 셋째는 어떤 병이든 낫게 하는 사과를 가지고 있었다. 그러던 어느 날 어느 왕국의 공주가 병이 들어 낫지를 않아 삶을 포기하고 있었다. 이에 왕은 안타까워 공고를 내었다.

"공주의 병을 낫게 하는 자는 공주와 결혼시켜 부마로 삼겠다."

이 공고를 첫째가 망원경을 이용하여 알게 되었고, 의논 끝에 삼형제는 둘째의 양탄자를 타고 날아가 셋째의 사과를 먹여서 공주의 병을 낫게 했다. 그러자 왕은 자초지종을 들은 후 누가 공주의 병을 낫게 했는지 판단할 수가 없었다. 첫째의 망원경이 없었다면 알지를 못했을 것이고, 둘째의 양탄자가 없었다면 빠르게 오지를 못했을 것이고, 셋째의 사과가 없었다면 낫게 할 수가 없었을 것이다. 세 명 모두 공주의 병을 낫게 하는 데 결정적으로 영향을 미쳤다.

If 위의 이야기를 읽고 당신이 공주를 결혼시켜야 하는 왕이라면

then 당신은 ______________________________.

제2장 창의성과 문제해결의 필요성

1. 마음 다지기

1) 내가 만든 명언: 세 종류의 사람

세상에는 세 종류의 사람이 있다.
첫째는, 무엇을 창조하는 소수의 사람이요.
둘째는, 무엇이 창조되는지를 구경하는 수많은 사람이요.
셋째는, 무엇이 창조되는지를 모르는 대다수의 사람이다.
우리에게는 무엇을 창조하는 사람이 더 많이 필요하다.

- 니콜라스 뮤레이 바틀러

◈ 내가 만드는 명언

세상에는 세 종류의 사람이 있다.
첫째는, ______________________
둘째는, ______________________
셋째는, ______________________
우리에게는 ______________________

2) 성취인 생각하기: 나폴레옹의 도전

James M. Baldwin이 짓고 (주)YBM/Si-sa 편집국(2003)이 번역한 50가지 재미있는 이야기에 나오는 일화를 소개한다.

약 백 년 전에 나폴레옹 보나파르트라는 이름의 위대한 장군이 살았었다. 그는 프랑스군의 지휘자였다. 그때 프랑스는 주변에 있는 거의 모든 나라들과 전쟁 중이었다. 그는 그의 군사들을 이끌고 이탈리아로 들어가기를 무척 열망하고 있었다. 그러나 프랑스와 이탈리아 사이에는 알프스라고 불리는 높은 산이 있었고 그 꼭대기는 눈으로 덮여 있었다.

"알프스를 넘어가는 것이 가능할까?"

하고 나폴레옹이 물었다.

산을 넘어가는 길을 보러 다녀온 사람들은 고개를 저었다. 그러자 그중 한 사람이 말했다.

"가능할 것도 같습니다. 하지만 …."

"그 이상은 들을 필요 없다."

하고 나폴레옹은 말했다.

"이탈리아로 진군!"

사람들은 육만 명의 군대가 길도 없는 알프스를 넘어간다는 생각을 비웃었다. 그러나 나폴레옹은 모든 준비가 끝나기만을 기다렸다가 곧 진군하라는 명령을 내렸다.

군인과 말과 대포의 긴 행렬이 이십 마일이나 이어졌다. 그들이 더 나아갈 길이 없어 보이는 가파른 장소에 이르자 "돌격!" 나팔소리가 울렸다. 그러자 모든 사람들이 각자 최선을 다했으며 그래서 전군이 곧바로 전진해 나아갔다. 얼마 후 그들은 무사히 알프스를 넘었다. 나흘 만에 그들은 이탈리아의 평원을 진군하게 되었다.

"승리하고자 마음먹은 사람은 결코 '불가능'이라 말하지 않는다."

라고 나폴레옹은 말했다.

자료: 시사영어편집국 역(2003). 50가지 재미있는 이야기. 서울: YBM Si-sa.

◈ 나폴레옹의 일화에서 생각해 볼 점

나폴레옹은 '가능할 것도 같다만'이라는 한마디에 마음의 결정을 내렸다. 가능할 것도 같다는 말은 가능한 길이 있다는 말이고, 가능한 길이 있다면 뚫으면 된다는 생각이다. 우리의 삶도 마찬가지이다. 가능할 것도 같지만 우리가 내세우는 조건이 너무나 많다. "몸이 약해서", "돈이 없어서", "능력이 부족해서", "내가 그걸 어떻게", " 환경이 나를 도와주지 않는데…" 등등 이러한 생각들은 결국 자신이 무엇을 하려고 하는 의욕을 둘러싸고 공격한다. 불가능하다는 생각들은 결국 적이 되어 나의 주변을 둘러싸고, 끝내 도전하려는 의욕을 파괴시키고 만다.

창의인과 성취인이 다른 것은 아니다. 창의인과 성취인은 나폴레옹이 한 것처럼 불가능한 조건보다 가능한 조건을 찾아서 도전 의욕을 북돋운다. 가능하다고 하는 긍정의 생각은 도전 의욕의 불씨를 더욱 지펴주는 것이다. 살아난 의욕은 불가능을 가능으로 만들 것이다.

"가능할 것 같다고? 그럼 그 가능을 내가 한번 증명해 보이겠다."는 다짐이 창의적 성공인에게 필요하다.

◈ 성공을 위한 나의 아이디어: 나폴레옹의 도전

나폴레옹의 도전을 읽고 자신의 성공을 위한 아이디어를 만들어 보자.

*다음에 불가능한 이유들에 둘러싸인 나의 꿈의 지도를 작성해 보자. 먼저 타원 안에 자신이 이루고 싶은 꿈을 적어라. 그리고 타원 주변에 떠오르는 불가능한 이유들을 생각나는 대로 모두 적어라. 그리고 하단에 자신의 마음상태를 적어라.

＊마음상태

[그림 2-1] **불가능한 이유들에 둘러싸인 나의 꿈**

＊이번에는 가능한 이유들에 둘러싸인 나의 꿈의 지도를 작성해 보자. 먼저 타원 안에 자신이 하고 싶은 꿈을 위와 똑같이 적어라. 그리고 타원 주변에 떠오르는 가능한 이유들을 생각나는 대로 적어라. 쉽게 생각나지 않으면 숨을 크게 들이쉬고 그 꿈이 나의 것이 아니라 다른 사람의 꿈이라고 생각하고, 그 상황에서 그를 격려해 주는 마음으로 떠오르는 가능한 이유들을 생각나는 대로 모두 적어라. 그리고 하단에 이때의 자신의 마음상태를 적어라.

＊마음상태

[그림 2-2] **가능한 이유들에 둘러싸인 나의 꿈**

*이제 두 지도를 비교해 보자.

- 두 지도상에 마음의 차이가 있는가?

- 해 보자는 의욕이 생겼는가?

- 꿈을 실천하지 못하는 사람들의 사고특성은 무엇일까?

2. 기본 이론 이해하기: 창의성과 문제해결의 필요성

1) 위기와 문제의 태풍

20세기 후반은 문제의 홍수 시대라 불렸다. 너무나 많은 문제 속에서 허우적대는 인간의 모습을 보고 문제의 홍수라고 묘사하였다. 그러나 21세기 사회는 문제의 태풍이라고 부르고 싶다. 홍수는 강한 비바람을 동반하지 않는다. 단지 물이 넘쳐난다는 느낌이다. 그러나 태풍은 강한 바람과 함께 비가 몰아친다. 이는 홍수보다 더 긴박한 느낌을 준다. 태풍은 시시각각 인간의 삶에 위기의식을 불러일으킨다.

인간은 머리가 좋은 만큼 문화와 문명을 만들고 있지만 동시에 그만큼 문제도 발생시키고 있다. 정보의 양이 많아지면 그만큼 문제가 감소되는 것이 아니라 정보의 양만큼 문제의 양도 증대되고 있다. 그리스도 탄생기를 기점으로 정보의 양이 2배로 증대되는 데에는 1750년이 소요되었다. 이 정보가 다시 2배가 되는 데에는 150년이 소요되었고, 다시 또 2배가 되는 데에는 불과 50년이 소요되었다. 이렇듯 정보량 증대 시간 단축은 오늘날 매우 짧은 시기에 정보가 급속히 증대되고 있다는 사실을 시사해 준다. 정보량의 급속한 증대로 문제의 양도 급속히 증대되고 있다. 1750년 이전에는 해결해야 할 문제가 기어왔다면, 1900년 이전에는 걸어오고 있었고, 1950년 이전에는 뛰어오고 있었으며, 2000년 이전에는 날아오고 있었다. 그러나 4차 산업혁명 시대의 지금은 문제가 빛의 속도로 휘몰아치고 있다.

이 급속한 문제들의 돌진은 시시각각 인간에게 위기감을 주고 있다. 우리는 이러한 문제에 즉각적으로 대처하지 않으면 생존 그 자체가 어려워지게 된다. 위기의 순간에 우리는 준비된 지식과 준비된 마음으로 즉각적으로 대처해야 한다. 그러나 문제의 태풍은 문제해결은 물론 문제해결을 위한 학습의 기회마저 빼앗아 가고 있다. 정보의 태풍은 두 방향으로 인간의 삶에 영향을 준다. 하나는 모든 것이 일시적이라는 생각을 가지게 만들어 무엇을 선택하여 학습하여야 할지 혼란스럽게 만든다. 이른바 학습내용의 선택을 어렵게 만든다. 또 다른 하나는 인터넷의 발달로 정보의 학습 가치를 절하하고 있다. 이른바 학습의 필요성을 감소시키고 있다. 나아가 사고의 필요성조차 감소시키고 있다. 오늘날 주위에 회자되고 있는 '토론할 필요 없다. 인터넷에서 찾아보자.'라는 말은 이를 단적으로 보여 준다.

학습내용에 대한 선택의 어려움과 학습 및 사고의 필요성 감소는 인간의 위기감을 고조시키고 있다. 인간의 행동은 미리 이루어진 생각에 따라 표출된다. 생각은 이미 학습된 정보를 바탕으로 이루어진다. 그럼에도 불구하고 오늘날 학습 기회의 감소와 필요성의 감소는 생각할 수 있는 자원인 정보를 획득하지 못하게 함으로써 숨 가쁘게 닥쳐오는 문제에 빠르게 대처할 기회를 빼앗아 가고 있다.

엎친 데 덮친다고 할까? 설상가상(雪上加霜)이라고 할까? 문제의 태풍에다 국가 간 경쟁이라는 거대한 태풍이 동시에 덮치고 있다. 오늘날 사회는 국가 간 장벽이 무너지고 세계가 한 국가처럼 생활하고 있다. 그러나 국가가 소멸된 것이 아니므로 인종과 종교가 다른 국가 간에는 종전과 비교할 수 없는 경쟁이 치열해지고 있다. 이른바 총성 없는 경제 전쟁이 치열해지고 있다. 이 경제전쟁에서 패퇴하면 그 국가의 국민은 상대적 빈곤과 절망에서 생활하여야 한다. 이전의 폐쇄된 사회에서는 상호 비교할 대상이 없어 행복하다는 개념은 자신의 생각으로만 존재할 수 있었으나, 오늘날처럼 인터넷으로 연결된 사회는 언제 어디서나 상호 비교가 가능하여 상대적 빈곤과 상대적 불행을 뼈저리게 느끼게 만든다(박영태, 2016).

2) 4차 산업혁명시대의 도래

정보지식사회라는 용어가 우리에게 다가온 지 얼마 되지 않았는데, 어느새 4차 산업혁명(4IR, fourth industrial revolution)이란 용어가 부각되고 있다. 지식정보사회는 배우면서 일하고, 일하면서 배우는 즉 일과 배움이 동시에 이루어지는 것이 요구되었다. 특히 규격화, 표준화에서 벗어나 다양성을 요구하게 됨으로써 창의성 교육을 부각시켰다. 이에 지식학습은 등한시되고, 사고기능의 학습이 최고의 선으로 부각되었다(박영태, 2012). 연이어 나타나고 있는 4차 산업혁명시대는 창의성 교육을 새로운 각도에서 부각시키고 있다. 4차 산업혁명은 인공지능, 로봇기술, 생명과학이 주도하는 차세대 산업혁명(http://terms.naver.com, 시사상식사전, 4차 산업혁명, 2018. 12. 5.)을 말한다. 4차 산업혁명은 인간의 삶을 더 풍요롭고, 더 편리하게 만들어 줄 것이다. 그러나 생활의 편리함 이면에는 비창의적인 사람은 도태할 수밖에 없다는 무서운 사실이 따라오고 있다. 국제노동기구(ILO)는 수작업을 대신하는 로봇의 확산으로 앞으로 20년간 아시아 근로자 1억 3,700만 명이 일자리를 잃을 수 있다고 경고했고, 지난 스위스 다보스포럼에선 4차 산업혁명으로 2020년까지 선진국에서도 일자리 710만 개가 사라질 것이란 예측이 나왔다(http://www.mediafine.co.kr, 미디어파인, 신수식 칼럼, 2017. 8. 14.). 이는 4차 산업혁명 시대에는 새로운 삶의 패턴을 창조하는 사람 이외에는 인공지능의 그늘아래 인간다운 삶을 포기하여야 한다는 것을 강하게 시사하고 있다(박영태, 2017).

또한 4차 산업혁명이 시작된 오늘날 사회는 인공지능 기반의 생각할 수 있는 기계가 등장함으로써 생각은 더 이상 인간의 전유물이 아니게 되었다. 로봇도 인간과 유사하게 생각하고 판단할 수 있게 된다. 자칫하면 인간은 로봇이라는 기계에 매몰되어 인간성이 상실될 수도 있다. 덧붙여 5G LTE 기술의 발달은 정보의 전달 속도를 급속히 증대시켜 인간의 사고와 학습에 의한 정보의 획득보다 스마트 폰에 의한 정보의 탐색과 획득을 더 용이하고 빠르게 만들고 있다. 여기서 오늘날 사회는 인간에게 3가지 유형의 기회를 제공하고 있다. 첫째는 온 세상에 자신을 당당히 표현할 수 있는 기회이고, 둘째는 생각하는 기계와 동반하여 자신을 표현할 수 있는 기회이고, 셋째는 생각하는 기계에 예속되어 자기 생각과 표현을 포기하는 기회이다. 이러한 오늘날 사회에서 자아존중감을 가진 인간으로서 존재하기 위해서는 기계와 차별되는 인간으로서의 특성을 더 많이 보여야 할 필요성이 있다(박영태, 2018). 여기서 창의성교육은 단순히 사고훈련 중심에서 더 나아가 자존감을 가진 창의인성 함양 중심으로의 새로운 방향으로 나아갈 필요가 있다.

3) 창의적 문제해결의 위력

예전의 영화는 보고 난 뒤 전체 스토리를 얘기하듯이 남에게 전달해 줄 수 있다. 그러나 요즘의 영화는 전체적 스토리를 순서대로 알려 주기 어렵다. 왜냐하면 영화의 전개가 너무나 빠르기 때문이다. 장면전환이 매우 빠른 속도로 진행되기에 모든 장면에 투자할 시간이 확보되지 않아 기억이 어렵다. 시간이 투자된 장면만 기억이 나는 것이다. 이는 변화가 빠른 오늘날 사회에서 나를 스쳐가는 모든 정보를 학습하기 어렵다는 것을 시사한다. 동시에 빠르게 닥쳐오는 미래를 위해 필요한 모든 정보를 학습할 수 없다는 것도 시사한다. 이러한 관점은 교육에서 창의성이 중시되어야 함을 말해 주고 있다. 엄청난 속도로 밀어닥치는 문제들을 해결하기 위해서는 기존 학습된 정보만으로는 부족하고 이를 바탕으로 한 창의적 아이디어의 생성이 필요한 것이다. 문제의 태풍은 기존 지식을 단순히 인출하는 방법으로서는 해결할 수 없는 문제를 우리에게 안겨주고 있다. 해결되지 못한 문제는 우리에게 곤혹감을 심어줄 뿐 아니라 발달에도 큰 영향을 미친다. 오늘날 문제의 태풍시대에 창의성이 필요한 이유를 느끼게 만들어 준 일화를 소개하고자 한다.

어느 날 8살 된 여자아이가 나에게 물음을 던졌다.

"교수님, 창의성 연구하신다면서요. 창의적이 뭐예요?"

이 말에 난감함을 느꼈다. 8세 어린 소녀가 학문적인 것을 묻는 것 같지는 않고, 그렇다고 그 말을 몰라서 묻는 것 같지도 않고…….

순간적으로 난 당혹감에 싸여 멀뚱히 그 소녀를 바라보았다. 그 소녀는 재차 말하였다.

"교수님 그냥 아는 대로 말씀해 보세요."

이 말에 난 완전히 두 손 들고 그 소녀에게 말했다.

"글쎄……, 잘 모르겠는데…… 무엇이지……?"

그 순간 8세 소녀 앞에 창의성을 안다고 우쭐(?)하고 있던 나의 권위가 무너지는듯한 아찔함도 느꼈다. 그 소녀는,

"교수님 그럼 제가 가르쳐 드릴까요?"

난 구세주를 만난 것처럼,

"그래 그래, 좀 알려다오."

그러자 그 소녀는 아무 것도 아닌 것처럼

"창의적은 방패예요."

하고 잘라 말했다. 순간적으로

'이 아이가 무슨 말 하는거지? 창의적이 무어냐고 물어놓고 갑자기 방패라니……'

참 엉뚱하다 하는 생각이 들었지만 이어지는 그 소녀의 설명을 듣고는 '그렇네' 하고 빙긋이 웃을 수밖에 없었다.

'창의적(창의 적)은 방패라나 참~~~'

이 이야기는 나에게 창의성의 필요성을 생각하게 해 주는 계기가 되었다. 이 일화는 아이들의 사고 특성 중 나누어서 생각하는 방법에 의해 나온, 말의 유희에 불과하지만 난 그 말 속에서 우리 삶에서 필요한 창의성의 의미를 찾았다. 이른바 그 아이의 말에서 나는,

"아하(Aha!!")

하는 감탄을 느낀 것이다.

창의적 → 창의$^{\vee}$적 → 방패

방패는 주위의 위험으로부터 자신을 보호해 주는 장치이다. 창의성은 언제 어디서든 나의 존재를 보호해 주는 방패이다. 우주 공상 영화를 보면 우주선끼리 전투할 때 적의 포탄을 피하기 위하여 투명한 방어막을 형성하는 것을 볼 수 있다. 이 방어막은 적의 온갖 공격으로부터 우주선을 지켜 준다. 창의성은 바로 자신을 보호해 주는 방어막이다. 어떤 문제가 나를 공격하더라도, 기존 학습된 정보가 없더라도, 새로운 아이디어를 생성하면서 그 새로운 자극에 대처할 수 있게 만들어 준다.

우리가 세상을 살아가는 과정 가운데 학습된 문제만이 우리에게 다가오는 것은 아니다. 언제나 새로운 문제가 물밀듯이 닥쳐온다. 따라서 창의성이 없다면 우리는 그 문제를 빈틈없이 방어하지 못하고 점차 허물어지고 말 것이다. 순간순간 나의 두뇌에서 나오는 창의성은 나를 보호해 주는 투명한 방어막을 만들어 간다.

창의성이 나를 보호해 주는 방패막이라는 사실에서 창의성은 나의 발전을 이끌어 주는 촉발제가 된다. 인간은 자신의 존재가 안전할 때 발전을 위해 노력하게 된다. 위기에서 자신을 보호하는 데 급급하면 발전을 기대하기 어렵다. 자기발전에 투자되어야 할 에너지가 자기보호에 소모되어 버린다. Maslow의 욕구위계를 보면 자아실현을 위해서 나를 보호해 주는 방패막이 얼마나 중요한지 알 수 있다. 그는 욕구위계에서 하위의 욕구가 충족되지 않으면 상위의 욕구가 나타나기 어렵다고 했다. 따라서 창의적이지 못한 사람은 결핍의 욕구에 모든 에너지를 소

모함으로써 성장의 욕구에 투자하기 어려워진다.

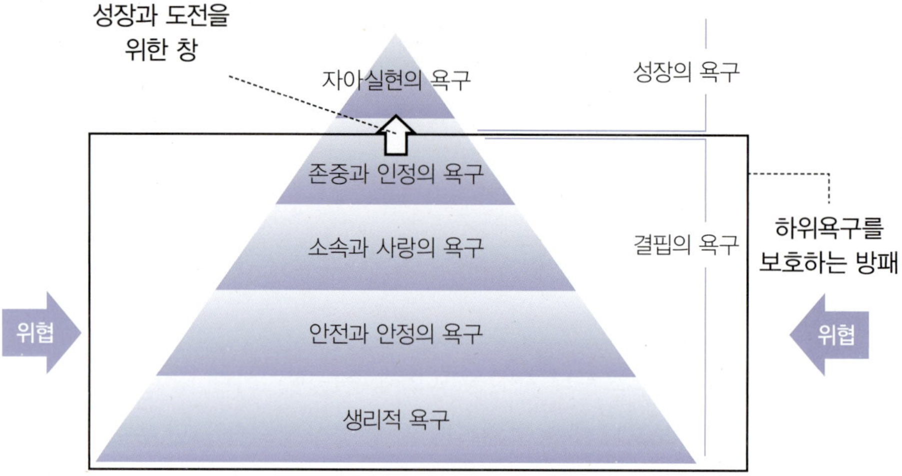

[그림 2-3] **창의성의 필요성**

한편, Fromm에 의하면 인간의 기본적 욕구는 안전을 얻고 고독을 도피하려는 추동과 자유를 추구하고 자기 창조를 위해 노력하고자 하는 추동을 가진다고 한다. 여기서 창의적이지 못한 사람은 인성형성에도 큰 영향을 미친다는 것을 알 수 있다.

또한, Freud는 성격은 4가지 중요한 긴장의 원천에 반응하면서 발달된다고 보았다. 그 4가지 긴장의 원천은 생리적 성장과정, 욕구좌절, 갈등, 위협이다. 이 4가지 긴장의 원천에서 자신의 존재양식에 불안을 느끼고, 불안으로부터 자신을 보호하기 위해 다양한 방어기제를 사용한다. 이러한 방어기제의 시용은 창의성이라는 방어막이 없이 자기보호를 위해 나타나는 현상이다. 방어기제(defence mechanism)는 성장과정에서 부딪치게 되는 위험에 능동적이고 바람직하게 대처하지 못하고, 자신을 보호하기에 급급한 데서 형성되는 바람직하지 못한 인성 특성이다. 이와 같이 비창의적인 사람은 인성 또한 잘못 형성될 수 있음을 알 수 있다.

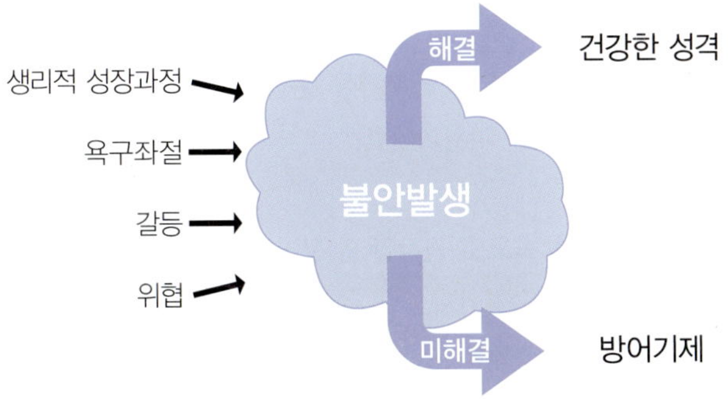

[그림 2-4] Freud의 긴장의 원천

방어기제가 작동되는 구체적 내용은 서로 다르지만 공통적인 두 가지 특성이 있다. 첫째는 현실의 부정 혹은 왜곡이며, 둘째는 무의식적으로 작동된다는 것이다. 방어기제는 억압, 반동형성, 투사, 퇴행, 전이, 고착, 합리화 등이 있으며 이러한 방어기제의 사용은 창의성을 발휘할 기회를 빼앗아 갈 뿐만 아니라 건강하지 못한 인성을 만들 위험이 있다([그림 2-5] 참조). 따라서 창의성은 자신을 보호해 줌으로써 방어기제를 사용하지 않고 건강한 인성을 만드는 발판이 된다.

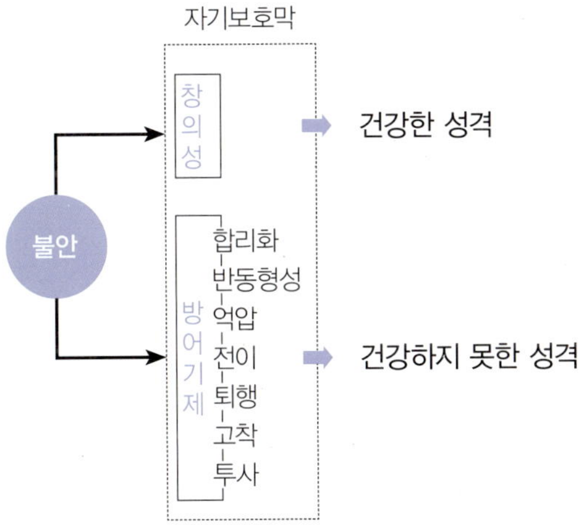

[그림 2-5] 창의성과 방어기제의 기능 차이

창의성의 필요성을 일깨워 준 다른 일화를 소개하고자 한다.

그 이후에 다시 만난 그 소녀는 나에게 추가적 질문을 하였다.

"교수님, 창의성은 남성이예요? 여성이예요?"

"……"

이번에도 난 말문이 막혔다. 속으로 생각만 할 뿐이다.

'창의성은 남성이나 여성이나 다 가지고 있는데 남성이냐, 여성이냐니…… 독일에서는 모든 것을 성과 연관시킨다더니 얘는 조상이 독일인인가?'

소녀는 의기양양하게 말했다.

"교수님 모르시면 또 제가 가르쳐 드릴게요."

참 창의성 연구한다는 교수의 체면이 말이 아닌 것을 느꼈다.

"교수님 창의성은 남성이예요."

"왜 남성이지?"

"교수님 당연하잖아요. 창의 성은 창으로 가득 찬 성인데 창은 남자들이 전쟁 때 사용하는 거잖아요. 그러니 남성이지요."

'허 참~~~'

아이에게 또 당했다는 생각이 들었다. 이전에나 지금에나 똑같은 방법인데…….

이전에 창의적은 '방패'라더니 이번에는 창의성(창의성)은 창으로 가득 찬 성이다. 얼마나 멋진 창의성의 필요성인가. 창의성은 방패이며 동시에 창이다.

창의성 → 창의∨성 → 사물의 진리를 정확히 꿰뚫어 볼 수 있는 장치

창의성은 창으로 가득 찬 성이다. 그러므로 창의적인 사람은 언제 어디서든 숨겨진 진리를 찾을 수 있는 강력한 무기를 가진 사람이다. 창의적인 사람은 자기 방어에 급급한 모든 사물에 침투할 수 있다. 진리를 숨기려는 환경적 자극이나, 진리탐구에 소극적인 자신의 마음이나 어디에나 그 문을 열게 할 수 있는 강력한 무기이다. 창의적인 사

우리 모두 창의성을 갖자.
나를 보호해 주는 방패로서는 물론
세상의 진리를 탐구하는 창으로서 말이다.

람은 기존 지식으로만 만족하지 않는다. 새로운 세계에 기꺼이 도전한다. 그들의 세계는 항상 새롭고 신기하다. 창을 들고 있으면 자신도 모르게 적극적이 되고 도전적이게 된다. 멋지다. 그래서 중세의 군인들은 창과 방패를 가지고 있나 보다.

3. 창의성 개발활동

창의성 개발은 두 방향으로 생각해 볼 수 있다. 하나는 구체적 특성을 개발하는 방법과 일반적 활동으로서 창의적 사고를 하도록 하는 방법이 있다.

1) MeFOT 활동: 질문하기

질문하기에 대한 관련 이론은 10장에서 소개하고 있다. 그러나 여기서는 10장을 미리 학습하지 말고 단지 질문의 중요성과 질문은 어떻게 하는가에 대한 기본적 안목만 갖도록 하자.

왜냐하면 질문이란 단지 이론을 배워서 나오는 것이 아니라, 자신의 무지를 스스로 깨우치는 데서 자연스럽게 나오는 것이기 때문이다. 유아기는 질문의 시기이다. 그러기에 유아기는 창의성이 최고조라고 인정받는 시기이다. 우리도 질문하기를 즐겨 한다면 창의성은 높아질 것이다.

◈ 질문하기의 중요성

- 질문은 창의성의 출발점이다.
- 질문이 있는 곳에서 새로운 아이디어가 나온다.
- 질문은 사고방향을 결정하는 열쇠이다.
- 질문이 없으면 창의성도 없다.

◈ 질문 방법

질문은 다음과 같은 생각을 가지고 있어야 한다. 일반적으로 육하원칙(무엇, 왜, 어떻게, 어디서, 언제, 누가)에 의거하여 질문하는 습관을 기르는 것도 좋다.

- 사물에 호기심을 가지고 있어야 한다.
- 사물을 사랑하는 마음을 가지고 있어야 한다.
- 사물에 대한 예리한 관찰력을 가지고 있어야 한다.
- 무엇이 보이는가?
- 무엇이 들리는가?
- 어떤 감촉이 느껴지는가?
- 무슨 맛이 나는가?
- 무슨 냄새가 나는가?
- 무슨 일이 일어날 것 같은가?
- 무엇이 숨겨져 있는가?
- 무엇을 힘들어 하는가?
- 무엇이 나를 놀라게 하는가?
- 무엇인가요?
- 왜 그런가요?
- 어떻게 하나요?

◈ 질문하기 연습

다음 그림은 영국의 일간지 데일리 메일에 실린 것이다. 사진은 여행 가이드 겸 사진작가인 앤드류 쉐만이 남아프리카공화국 사비 샌즈 지역을 여행하다 포착했다고 한다. 이 그림을 보고 어떤 생각이 드는가? 그냥 생각을 제시하지 말고 이 그림을 보고 다양한 질문을 만들어 보자.

자료: http://news.jtbc.joins.com/article/ArticlePrint.aspx?news_id=NB10110749

*질문 적기

*이 그림에서 당신이 얻은 교훈은 무엇인가요?

2) 일상 활동: 탱그램(Tanggram) 놀이

고대 중국에서 전래된 것으로 알려진 탱그램은 직각 이등변 삼각형 5개, 정사각형 1개, 평행사변형 1개의 총 7개 조각으로 구성되어 있어, 칠교놀이라고도 한다. 이 7개의 조각을 모두 이용하여 사람, 동물, 사물, 기하도형을 맞추어 보는 퍼즐놀이이다. 탱그램은 7개의 조각으로 개인에 따라 다양한 모양을 만들 수 있으므로 창의성과 관련하여 유창성, 유연성, 독창성, 정교성, 패턴 인식력, 직관력, 도형, 기하도형, 공간감각능력 등을 계발시키는 활동이다. 이른바 확산적 사고를 촉진하는 놀이이다. 탱그램에는 상품화된 다양한 종류가 있다.

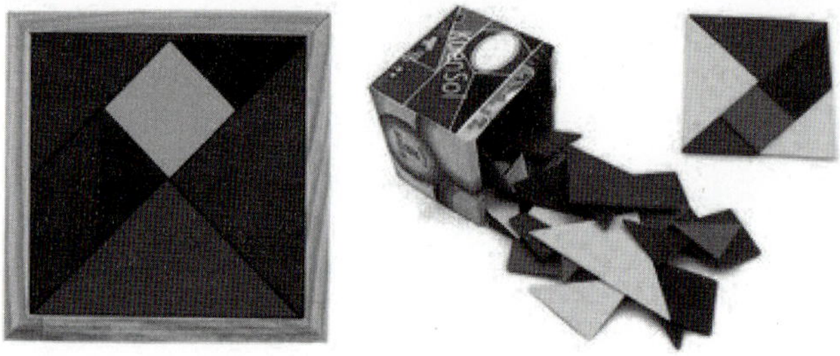

7개의 조각을 이용하여 만든 예를 보면 다음과 같다.

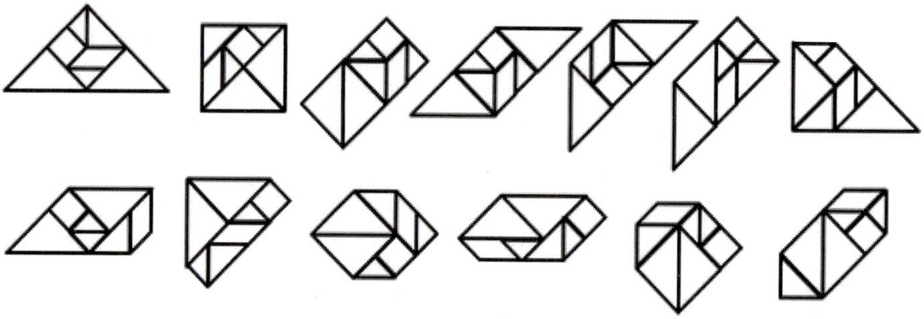

자료: https://upload.wikimedia.org/wikipedia/commons/e/eb/Tangramallconvex.PNG(2018. 11. 19.)

4. 창의성 개발연습

1) Problem Solving 연습: 에스컬레이터

유아수준에서 해결할 수 있는 기초문제에서 풀기 어려운 고급문제까지 나누어 제시한다.

◈ 기초문제

＊다음 그림 중 다른 하나를 찾으시오. 그리고 왜 다른지 이유를 설명하시오.

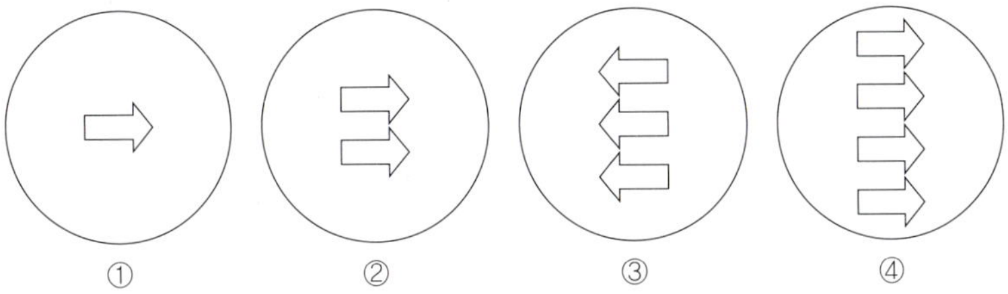

◈ 중급문제

＊다음 4 그림 중 다른 하나를 찾으시오. 그리고 왜 다른지 이유를 설명하시오.

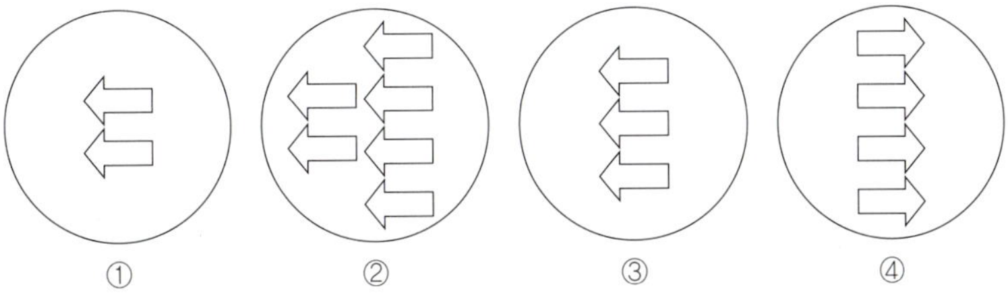

◈ 고급문제

＊다음 상황에 담긴 문제를 푸십시오.

예진이는 약속 시간이 아직 여유가 있어 에스컬레이터에 서서 주변을 보았다. 한 소년이 옆을 지나치며 걸어가고 있었고, 뒤이어 한 소녀가 빠르게 뛰며 지나갔다. '저 여자애는 참 바쁜가 보다.'라고 생각하였다.

• 질문: 혹시 문제를 풀려니 당황스럽지는 않은지요? 그냥 보면 어떤 문제도 없는 상황이니까요.

• 조언: 위 상황에서 문제가 없다고 생각하면 다시 생각해 보십시오. 일반 사람은 긴장에서 벗어나는 데 중점을 두고 있으나 창의적인 사람은 스스로 긴장을 야기하기도 합니다. 이른바 창의성이 있는 사람은 평범한 일상적 생활에서 발전적 문제를 발견하는 것입니다. 이 책의 저자는 에스컬레이터에서 걸어가는 사람과 뛰어가는 사람을 보고 '아 누가 더 계단을 많이 밟을까?' 하는 질문을 던지고 이를 풀려고 노력했습니다.

2) 상황중심의 사고 연습: 땅에 떨어진 돈

2학년인 초등학생 딸과 어머니가 길을 걸어가다가 어머니가 길에 떨어진 10원짜리 동전을 발견하였다.

어머니는 딸에게 동전을 가리키며,

"돈 찾았다. 주워라"라고 말했다.

그러자 딸은 얼른 돈을 주워 들더니 이내 그 돈을 다시 바닥에 던져 버렸다. 어머니는 당황했다.

"왜 그러니?"

딸은 망설임 없이,

"엄마가 길에 떨어진 더러운 것은 주우면 안 된다고 했잖아. 돈에 흙이 묻어 더러워서 버렸어. 전에도 학교에서 소풍 갔을 때 500원 주웠는데, 더러워서 다시 버렸어."

* 만약 당신의 상황이라면 자신 및 자녀에게 어떤 질문을 하겠습니까?

3) If ~, then 사고 연습: 시간상자가 주어진다면

if에서 주어진 조건에 따라 then 당신의 행동을 적어 보십시오.

If 현재의 젊음을 그대로 유지할 수 있는 시간상자가 당신에게 주어진다면

then 당신은 ______________________________.

* 참고: 시간상자는 시간을 흘러가지 못하게 막고 있어야 하므로 외부와 철저하게 차단된 좁은 밀폐된 공간이다.

제3장 창의성과 문제해결의 의미

1. 마음 다지기

1) 내가 만든 명언: 능력을 버리는 사람

재산을 가지고도 그것을 즐기지 못하는 사람은
황금을 나르면서 엉겅퀴를 먹는 당나귀와 같다.

- 풀러

◈ 내가 만드는 명언

________을 가지고도 그것을 ________ 못하는 사람은
________________면서 ____________________와 같다.

2) 성취인 생각하기: 연금술

이짜바 야스오가 쓰고 손영수(1978)가 번역한 과학사의 진실에 나오는 글을 소개한다.

연금술은 한마디로 납이나 구리 등의 비금속을 금으로 바꾸려는 기술인데, 시대에 따라, 나라에 따라, 사람에 따라 그 기초가 되는 생각, 목적, 방법이 몹시 서로 달랐다. 연금술사가 주장한 이론도 시대와 더불어 변해왔지만 기본적으로는 그리스의 대 철학자 아리스토텔레스의 주장을 근거로 삼는다고 한다. 아리스토텔레스는 물질은 모두 형상과 질료(質料)로서 형성되었다고 생각했다. 이를테면 말이나 집의 특성을 나타내는 원인이 형상이며, 형상을 나타내는 물질적 재료, 즉 말고기라든가 나무 등이 질료이다. 그러나 말고기나 나무도 그 자체의 형상과 소재가 되는 물이나 흙 같은 질료로 되어 있다. 이것을 추구해 가면 모든 것은 공기, 불, 물, 흙의 이른바 4원소로 구성되었다는 것이다.

그러므로 모든 물질의 차이는 형상의 차이에 지나지 않고, 형상을 바꾸면 어떤 물질도 다른 물질로 변환될 수 있다. 이를테면 말은 직접 사자로 변환되지는 않지만 말이 죽어 질료로 돌아가 사자가 그것을 먹게 되면 사자가 된 것이 된다. 따라서 납이나 구리를 금으로 바꾸는 일은 결코 불가능한 것이 아니다. 17세기 후반에 접어들자 과학적인 사고방법이 퍼져 연금술은 차츰 신용을 잃게 되었다. 그러나 만년에 가서 연금술 연구에 몰두한 뉴턴 같은 대과학자도 있다. 18세기 말에 라봐지에들의 노력으로 근대화학이 확립되자 연금술은 소멸된 것 같이 보였다.

자료: 손영수 역(1987). 과학사의 진실. 서울: 전파과학사.

◈ 연금술의 일화에서 생각해 볼 점

연금술이 최근 나노 기술을 연구하는 과학자들에 의해 재조명되고 있다. 모든 사물을 나노로 쪼개어서 다시 결합하면 다른 사물이 되는 것이 가능하다고 하는 원리이다. 실감 있게 들린다. 모든 사물은 구성 요소와 그 요소들 간의 구성 원리에 의해 만들어져 있는 것으로 보인다. 책상과 의자를 예로 들면 책상을 분해하여 이를 다시 의자의 구성 원리로 재조립하면 책상이 의자로 바뀌는 것과 같지 않을까? 이때 어디까지 다시 분해하여 쪼개느냐에 따라 새롭게 만들 수 있는 사물이 달라질 것이다. 석탄과 다이아몬드도 같은 탄소 성분이다. 단지 분자구조의 구성 형태가 다르다. 만일 아주 작게 쪼개서 다시 구조를 달리 하여 결합한다면 석탄이 다이아몬드가 될까?

연금술에 대한 생각은 창의성에서 필요한 나누기 사고를 하고 있는 것이다.

◈ 성공을 위한 아이디어: 연금술

연금술을 읽고 자신의 성공을 위한 아이디어를 만들어 보자.

*다음에 사과라는 글자를 분해해 다른 글자로 만들어 보자.

- 처음 쪼개어 본 글자

- 쪼갠 글자로 다시 만들어 본 글자

- 다시 더 세부적으로 쪼개어 본 글자

- 다시 만든 글자

2. 기본 이론 이해하기: 창의성과 문제해결의 의미

1) 일상생활의 행복과 문제

우리의 삶에서 문제가 많은 사람이 있고, 문제없이 편안하게 사는 사람이 있다. 삶이 어려워 삶 그 자체를 포기하듯 사는 사람이 있고, 더 오래 살고 싶어 불로초를 구하는 사람도 있다. 문제는 행복과 연관된다. 문제의 양이 적고, 어려운 문제에 봉착하지 않으면 우리는 행복하다고 생각한다. 과연 일상생활에서 만나는 문제의 수에 따라 행복의 정도를 판단할 수 있을까? 또 사람에 따라 만나는 문제의 수에 차이가 있는 것일까? 또 사람에 따라 만나는 문제의 난이도가 차이나는 것일까?

광대한 제국을 건설한 알렉산더 대왕(Alexander the Great)과 철학자 디오게네스(Diogenes)에 얽힌 일화를 보면서 그들이 만나는 문제의 양과 질 그리고 행복에 대해 생각해 보자.

알렉산더 대왕이 디오게네스를 만나러 왔을 때, 디오게네스는 드러누워 일광욕을 즐기고 있었다. 바야흐로 세계를 정복한 사람과 자신의 마음을 정복한 사람 사이의 대화가 이루어졌다.

대화 1

디오게네스: "폐하께서는 지금 무엇을 가장 바라고 계십니까?"
알렉산더: "그리스를 정복하길 바랍니다."
디오게네스: "그리스를 정복하고 난 다음에는 또 무엇을 바라시겠습니까?"
알렉산더: "아마도 소아시아 지역을 정복하길 바라겠지요."
디오게네스: "그 다음은 또 무엇을 바라시겠습니까?"
알렉산더: "아마도 온 세상을 모두 정복하길 바라겠지요."
디오게네스: "그러면 그 다음은 또 무엇을 바라시겠습니까?"
알렉산더: "그렇게 하고 나면 아마도 좀 쉬면서 즐겨야 할 것 같습니다."
디오게네스: "이상하군요. 왜 지금 당장 좀 쉬면서 즐기시지 않습니까?"
알렉산더: "??"

대화 2

알렉산더: "내가 지금 당신을 위해 해 줄 수 있는 일이 없을까요? 당신도 알겠지만 나는 당신이 원하는 것이라면 무엇이든 해 줄 수 있습니다."
디오게네스: "아! 그러시다면 폐하의 그림자를 치워주시겠습니까? 해와 저 사이를 가리고 있는 폐하의 그림자 말입니다."
알렉산더: "??"

대화 3

알렉산더: "내가 알렉산더가 아니라면, 다른 사람이 아닌 바로 디오게네스가 되고 싶습니다."
디오게네스: "제가 디오게네스가 아니라면, 폐하만 아니라면 그 어떤 사람이 되어도 좋겠습니다."
알렉산더: "??"

위 대화를 읽고 난 뒤 다음 질문에 답해 보자.

질문 1. 알렉산더와 디오게네스 두 사람 중에 누가 더 행복한가?

질문 2. 알렉산더와 디오게네스 두 사람 중에 누가 더 문제의 양이 많은가?

질문 3. 알렉산더와 디오게네스 두 사람 중에 누가 더 어려운 문제를 만나고 있는가?

이 질문에 대한 답은 개인마다 차이가 있을 것이다.

아마도 당신은 디오게네스가 더 행복하다고 생각할 것이다. 욕심 없고 마음이 평온한 그 모습을 보고 존경의 마음까지 생길 것이다. 그러면 다음의 질문에 답해 보자.

"당신은 다음에 결혼해서 당신의 자녀가 알렉산더가 되길 바라는가? 디오게네스가 되길 바라는가?"

이 질문에 선뜻 대답하기 어려울 것이다. 디오게네스가 행복하다고 쉽게 생각하면서도 나의 자녀가 디오게네스처럼 되는 것은 망설일 것이다. 왜 그럴까? "두 사람 중 누가 더 창의적인가?"라는 질문을 해 보자. 그러면 무언가 생각이 달라질 것이다. 내가 알렉산더라면 디오게네스와의 대화에서 다음과 같이 이어서 말하겠다.

대화 1에서

알렉산더: "그렇게 하고 나면 아마도 좀 쉬면서 즐겨야 할 것 같습니다."
디오게네스: "이상하군요. 왜 지금 당장 좀 쉬면서 즐기시지 않습니까?"
알렉산더: "그렇군요. 어차피 쉴 것 지금부터 쉬어야 하는 군요. 그런데 당신은 지금 이렇게 지내고 다음은 또 어떻게 살겠습니까?"
디오게네스: "계속 이렇게 살 것입니다."
알렉산더: "그렇게 사시다가 마지막에는 어떻게 되나요?"
디오게네스: "인간은 누구나 죽으니 결국 죽게 되겠지요."
알렉산더: "이상하군요. 어차피 죽을 것인데 지금부터 죽지 않나요?"
디오게네스: "?"

삶은 묘한 것이다. 말을 갖다 붙이기에 따라 삶의 의미가 달라진다. 여기에 잘 생각하지 않으면 자신의 삶이 다른 사람의 삶처럼 되어버리기 쉽다.

우리는 봉착하는 문제에 대하여 다시 생각해 보아야 한다. 문제란 갈등에 부딪치는 경우에 발생한다. 갈등이란 조건과 조건 간의 만남에서 조화를 이루지 못할 때 나타난다. 갈등에 부딪치지 않으면 문제는 없다. 갈등에 부딪치는 것은 새로운 심리적 욕구가 발생했다는 것이다. 따라서 문제가 없다는 것은 새로운 심리적 욕구가 발생하지 않는다는 것이다. 그러면 문제가 없다는 것은 행복한 것인가? Piaget에 의하면 인지발달은 인지갈등에 의해서 야기된다. 인지갈등이 없으면 새로운 평형화도 없고 더 발달된 인지구조를 가질 수 없다. 그러므로 문제는 행복의 기준이 아니라 인지발달의 기준이다. 따라서 문제는 사람에 따라 차별되는 것이 아니라 매 순간마다 나타나고 있다. 모든 사람에게 문제의 양은 동일한 것이다. 단지 개인이 문제를 인식하는가 못하는가의 차이가 있을 뿐이다. 문제를 인식한다는 것은 인간의 특권이다.

이탈리아 시인 단테(Dante)의 신곡(神曲, La Divina Commedia)에서 단테가 지옥에서 율리시스를 만난 뒤, "우리는 짐승처럼 살기 위해서가 아니라 탁월성과 앎을 추구하기 위해 살도록 만들어졌다"고 한 말을 생각해 보아야 한다. 문제가 없는 삶이 과연 인간다운 삶인가? 아니면 문제를 해결하면서 사는 삶이 행복한 삶인가? 우리의 삶은 연속되는 문제의 만남과 이 문제의 해결로 이루어진다. 문제해결은 행복뿐 아니라 사랑을 하거나 받을 수 있게 해 준다. 사랑은 개인의 주요 심리적 욕구를 만족시킨 결과로 나타나기 때문이다(McKnight, Phillips, 2002). 따라서 문제해결능력과 창의성은 삶의 형태를 조각한다.

2) 문제해결능력의 의미

문제해결능력은 문제를 해결하는 능력이다. 따라서 문제가 무엇인지 먼저 생각해 보자. 문제란 불평형 상태이다. Piaget가 말하는 인지적 불균형 상태, 다시 말하면 인지적 갈등상태이다. 이 갈등상태를 해결하여 인지적 평형 상태로 나아가지 못하면 문제가 된다. Sternberg(1996)는 기억에서 재빨리 관련 정보를 상기할 수 있으면 문제가 없으나, 즉각적 답을 상기하지 못하면 문제를 가진다고 했다. 결국 문제란 기억으로 빠르게 해석할 수 있느냐 없느냐로 결정된다. 이를 종합해 보면 빠르게 상기되는 지식으로 인지적 불균형이 해결되지 못한 상태가 문제이다.

여기서 문제의 핵심은 지식이라는 것을 알 수 있다. Gregory(1987)는 문제해결능력은 충분한 지식의 결핍으로 평가된다고 했다. 인지적 불균형은 이에 관련되는 적합한 지식의 투입으로 해결된다. 인지갈등의 해결은 관련된 조건에 부합되는 정보를 탐색 · 적용하면서 이루어진다. 따라서 문제는 특정 정보를 선택하는 순간이다. 선택이란 여러 가지 지식 중에서 하나를 고르는 것이다. 하나를 고를 때 두 가지가 작동한다. 하나는 어떤 조건에 더 적합한 정보를 선택할 것인가의 문제이고 다른 하나는 개인이 무엇을 더 선호하는 가의 문제이다. 이른바 인지적 차원과 정서적 차원이 있다.

문제는 개인의 발전과 퇴락의 갈림길이다. 그러므로 문제를 해결한다는 것은 개인으로 하여금 발전의 길로 들어서게 만드는 것이다. 그러나 모든 해결 방안이 바로 개인의 발전과 직결되는 것은 아니다. 누구나 제시할 수 있는 해결 방안은 단순히 생존의 수단으로 필요할 뿐 남보다 앞선 발전의 계기는 만들어 주지 못한다. 여기서 창의적 문제해결이 필요해진다. 다른 사람이 생각해 내지 못한 독창적 해결 방안은 자신을 군계일학으로 만들어 주는 계기가 된다.

그러나 모든 문제가 창의적 문제는 아니다. 평소에 접하는 문제는 단순한 문제에서부터 복잡한 문제에 이르기까지 다양하다. 특히 복잡한 문제는 그 속에 다양한 속성을 내포하고 있으므로 해결에 어려움을 겪게 만든다.

예를 들면 "이 사과는 누가 사왔어요?" 하는 문제는 단순하다. 하나의 정보만으로 해결된다. 이러한 문제에 창의성이 개재될 필요는 없다. 오히려 창의성이 개재되면 거짓이 될 수 있다. 그러나 '이 사과로 무엇을 할 수 있을까?' 하는 문제는 다른 차원이다. '먹을 수 있다'는 하나의 정보만으로는 부족하다. 이러한 문제에 창의성은 개재될 필요가 있다. 따라서 창의적 문제해결은 문제의 형태에 의해 영향을 받는다.

이와 같이 문제해결능력은 창의성이 필요 없는 경우도 있고, 필요한 경우도 있다. 이른바 문제해결능력은 [그림 3-1]과 같이 일반적 문제해결능력과 창의적 문제해결능력으로 나누어진다. 이는 문제 유형과 투입되는 사고의 유형에 따라 구분된다.

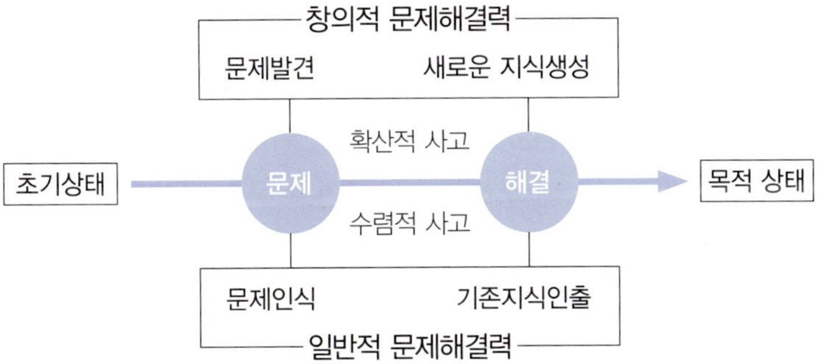

[그림 3-1] **문제해결능력의 두 차원**

문제의 유형은 구조화된 문제(well-defined problem)와 비구조화된 문제(ill-defined problem)로 나누어진다. 문제는 문제해결에 필요한 지식에 따라 변한다. 또 문제에 내포된 속성에 따라서도 변한다. Jonassen(2004)은 문제는 적어도 구조성(structuredness), 복잡성(complexity), 역동성(dynamicity), 영역특정성 또는 추상성(domain specify or abstractness) 등 4가지 방법으로 변한다고 했다. 이 중 구조성 측면에서 모든 문제는 구조화된 문제(well structured problem)에서 비구조화된 문제(ill structured problem)로 연결되는 연속선상에 있다고 했다. 구조화된 문제는 범위가 정해진 영역에서 학습된 일정한 수의 제한되고 알려진 개념, 규칙, 원리의 응용을 필요로 하며, 학교 교육현장에서 흔히 제시된다. 이 문제는 학습자에게 문제의 모든 요소를 보여 주므로 학습자는 문제가 무엇인지 알 수 있고, 해결방안도 이해할 수 있다.

비구조화된 문제는 학습된 내용으로 구성되지 않기 때문에 해결책은 미리 알 수 없고, 생각을 모을 수도 없으며, 일상생활이나 전문적 실제에서 부딪친다. 이 문제는 여러 원리들을 동시에 요구하기 때문에 특정 영역의 개념이나 원리만으로는 해결될 수 없다. 또 알려지지 않은 측면을 내포하고 있고(Wood, 1983). 여러 가지 해결이나 해결방법을 가지고 있기도 하고 때로는 전혀 해결책이 없다(Kitchner, 1983). 흔히 여러 기준이 적용되고, 때로 학습자의 개인 의견이나 신념을 표현하기를 요구하기도 한다. 여기서 문제의 유형은 서로 다른 사고유형을 요구하고 있다는 것을 알 수 있다.

사고의 유형은 수렴적 사고와 확산적 사고로 나누어진다. 수렴적 사고는 특정 조건에 부합되는 정답을 찾아가는 사고이다. 따라서 기존 문제를 인식하고, 그에 부합되는 기존 지식을 인출하는 것이 주가 된다. 이에 반해 확산적 사고는 새로운 조건을 찾아 그 새로운 조건에 부합되는 정답을 찾아가는 사고이다. 따라서 새로운 문제의 발견과 발견된 지식에 부합되는 새로운 지식의 생성이 주가 된다.

한마디로 문제해결력이란 단순히 지식을 적용하여 문제를 해결하는 힘이다. 그러나 문제해결력에는 다음과 같은 두 가지 구체적 힘이 필요하다.

첫째, 문제해결력은 문제의 인식력이다. 주어진 상황에서 문제를 인식하지 못하면 문제를 풀려고 하지 않는다. 문제를 인식하지 못하는 것은 두 가지 경우가 있다. 하나는 기존 지식으로 즉각적으로 해결되기 때문에 문제로서 인식하지 못하는 경우이다. 다른 하나는 기존 지식으로 해결할 수는 없으나 자신의 감정으로 인해 문제인식에서 도피하는 것이다. Runco(2008)에 의하면 사람이란 대개 잃을 것이 거의 없을 때는 큰 위험을 감수하고, 잃을 것이 많을 때는 큰 위험을 피하고자 한다. 여기서 무엇인가 자기에게 불리한 경우에는 문제로서 인식하지 않는 경우가 많다. 또 문제에 내포된 요인이 많으면 그중에서 일부를 안다고 하여 나머지 요인은 무시하여 문제로 인식하지 않을 수 있다. 이러한 경우에는 문제의 인식보다 문제의 발견이라고 보는 것이 좋다. 문제해결력은 문제를 인식하거나 발견하는 능력이라고 볼 수 있다.

둘째, 문제해결력은 문제에 내포된 불평형을 평형화하기 위하여 필요한 지식을 인출하고 적용하는 능력이다. 기존 지식을 쉽게 인출하여 해결하는 경우도 있으나 시간을 요하는 경우도 있다. 여러 요인이 얽혀 있는 복잡한 문제에서는 더욱 그러하다. 또 기존 지식으로 해결되지 못하는 경우에 새로운 지식을 창출하여야 한다. Gregory(1987)에 의하면 지능에는 두 가지 의미가 있다. 하나는 지식이고, 다른 하나는 지식을 발견하고 만드는 능력이다. 그러므로 인간은 문제해결에 필요한 기존 지식이 없으면 새로운 지식을 만들 수 있다. 그러므로 문제해결력은 문제를 해결하는 데 필요한 지식을 인출하거나 생성하는 능력이다.

3) 창의성의 의미

창의성은 인간 자질 중 가장 고도로 가치 있는 것 중의 하나이다(Getzels & Jackson, 1962). 그래서 그런지 오늘날 우리 주변에 만연한 것이 '창의성'이다. 어디를 가나 창의성을 길러 준다는 광고가 즐비하다. 이렇게 본다면 창의성 교육은 어디서나 이루어지고 있는 실정이다. 그러나 실제로 창의성 교육이 바르게 이루어지고 있는지, 결과적으로 창의성이 길러지고 있는지는 의문이다. 예전에 우리는 감기약을 사러갔다가 극약을 잘못 받아와서 감기가 낫기는커녕 생명을 잃는 경우를 가끔 보았다. 우리 아이들도 창의성을 기대했다가 오히려 극약을 받고 있는 것은 아닐까? 부모나 선생님은 과연 아이들에게 창의성을 제대로 길러주고 있는가? 우리 주변에서 흔히 일어나고 있는 다음의 예는 칭찬 일변도의 창의성 교육에 대해 의문을 제기하게 만들고 있다.

어머니가 7세쯤 되어 보이는 자녀를 탓하고 있었다.

"그렇게 행동하면 안 돼. 책상 정리부터 하고 놀든지 해야지. 책상을 저렇게 어질러 놓고 놀기만 해서 되겠어?"

어머니는 계속해서 자녀에게 교육적 설교를 하고 있지만 자녀는 고개를 두리번거리다가 갑자기 천장에 붙은 파리를 보고,

"엄마, 저 파리 참 이상하게 생겼어? 왜 저렇게 생겼지?"

엄마는 한참 꾸중하던 중에 더 탓해야 할지 머뭇 머뭇거리다가

"너는 ……(엄마가 꾸중하고 있는데)." 라고 하다가

"그래 파리 참 이상하게 생겼네……."

하고 말을 돌렸다. 자녀는

"엄마 그렇지? 파리 이상하게 생겼지!"

어머니는 자녀의 창의성을 개발하기 위해서 자녀의 엉뚱한 말을 수용하여야 한다는 생각에 더 꾸중하고 싶지만 말을 돌렸다. 아마도 자녀는 어머니의 말씀을 등한시하거나 무시하고 있었을 수도 있다. 또 다른 예를 보자.

어느 날 목욕탕에서 경험한 일이다. 4~5세쯤 되어 보이는 아이가 큰 소리로 울고 있었다. 젊은 아빠는 달래려고 갖가지 방법을 강구하고 있었지만 소용이 없었다. 그 아빠는 주변 사람 보기 부끄러워서인지 그저 안절부절못하면서 아이를 달래려 애를 썼다. 그러나 소용이 없었다. 난 호기심 반 안쓰러움 반으로 그 상황을 지켜보았다.

'왜 저 아이는 저토록 울면서 아빠에게 바락바락 화를(?) 내고, 아빠는 잘못한 사람처럼 안절부절못할까?'

그러나, 곧 그 이유가 밝혀졌다. 아이가 하는 말,

"아빠가 뭔데 마음대로 내 옷을 다 벗겨!!"

그 말에 아빠는 그냥 미안해, 잘못했다는 말로 상황을 피하고 있었다.

젊은 아빠는 아이의 자발적 의사표현에 대해 화를 내어 막아서는 안 된다는 생각을 가지고 있으면서 그에 적절히 대처 못하고 궁색한 변명(?)만 하고 있었다. 아마도 아이는 앞으로도 계속 자기 고집을 피울 것이다.

우리가 일상생활에서 하고 있는 창의성 교육을 보면 창의성을 더욱 활성화시켜 주는 좋은 창의성 교육이 있는가 하면 인성을 망가뜨리는 잘못된 창의성 교육도 있다. 좋은 창의성 교육은 받으면 받을수록 사람을 더욱 창의적이게 만들지만 잘못된 창의성 교육은 인성을 망가뜨리게 된다. 위의 두 일화는 무엇인가 잘못된 방향으로 가고 있다는 것을 알 수 있다. 창의성 교육이 잘못 이루어진다면 다음과 같은 결과가 나타날 것이다.

첫째, 언제나 자기중심적이 되어 타인을 고려하지 않는다.

둘째, 주의 집중이 되지 못하고 산만하다.

셋째, 언제나 비현실적인 망상에 빠지기 쉽다.

넷째, 자기 생각이 옳다는 자기도취에 빠진다.

다섯째, 인내심이 부족하고 쉽게 싫증을 낸다.

여섯째, 힘든 것을 피하는 의지박약아가 된다.

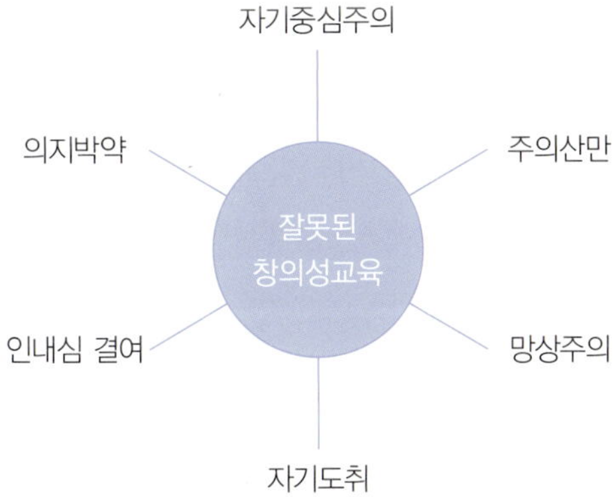

[그림 3-2] **잘못된 창의성 교육의 결과**

이러한 잘못된 창의성 교육의 해악을 고려한다면 우리는 창의성의 의미를 다시 진지하게 짚어볼 필요가 있다. 창의성은 행동주의 심리학, 사회심리학, 정신측정학, 인지 과학, 인공 지능, 철학, 역사, 경제, 디자인 연구, 경영 및 관리 등에서 연구되고 있으나, 아직 유일한 권위적인 창의성의 개념은 없다. 흔히 심리학 문헌에서도 적어도 60가지 이상의 서로 다른 정의가 나타나고 있다.

일반적으로 창의성은 신의 개입(divine intervention), 인지 과정(cognitive processes), 사회적 환경(social environment), 성격특성(personality traits), 기회(chance), 우발적 사건(accident), 뜻밖의 발견(serendipity) 등에 기인되어 왔다고 설명되고 있다(http://en.wikipedia.org/wiki/creativity). 이에 따라 창의성의 의미는 바라보는 관점에 따라 다양하게 나타남으로써 그 의미 정립이 확고하지 못하다. Runco(2008)는 창의성이라는 단어는 과학적인 관점에서는 매우 모호한 용어라고 생각하여 창의성이라는 용어를 더 이상 사용하지 않기를 제안하였다. 다시 말하면 창의성이라는 명사 대신에 창의적 수행, 창의적 잠재성, 창의적 행동, 창의적 성격, 창의적 산물 등 창의성의 형용사형을 사용하자고 했다. 이는 곧 창의성 의미의 불명료성을 지적하고 있기도 하다.

이러한 용어의 불명료성은 바람직하지 않은 창의성 교육이 나타날 위험을 안고 있다. 창의성의 의미 정립을 위해 창의성과 관련된 일반적 생각에 숨겨져 있는 잘못된 점을 생각해 보자.

첫째, 흔히 '창의성은 새로운(기발한) 아이디어를 생성하는 것이다'라고 생각하고 있다. 이른바 새롭다는 것에 중점을 두고 새로운 아이디어이면 무조건 창의성으로 간주하고 격려하도록 조장된다. 이에 따라 엉뚱한 생각도 창의성으로 둔갑되고 있다. 과연 새롭다는 것만으로 창의성이라고 볼 수 있을까? 엉뚱하고 새로운 것을 무시하려는 것이 아니라 그것으로 창의성이 충분히 확보되는지에 대한 의문을 제기하는 것이다.

둘째, 정답을 찾는 사고는 비창의적 사고로 배척된다. 지금까지 종전의 교육은 정답을 찾는 교육에 치중하여 사고력을 저하시킨다는 비판을 받았다. 이에 따라 오늘의 교육은 정답을 찾는 교육보다는 다양한 아이디어 생성에 중점을 두고 있다. 그 결과, 주어진 상황에서 정답을 추구하기보다 다양한 아이디어 생성에 중점을 두고 판단을 유보하게 하여 의지적 의사결정을 무디게 만들고 있다. 그러나 창의성이 문제해결이라는 점을 간주할 때, 정답이 아닌 아이디어로 문제가 해결될 것인가? 이를 과연 창의적이라고 할 수 있을까? 오히려 책임 없는 생각을 하도록 조장하는 것은 아닐까?

셋째, 창의성은 주어진 조건과 현실에 구애받지 않고 오히려 그 조건을 파괴함으로써 나타난다고 한다. 이에 따라 현실 부정적인 아이디어, 조건 부정적인 아이디어를 창의성으로 간주하고 있다. 조건을 무시한다는 것은 현실을 부정하는 것이고 현실을 부정하는 것은 허공에 쌓은 탑과 같다. 창의성이란 과연 조건을 무시하고 생성되는 아이디어인가? 조건을 무시하는 데서 현실부정이나 파괴를 조장하고 있는 것은 아닐까?

일반적으로 창의성이란 새로운 관계를 지각하거나, 비범한 아이디어를 산출하거나 또는 전통적 사고 유형에서 벗어나 새로운 유형으로 사고하는 능력(교육학 용어사전, 1986)으로 정의되고 있으나, 그 성격에 있어서는 [그림 3-3]과 같이 다양한 측면에서 논의되고 있다.

[그림 3-3] **창의성을 바라보는 관점**

첫째, '창의성은 인성특성인가? 사고특성인가?'의 관점이다. 일반적으로 창의성은 확산적 사고라는 관점의 연장으로 사고특성으로 보는 경향이 우세하다. 그래서 창의성 함양 훈련은 주로 사고훈련으로 이루어지고 있다. 그러나 박영태(2012)에 의하면 창의성과 인성은 별개가 아니라 서로 상호연관된 동일한 것의 다른 표현이라고 보면서 창의성은 창의를 할 수 있는 속성 즉 인성으로 보았다. 영어로 creativity에서 마지막 -ity는 하나의 속성을 말한다. 그러므로 창의성이란 사고기법이 아니라 사고를 하는 인성특성이며, 사고기법이란 인성에서 나타나는 현상일 뿐이다(박영태, 2014). Runco(2008)는 창의성이 발현되는 과정에는 해석하는 능력 이외에 몇 가지 것들(즉, 포기하지 않으려는 의지나 동기와 같은 것들)이 필요하다면서, 그중에 강력한 자아(ego-strength)라는 개념이 반드시 포함되어야 한다고 하였다. 다시 말하면 창의적인 사람에게는 다른 사람들의 생각에 동조하고 독창적인 생각을 포기하여 보다 일반적인 것을 따라야 한다는 압력에 견딜 수 있는 강력한 자아가 필요하다고 했다. 이것 역시 창의성이 사고특성뿐만 아니라 인성적 요소라는 것을 말해 준다.

둘째, '창의성은 내적 동기인가? 환경자극인가?'의 관점이다. Runco(2008)는 창의성이 나타나기 위해서는 시간과 노력의 투자도 필요하며, 이는 창의성에 흥미와 동기가 중요하다는 것을 의미한다고 했다. Amabile과 동료들은 외적 동기와 내적 동기를 구별하였는데, 내적 동기는 문제해결을 위한 욕구, 창의적 과정에 대한 순수한 즐거움을 말하고, 외적 동기는 명성이나 행운에 대한 욕구이다. 따라서 내적 동기는 창의성의 본질이나 외적 동기는 대부분의 상황에서 창의성을 방해한다고 했다(Sternberg, 1996). 이에 비해 Csikszentmihalyi(1988)는 개인의 행동이 수행된 사회나 역사로부터 벗어나 개인이나 그 작품만으로 창의성을 연구하지 않는다고 하면서 창의성에서 사회적 맥락을 중시한다.

셋째, '창의성이 영역독립적인가? 영역특정적인가?'의 문제이다. 이는 지능이 일반적인가 영역 특수적인가의 문제와 유사하다. Baer(1998)는 확산적 사고훈련은 전반적으로 영역 혹은 과제 특수적이라는 점을 나타낸다고 보았다.

Feist(2008)도 창의적 재능이란 각각의 진화된 영역에서 표현되며, 일반적이기보다는 각 영역에서 특수적이라고 보았다. 다시 말하면 개인은 하나, 때로는 관련 있는 2개 정도의 영역에서 재능을 보일 수 있으나, 3개 이상의 영역에서 재능을 보이는 경우는 흔치 않으며 모든 영역에서 재능을 보이는 경우는 절대 없다고 했다. 이에 비해 Lubart & Guignard(2008)는 영역의 특수성과 일반성에 관한 논쟁에서 알 수 있는 것은 창의성에 대한 정의 자체가 어느 정도 이미 일반성을 담보하고 있으며(새로워야 하고 제약을 충족시켜야 한다는 것 자체가 이미 큰 의미에서 일반적일 수밖에 없다는 의미다), 아울러 영역이라든가 과제라든가 하는 용어를 쓴다는 것 자체가 어느 정도 특수성에 대한 뉘앙스를 갖고 있다고 보았다. 따라서 창의성 역시 영역 일반적이면서도 영역 특수적이라고 보는 것이 타당할 것이다. 왜냐하면 창의성에는 지적 능력이 결부되는데, 지적 능력 자체가 일반적이면서도 특수적이기 때문이라고 했다.

넷째, '창의성이 일반적 사고인가? 창의적 사고인가?' 하는 관점이다. 일반적 사고라는 관점은 특별하게 창의적 사고가 존재하는 것이 아니라 단지 사고결과가 창의적 아이디어의 요소를 충족시키면 창의적 사고이고, 그렇지 않으면 일반적 사고라는 것이다. 이에 비해 창의적 사고가 별도로 존재한다고 보는 것은 아이디어를 내기 위해서는 처음부터 창의적 사고를 활용하여야 한다는 것이다. 그러나 창의적 사고라고 제시하는 수평적 사고, 우뇌적 사고 등이 일반적 사고와 크게 다르게 제시되고 있지 않다. 수평적 사고, 우뇌적 사고도 수직적 사고, 좌뇌적 사고와 연합되지 않으면 그 효과는 보장하기 어렵다.

다섯째, '창의성이 암묵적인가? 명시적인가?'의 관점이다. 암묵적(implicit)이란 사회문화적 영향을 받아 생성되어 그 문화권 사람들에게 공유된 생각이며, 상식적이고 보편적으로 인식되고 있는 개념을 의미(Sternberg, 1985: 최인수, 1998, 재인용)한다. 명시적(explicit)이란 심리학자를 비롯한 전문가들이 창의성에 관한 자신의 가설을 경험적 연구로 입증한 것을 말하며 학자에 따라 다양할 수 있다. 암묵적 이론은 개인이 결정을 내리고 행동을 하는 데 있어 명시적 이론보다 더 관여하기 때문에 중요하다(Runco, 1990). 따라서 창의성에 있어 암묵적인가 명시적인가 하는 것은 단지 창의성의 의미를 보는 관점의 차이를 말한다.

이상에서 상반되는 두 관점으로 창의성을 보았으나 이는 창의성을 보다 깊이 연구하는 과정에서 나타나는 분석적 현상일 뿐 실제로 창의성은 하나의 체제(system)로서 그러한 모든 경향성을 가지고 있다고 보아야 한다. 따라서 특정 관점을 취하기보다 이를 통합하여 창의성의 의미를 정립하는 것이 필요하다. 이에 창의성의 의미를 다음과 같이 정립한다.

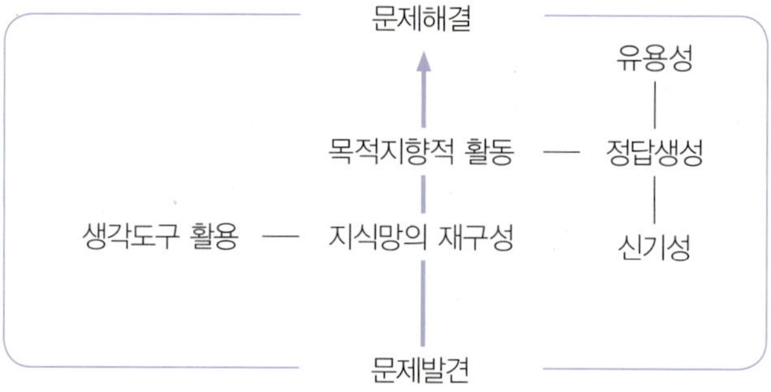

[그림 3-4] **창의성의 속성**

첫째, 창의성은 문제해결력이다. 기존 지식으로 문제를 해결할 수 없을 때 포기하지 않고 해결할 수 있도록 하기 위해 선천적으로 인간에게 주어진 특별한 능력이 창의성이다. 문제를 해결함에 있어 기존의 아이디어로 정답을 찾을 수도 있고 새로운 아이디어로 정답을 찾을 수도 있다. 창의성은 새로운 아이디어로 정답을 찾을 때 이루어진다. 이른바 창의성의 출구는 문제해결이다.

둘째, 창의성은 정답을 찾는 과정이다. 흔히 창의성에서 정답은 없는 것이라 보고 다양하게 아이디어를 제시하는 것을 중요하게 생각한다. 그러나 창의성은 다양한 아이디어 그 자체를 의미하는 것이 아니라 다양한 정답군의 발견을 의미한다. 아무리 다양한 아이디어라고 하더라도 그 아이디어가 주어진 문제에서 오답이 된다면 문제해결도 되지 않으며, 이를 창의성이라 할 수 없다. 창의성은 오답을 찾기 위한 노력이 아니다. 정답군을 찾기 위한 노력인 것이다. 여기서 창의성은 단순히 새로운 아이디어를 생성하는 노력에 그치는 것이 아니라 새로운 것을 찾아 학습하는 고도의 학습 방법이 된다. 이른바 하나를 배우면 열을 알게 하는 방법이 된다.

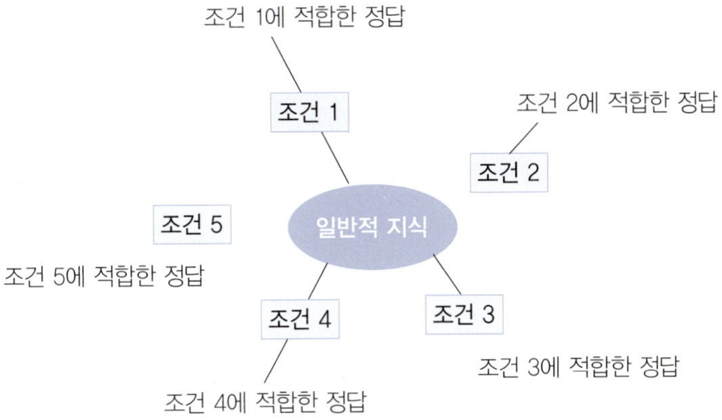

[그림 3-5] **하나의 일반적 지식과 조건에 따른 여러 정답**

[그림 3-5]에서 보듯이 하나의 지식도 만나는 조건에 따라 여러 정답이 나올 수 있다. 일반적 지식은 조건 1 및 조건 4와 만나서 거기에 부합되는 새로운 정답을 찾았다. 그러나 조건 2와 그에 맞는 정답은 알고 있으나 일반적 지식과 조건 2와의 관련성을 찾지 못하여 활용하지 못하는 것이고, 조건 3은 일반적 지식과 연관하여 생각은 하나 그에 적합한 정답을 못 찾는 것이고, 조건 5는 아예 일반적 지식과의 관련도 찾지 못하고 그에 부합되는 정답도 찾지 못한 경우이다. 다음 문제를 풀면서 조건에 부합되는 다양한 정답을 찾아보자.

문제1: 8을 2로 나누면 얼마인가?

문제2: 1 과 1을 더하면 얼마인가 ?

문제 3: 60 과 90을 더하면 얼마인가?

문제 4: I, L, V, E 로 만들 수 있는 글자는?

셋째, 창의성에는 새로움이 담긴다. 새로움이란 결국 기존 지식망을 새롭게 변화시키는 것이다. 새로움이란 위 문제에서도 나타나고 있지만 일반적으로 다음과 같은 유형이 있다(http://en.wikipedia.org/wiki/creativity).

- 부분적으로 또는 전체적으로 새로운 것을 생성하는 것
- 기존의 사물에 새로운 속성 또는 특성을 부여하는 것
- 이전에 생각되지 않은 새로운 가능성을 상상하는 것
- 이전에 가능하다고 생각하거나 통상적이라고 생각했던 방법과는 다른 방법으로 사물을 보거나 수행하는 것

많은 창의적 아이디어는 미리 생각한 가정을 버리고 다른 사람이 생각할 수 없는 것처럼 보이는 새로운 접근이나 방법을 결정할 때 생성된다. 새로움이란 두 방향에서 논의된다. 하나는 심리적으로 개인적 마음에서 그 아이디어가 새로운 것이고, 또 다른 하나는 역사적으로 인간의 전 역사에서 새로운 아이디어이다(http://en.wikipedia.org/wiki/creativity). 개인적 측면은 '작은 창의성(little c: creativity)'으로 일반 사람들과 관련된 창의성을 의미하며, 전 역사적 측면은 큰 창의성(bic C: Creativity)'으로 한 분야를 완전히 바꿔 버릴 수 있는 것, 즉 소수의 사람들에게만 나타날 수 있는 창의성을 의미한다(Root-Bernstein & Root-Bernstein, 2008).

넷째, 창의성은 유용성을 내포하고 있다. 창의력이란 당면하는 과제를 해결하기 위하여, 기존정보(과거의 경험과 지식)를 끌어내고, 새롭게 조립함으로써, 가치 있는 어떤 '사물'이나 '아이디어'를 만들어 내는 능력이다(이성진, 1985). 이러

한 유용성으로 인해 창의성은 결국 발명으로 이어진다. 발명으로 이어지지 않는 창의적 아이디어는 사장된다. 유용성은 아이디어를 사상누각으로 만들지 않고 현실에 뿌리를 둔 실제성을 가지게 만든다. 유용성이 없는 아이디어는 아무리 새롭더라도 가치가 없는 말의 장난일 수 있다. 오늘날 말의 장난이 얼마나 많은가? 창의성에는 새로움(novelty)과 유용성(usefulness)을 많은 학자들이 제시하고 있다(Amabile, 1996; Feist, 2008; MacKinnon, 1970; Sternberg, 1988).

다섯째, 창의성은 목적 지향적이다. 창의성이 문제해결력이고, 정답을 찾는 것이라면 당연히 사고는 목적지향적으로 이루어진다. 목적 없이 나타난 아이디어는 목적과 결부시킴으로써 창의적 아이디어가 된다.

여섯째, 창의성은 사고도구를 이용한다. 창의성은 그 자체로 아이디어가 생성되는 것이 아니고 아이디어를 생성하는 사고의 도구를 이용한다. 창의성은 영감(inspiration), 인지적 도약(cognitive leaps), 직관적 통찰(intuitive insight)과 동시에 일어난다고 보는 관점은 사고의 도구로 영감, 인지적 도약, 직관적 통찰을 제시하고 있다. Root-Bernstein(1999)은 창의적 아이디어가 떠오르도록 하는 생각의 도구로 관찰, 형상화, 추상화, 패턴 인식, 패턴 형성, 유추, 몸으로 생각하기, 감정이입, 차원적 사고, 모형 만들기, 놀이, 변형, 통합 등 13가지를 제시하고 있다. 박영태(2013a)는 생각이란 전자석처럼 그 방향으로 생각을 하면 자동적으로 그 방향의 생각이 일어난다고 하여 창의성의 도구로 유추, 역발상, 선택, 추상화, 형상화, 목적성, 탈자아 등 7가지 생각자석을 제시하고 있다.

일곱째, 창의성은 기존 지식망의 재구성이다. Kneller는 "창의성은 우리가 모르는 것을 알아내기 위하여 우리가 알고 있는 것을 재정리하는 것으로 구성된다(http://en.wikipedia.org/wiki/creativity)"라고 하였다. 알고 있는 것을 재정리한다는 관점에서 창의성의 근본은 새로운 아이디어(또는 개념) 또는 기존 아이디어(또는 개념) 간의 새로운 연합을 생성하는 정신과정이라고 볼 수 있다. 많은 창의적 아이디어는 미리 생각한 가정을 버리고 다른 사람이 생각할 수 없는 것처럼 보이는 새로운 접근이나 방법을 결정할 때 생성된다. creativity 단어의 어원도 글자 그대로 성장하는 것(to have grown)이란 의미를 가진 라틴어의 creatus에 있다. 즉, 기존 지식은 지식망의 재구성으로 성장하는 것이다. 석탄과 다이아몬드는 탄소로 이루어져 있지만, 분자 구조가 다르다. 재구조화는 바로 이에 비유할 수 있다.

여덟째, 창의성은 문제의 발견이다. 문제를 해결한다는 것은 문제가 전제로 깔려 있다. 새로운 아이디어의 생성은 문제가 있어야 나타난다. 문제가 없으면 생각하지 않는다. 따라서 문제의 발견 및 확인은 창의성의 주요한 속성이다. 주변에 문제가 널려 있어도 문제를 인식하지 못하는 사람이 많다. 따라서 창의성은 문제를 발견하고, 확인하는 능력이 있어야 한다. 정답을 찾기 위한 새로운 아이디어는 새로운 문제에서 나오기 쉽다. 그러므로 창의성은 문제해결력 못지않게 새로운 문제의 발견이 중요하다. 문제의 확인이란 주어진 조건을 명백히 하고 그 조건과 결부되어 있는 기존 정보를 확인하고 이러한 결합으로는 문제가 해결될 수 없음을 인식하는 것이다. 이른바 문제가 무엇인지 해석하고 의미를 정립하는 것이다. 문제 확인은 새로운 조건의 발견, 기존 지식망의 재구성을 위한 출발점으로서 문제해결의 방향을 결정한다. 이른바 창의성의 입구는 문제발견이다.

이상을 종합하면 창의성이란 일상생활에 도움을 주기 위하여 다양한 생각도구를 활용하여 새로운 문제발견, 새로운 조건탐색, 새로운 해결책 생성을 추구하는 인성적 특성이다. 다시 말하면 창의성이란 조건을 무시하고 새로운 아이디어를 생성하는 것을 의미하는 것이 아니라, 주어진 조건을 수용하고 나아가 새로운 조건을 탐색하여 그 새로운 조건과 부합되는 새로운 정답을 생성하여 생활에 도움을 주는 인성특성이다. 창의적 사고는 그 인성특성에서 나오는 것이다.

3. 창의성 개발활동

1) MeFOT 활동: 정보생성하기

정보생성하기에 관한 이론은 9장 창의적 지식에서 소개하고 있다. 여기서는 창의성을 발휘하기 위해서는 지식이 필요하므로 관련되는 지식을 생성하여야 하는 필요성과 그 방법에 대하여 생각하자. 정보를 생성한다는 것은 마치 레고블록 놀이에서 다양한 레고블록을 준비하는 것과 같다.

◈ 정보생성하기의 중요성

- 창의성은 정보를 바탕으로 나타난다.
- 정보가 없으면 어떠한 아이디어도 떠오르지 않는다.
- 정보는 뜀틀의 도약대와 같다.
- 정보는 단순히 문제에 대한 답을 탐구하는 자료일 뿐만 아니라 질문생성에도 영향을 미친다.

◈ 정보생성하기의 방법

- 기억 속의 관련 정보를 모두 생각해 낸다.
  - 질문을 다르게 바꾸어 본다.
  - 주어진 질문에 대하여 집중적으로 생각한다.
  - 주어진 질문에 대하여 의식적으로 생각을 떠올린다.
  - 자연스럽게 생각의 꼬리를 물고 생각한다.
  - 떠오르는 생각을 재빠르게 메모해 둔다.
- 다양한 자료원(인터넷, 서적, 전문가 등)으로부터 정보를 입수한다.
  - 인터넷을 탐색한다.
  - 전문가에게 메일을 보낸다.

- 관련 서적을 찾는다.
- 사물에 주의집중하여 관찰한다.
  - 전체가 어떻게 구성되어 있는지 전체 구조를 본다.
  - 대상 또는 사건을 부분으로 나누어 구체적으로 관찰한다.
  - 대상 또는 사건을 조작하면서 관찰한다.

◈ 정보생성하기의 연습

*다음 그림을 보고 알 수 있는 것을 적어 보자.

Edward H. Adelson(1995). MIT의 시과학(Vision Science) 교수의 체커 그림자 착시(checker shadow illusion)

- 찾아낸 정보

2) 일상 활동: 그림 맞추기 퍼즐, 퍼즐 맞추기 게임

이것은 탱그램과 반대로 수렴적 사고를 위한 놀이이다. 때로 수렴적 사고는 정답을 찾는 사고로 창의적 사고가 아닌 것으로 생각하는 경우가 있다. 그러나 창의적 사고는 확산적 사고와 수렴적 사고가 체제적으로 작용하는 것이지 수렴적 사고가 배제된 확산적 사고만의 작용은 아니다. 새로운 조건을 탐색하는 것은 확산적 사고이지만 탐색한 새로운 조건에 부합되는 정답의 발견에는 수렴적 사고가 필요하다. 그림 맞추기는 조건이 주어져 있다. 전체적 그림을 보여 주고, 주어진 조각들의 모양과 색깔을 보고 전체를 구성하는 것이다. 이른바 부분과 부분 간의 관계를 관찰하고 이해하는 활동이다. 부분 간의 관계를 파악하는 것은 전체의 구성 즉, 전체를 보는 통찰을 길러 줄 수 있다. 그림 맞추기는 상품화된 다양한 종류가 있다. 인지발달 수준에 맞게 선택하는 것이 필요하다. 너무 복잡하면 어린 아이들은 동시에 다양한 측면을 고려하기 어렵다. 상품화된 것을 구입하지 않더라도 기존 그림을 이용하여 다양한 형태로 오려서 이용할 수 있다.

자료: https://ainsoul.tistory.com/tag/퍼즐맞추기

4. 창의성 개발연습

1) Problem Solving 연습: 지하철 노선도

◈ 기초문제

*보물을 찾는 가장 빠른 길을 찾아 줄을 그으세요. 주변에 대한 정확한 관찰과 가장 빠른 길이라는 관계를 파악합니다.

◈ 중급문제

* 다음 그림에서 가운데 '?'에 어느 동물이 올까? 왜 그렇게 생각했는지 이유도 말하시오.

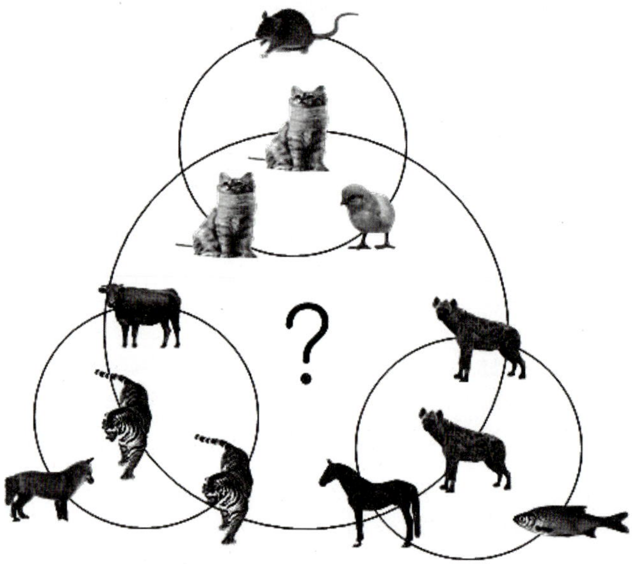

◈ 고급문제

*문제 1. 다음은 서울 지하철 안에 부착된 노선도이다. 서울에 처음 온 한 승객이 교대역에 가기 위해 2호선 건대입구역에서 승차하였다. 그런데 깜빡 잠이 들었고 놀라 눈을 뜨니 낙성대역이었다. 그러나 지하철의 가는 방향을 보니 아직 교대역이 4정거장이 남아 있어 안심하고 스마트 폰을 만지며 3정거장을 지나 4정거장 때 내렸다. 그러나 내리려고 보니 이 역은 신대방역이었다. 승객은 당황하여 노선도를 자세히 보니 노선도의 표시와 지하철이 가는 방향이 반대였다. 그 승객은 내릴 곳을 놓친 것도 기분이 안 좋았지만 왜 노선도 표시와 가는 방향이 반대인지 궁금했다. 이게 빙 도는 순환열차라고 하니 반대편 방향으로 돌면 그 때는 가는 방향과 노선도 표시가 일치할까? 그게 더 궁금했다. 당신도 승객으로서 생각해 보자.

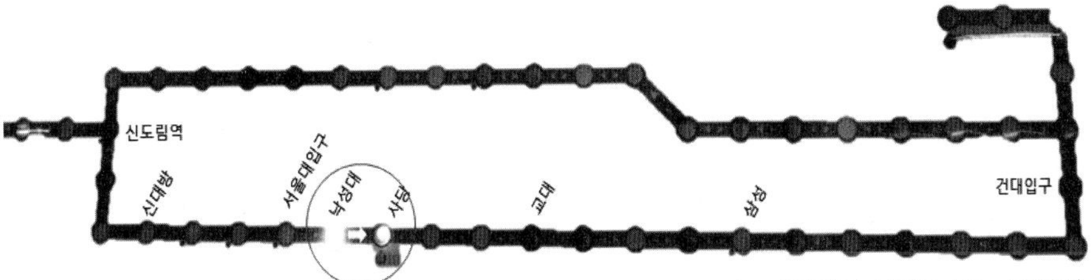

[그림 3-6] **지하철 노선도 그림**

*지하철의 가는 방향과 노선도의 표시가 일치되게 하려면 어떻게 하면 될까?

문제 2. 4학생이 시험 시간에 지각하여 제 시간에 시험을 못쳤다. 그러면서 함께 자동차를 타고 오다가 바퀴가 터져서 늦었다고 핑계를 댔다. 교수는 그게 사실이면 시험을 치게 해 주겠다고 하자. 4명은 동시에 사실이라고 말했다. 그러자 교수는 그럼 간단한 시험문제 하나만 더 추가하여 시험을 치도록 하자면서 시험을 치게 해 주었다. 당신이 교수라면 추가문제로 무엇을 내었을까?

2) 상황중심의 사고 연습: 수재의연금

초등학교 1학년 딸의 알림장에 학교에서 수재의연금을 걷는다고 적혀 있었다. 어머니는 수재의연금 알림장은 보았지만 깜박 잊어버리고 보내지 못하고 있었다.

며칠 뒤 딸이 학교에서 돌아오자마자,

"엄마, 내 짝은 자기 저금통을 통째로 수재의연금으로 냈다."

"정말 착한 아이구나. 자기가 아껴 저금한 돈을 어려운 사람을 위해서 모두 사용하니 말이다."

이 말이 떨어지기 무섭게 딸은,

"엄마, 나도 저금통 통째로 낼거야."

순간 어머니는 곤혹스러웠다. 딸의 저금통에는 몇 년간 모은 돈이 들어 있었기 때문이다. 단순 계산으로도 70만 원 가량 되는 돈이었다. 어머니는 자기의 일관성 없음에 딸이 실망할 것을 우려하면서도 냉정하게,

"안 돼"라고 말할 수밖에 없었다. 그러자 딸은,

"엄마는 내가 착한 아이 되는 게 싫어? 다른 아이는 저금통 통째로 내니깐 착하다고 하고, 선생님도 그 아이보고 착하다고 했단 말이야. 나도 착한 아이 되고 싶어."

* 만약 당신의 상황이라면 자녀에게 어떻게 하겠습니까?

3) If ~, then 사고 연습: 미래신문이 있다면

if에서 주어진 조건에 따라 then 당신의 행동을 적어 보십시오.

If 당신 앞에 미래를 알 수 있는 신문 즉 미래신문이 있다면

then 당신은 ____________________

* 참고: 미래신문은 아직 오지 않은 내일을 비롯해서 미래에 발생한 사건 사고를 담고 있다.

제4장 창의성 함양 방법

1. 마음 다지기

1) 내가 만든 명언: 자기 변화

모든 사람이
세상을 바꾸겠다고 생각하지만,
어느 누구도 자기 자신을
바꿀 생각은 하지 않는다.

- 레프 톨스토이

◈ 내가 만드는 명언

모든 사람이
______을 바꾸겠다고 생각하지만,
어느 누구도 __________을
바꿀 _____은 하지 않는다.

2) 성취인 생각하기: 우연한 발견

키니네는 기적적이라고 할 만큼 말라리아에 잘 듣는 특효약이지만, 남아메리카산 키나나무의 나무껍질에서만 얻을 수 있으므로 유럽에서는 몹시 값이 비쌌다. 14세 때 런던의 왕립화학학교에 입학한 윌리엄 퍼킨(1838~1907)은 머리가 썩 좋고 부지런해서 학생이면서도 실험실 조교로 1학년 때부터 고용될 정도였다. 퍼킨은 호프만에게서 천연으로 산출되는 물질도 어느 때엔가는 실험실에서 인공적으로 만들어지게 될 것이라는 가르침을 받고, 키니네를 만들어 보려고 했다. 만약 이것이 성공하여 키니네를 인공적으로 합성할 수 있게 된다면 값이 싸져서 크게 사람들을 돕게 될 것이고 자기도 부자가 되리라고 생각했다.

퍼킨은 콜타르에서 얻어지는 몇 가지 물질의 화학식이 키니네의 화학식과 비슷했으므로 그것들에 여러 가지 화학처리를 하여 키니네를 만들려고 했다. 그러나 아무리 해도 성공하지 못했다.

마지막으로 콜타르에서 얻어지는 벤젠으로 만든 아날린에 중크롬산칼륨을 가하여 산화시켰다. 검은 침전이 생겼다. 또 실패했구나 생각하고 버리려 하다가 문득 그것을 알콜에 녹여 보았다. 아름다운 보랏빛 용액이 만들어져 깜짝 놀랐다. 비단 천을 적셨더니 고운 보라색으로 물이 들고 비누로 빨아서 볕에 쬐어도 빛깔이 바래지 않았다.

'키니네는 만들지 못했지만, 어쩌면 염료가 만들어졌는지 모르겠다'고 퍼킨은 생각하고 보라색으로 염색한 비단 천을 큰 염료회사에 견본으로 보냈다. '확실히 새롭고 훌륭한 염료'라는 회답이 왔다. 18세 소년 퍼킨은 춤을 추며 기뻐했다.

그해 여름휴가에 퍼킨은 이 염료의 실용적 제조법을 확립하여 특허를 땄다. 기술적으로도 여러 가지 어려운 문제가 있었고, 머리가 딱딱한 염색업자들에게 새 염료를 채용하게 하는 데는 숱한 어려움이 따랐으나 젊은 퍼킨의 노력과 열의가 그것들을 이겨냈다. 퍼킨은 20대에 갑부가 되었다.

자료: 손영수 역(1987). 과학사의 진실. 서울: 전파과학사.

◈ 우연한 발견 일화에서 생각해 볼 점

실패는 성공의 어머니라고 흔히 말한다. 이는 실패를 두려워하지 말고 도전하라는 의미이다. 실패했기에 새로운 진리가 발견되는 경우가 많다. 페니실린을 발견한 것도 실패에서 나왔다. 여기에 소개하는 일화도 실패에서 발견된 진리의 예이다. 흔히 실패는 성공의 어머니라고 하여 실패를 두려워하지 말고 도전하라고 한다. 그러나 위 일화를 차분히 보면 실패 때문에 새로운 발견이 있었던 것이 아니다. 예리한 관찰력과 열정이 새로운 발견을 도출한 것이다.

엄격히 말하면 실패란 단어는 계속해서 노력하지 않는 사람에게만 해당되는 것이다. 지속적으로 노력하는 사람에게는 실패가 아니라 성공으로 가는 과정일 뿐이다. 어떤 조건이 적합하지 않고, 어떤 조건이 적합한지를 알아보는 시행착오의 과정일 뿐이다. 이 시행착오의 과정에서 필요한 것이 예리한 관찰력과 열정이다. 실패는 중도에서 포기하는 사람이 경험하는 패배의식이다. 중도에서 포기하지 않고 지속적으로 나아가는 사람에게는 실패란 없다. 이 노력의 과정에서 얻는 우연한 발견은 지속적 노력에 대한 부수적 소득이다. 우연이란 어떤 한 가지 사건 혹은 여러 가지 일이 묶여서 발생할 때 그 안에서 아무런 인과관계를 찾을 수 없는 경우이다(장윤경 역, 2017). 따라서 열정적인 관찰은 그러한 인과관계를 발견하게 하는 것이다. 자신이 몰랐던 조건의 개입을 발견하게 되는 것이다. 그러므로 노력하지 않으면 우연도 없다.

여기서 호기심 - 도전(열정) - 관찰 - 호기심 - 도전(열정) - 관찰의 연쇄는 바로 창의성의 핵심임을 알 수 있다.

◈ 성공을 위한 아이디어: 우연한 발견

'우연한 발견'을 읽고 자신의 성공을 위한 아이디어를 만들어 보자.

*자신이 이전부터 현재까지 가지고 있는 꿈이나 목표를 가장 왼쪽 칸에 5가지를 적어 보자. 만일에 없다면 지금이라도 생각해서 적어 보자. 그리고 다음 칸에 그 꿈이나 목표의 달성여부를 O, X로 표시하라. 달성했으면 O, 아직 달성하지 못했으면 X를 표시하라. 셋째 칸에는 그 꿈을 달성하기 위해 투자한 시간을 대략 계산해서 적어라. 넷째 칸에는 그 꿈의 달성을 위해 노력하는 과정에서 느낀 점을 적어라.

꿈 또는 목표	달성 여부	투자시간	과정에서 느낀 점

*위 표에서 자신의 꿈 또는 목표를 달성하는 데 투자한 자신의 열정과 관찰을 중심으로 느낀 점을 적어 보자.

2. 기본 이론 이해: 창의성 함양 방법

1) 창의성 함양 방법에 대한 이해

Guildford가 수렴적 사고와 구분되는 확산적 사고를 강조하고, 또 지식정보사회가 도래함으로써 창의성의 필요성이 증대되었고, 이에 따라 창의성 교육이 교육의 가장 핵심으로 자리 잡고 있다. 이러한 창의성 교육의 지나친 열기는 오히려 교육에 문제점을 야기할 수 있다. 박영태(2018)는 4차 산업혁명의 도래로 인해 1970년대 컴퓨터 정보화가 주도한 3차 산업혁명의 시기부터 줄곧 강조되어왔던, 창의성의 열기가 교육현장에서 계속 더 뜨거워질 것이라고 하면서, 창의성 교육의 지속적 강조는 교육현장에 두 가지 위기를 야기한다고 지적했다. 하나는 창의성 교육에 대한 피로증으로 창의성에 대해 둔감해지고 이에 따라 모든 것에 '창의'라는 용어를 쉽게 부착함으로써 창의성의 본질이 퇴색될 수 있다는 것이고, 다른 하나는 지나친 창의성 중심 교육으로 인한 교육의 균형성 파괴이다.

그러나 창의성은 인간 내부에 묻혀 있는 천연자원이므로 인간의 삶을 윤택하게하기 위해서는 반드시 계발해서 활용하여야 한다. 그러나 창의성이 다른 능력과 분리된 독자적 능력이 아니라 상호 연관되고 유기적 상호작용을 하는 능력이므로 창의성 교육은 다른 능력의 교육과 공존하여야 할 것이다. 예를 들면 지능과 창의성은 분리되는 것이 아니라 한 몸의 두 측면이라고 볼 수 있다. 그럼에도 확산적 사고 측면만 강조함으로써 한 측면이 무너지면 창의성 측면 역시 제대로 된 발달이 있을 수 없다. 창의성 교육의 지나친 중시는 교육의 단편화 현상을 야기할 우려가 있다는 것을 인식할 필요가 있다.

창의성 교육에 등장했던 방법들을 보면 사고훈련, 우뇌교육, 질문훈련, 주의집중에서의 이탈 등이 유행처럼 실시된 것으로 보인다. 바로 이러한 특정 측면만의 부각으로 실시된 교육이 창의성 교육의 위기를 초래할 수 있다. 창의성 교육에서 중시되는 측면과 상대적으로 약화된 측면을 보면 [그림 4-1]과 같다. 영역독립사고를 중시함으로써 영역특정 사고가 경시되었고, 창의적 사고훈련이 중시됨으로서 일반적 사고라는 용어는 약화되고, 우뇌중심 사고가 중시됨으로써 좌뇌중심 교육은 약화되었고, 확산적 사고가 중시됨으로써 수렴적 사고가 경시되었다. 최근에는 주의집중에서 벗어나야 무의식에서 창의적 아이디어가 나온다면서 주의집중에서 벗어나자는 관점도 부각되고 있다. 그러나 올바른 창의성 교육이 이루어지기 위해서는 어느 측면도 무시될 수 없다. 오른팔과 왼팔은 각기 기능을 가지고 있다. 서로 상호보완하여 제 기능을 충분히 발휘하고 있는 것이다. 창의성 교육은 이렇게 통합적으로 이루어져야 한다.

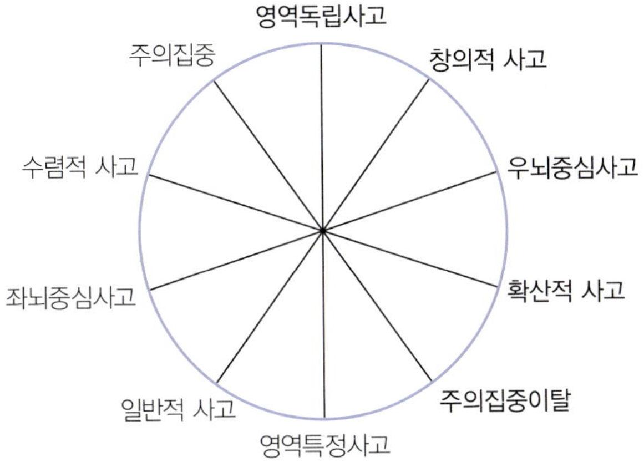

[그림 4-1] **창의성 교육의 측면들**

다음 탈무드의 이야기에서 창의성 교육에 대해 생각해 보자.

> 유대인 학생이 탈무드를 배우면서 담배를 피워도 되는지 궁금했다. 한 학생이 물었다.
> "스승님 탈무드를 공부하면서 담배를 피워도 됩니까?"
> 스승의 대답은 단호하게 '안 된다'였다.
> 그 말은 들은 다른 학생이 질문이 잘못되었다면서 다시 가서 물었다.
> "스승님 담배를 피우는 동안에 탈무드를 공부해도 되나요?"
> 스승의 대답은 당연히 '해야지'였다.

이 이야기에 등장하는 두 학생을 보면 두 번째 학생이 창의적임을 알 수 있다. 그럼 어떤 차이가 있을까? 두 번째 학생은 영역독립적 사고를 했는가? 창의적 사고를 했는가? 우뇌중심적 사고를 했는가? 확산적 사고를 했는가? 주의집중에서 이탈했는가? 질문습관이 있는가? 아마도 어느 하나를 콕 집어서 말하기 어려울 것이다. 왜냐하면 모든 측면이 복합적으로 관여했기 때문이다. 하나를 집어서 말한다면 두 번째 학생은 역발상을 하였다고 볼 수 있다. 거기에 역발상을 하려고 하는 의욕도 있었을 것이다. 또한 앞 학생의 말에서 스승님이 탈무드를 공부하는 자세로서 부당함을 지적했다는 것을 알고, 자신은 언제나 탈무드를 찾는 자세를 보여 주면 되겠다는 평소의 지식도 작용하였을 수도 있다. 여기서 창의성 함양은 단순히 아이디어를 산출하는 사고활동에 치중하는 것이 아니라 행동과 관련된 전반을 고려하여야 한다.

창의성 교육이 부각되던 초기에 관심을 받았던 브레인스토밍(brainstorming)에 대해 살펴보자. 생각의 기회만 제공하면 모든 것이 해결되는 것으로 생각하면서 브레인스토밍은 유행을 탔다. 브레인스토밍은 가능한 한 빠르게 집단적으로 아이디어를 낸다. 비판은 안 되고, 모든 사람은 비현실적으로 들리더라도 자유로이 어떤 생각이든 말하도록 격려된다. 직접적인 의식적 평가 없이 전의식 과정의 생각을 허용한다(Getzels & Jackson, 1962).

Guildford는 브레인스토밍에 있는 개인은 통제집단에 있는 사람보다 더 좋은 아이디어를 만들어 낸다고 지지하나, MacKinnon은 집단과정이 비율적으로 더 좋은 아이디어, 독특한 생각을 하는 것이 아니라고 했다. 그리고 사실상 집단과정은 창의적 생각을 방해하는 것 같다고 했다(Getzels & Jackson, 1962). 브레인스토밍의 효과성에 논란이 있어 좋다 나쁘다의 가치 판단은 어려울 것이다. 단지 사용자들의 다른 요인들이 어떻게 작용하느냐에 따라 달라질 것이다. 그러나 물건이 많으면 좋다고 많은 돈을 가지고 백화점에 가서 무분별하게 물건을 사서 집에 가지고 오면 어떻게 될까? 집의 공간은 한정되어 있는데 무한정한 물건더미는 공간을 차지하고, 오히려 필요한 물건을 찾는 데 엄청난 시간을 요하거나 그 물건이 없을 수도 있다. 그러므로 브레인스토밍의 사용은 상당한 주의를 요한다.

2) 창의성 함양 방법

창의성 교육은 사고훈련이 주를 이루긴 하지만 그러한 사고가 잘 이루어지도록 하는 체계성이 필요하다. 사고활동이 중요하나 그러한 사고활동을 도와주는 관련 활동도 반드시 필요하다. 꽃이 아름다우나 그 꽃을 받치고 있는 줄기와 잎이 필요한 것과 같다. 이에 학문과 산업현장 어디에나 적용할 수 있는 방법으로

Nickerson(1999)이 제시한 12가지 창의성 기법을 중심으로 창의성 함양 방법을 다음과 같이 소개한다.

(1) 목적과 의도 확립(Establishing purpose and intention)

목적은 창의적 표현의 본질이다. 어느 누구도 그렇게 하려는 의도 없이 어떤 형태를 조각할 수 없다. 사람들은 더 창의적으로 행동함으로써 더 창의적으로 반응을 나타낸다. 창의성을 발휘하는 데 있어 창의적 활동에 참여하려는 일시적 의도보다 더 강렬한 무엇인가가 있다. 그것이 목적(purpose)이다. 목적은 창의적 표현을 하려는 장기적 흥미이다.

(2) 기본 기술 구축(Building basic skills)

기초교육의 근본적인 것으로 간주되는 기술의 충실한 바탕은 창의적 잠재능력의 발달에 도움이 된다. 높은 차원의 능력도 결국 낮은 차원의 능력에 기반을 두고 있다. 이는 선수능력을 확보하는 것과 같다. Gagné가 제시한 학습능력처럼 보다 상위의 학습능력을 발휘하기 위해서는 보다 하위의 학습능력을 습득할 필요가 있다.

(3) 영역 특정지식 획득 촉진(Encouraging acquisitions of domain-specific knowledge)

특정영역에 관한 지식이 바로 창의성을 발휘하도록 하는 것은 아니다. 그러나 그러한 지식은 창의성 발현에 필수적 조건이다. 어떤 주어진 영역에서 괄목할 만한 창의적 작품을 남긴 사람은 그 영역과 관련된 지식을 많이 가지고 있는 사람이다. 창의성의 결정인자로서 영역특정지식의 중요성은 일반적으로 검증되었고, 많은 연구자들이 중요시하고 있다(Cropley, 1992; Csikszentmihalyi, 1996). Csikszentmihalyi(1996)는 어떤 영역에서 상당한 변화를 하고자 하는 사람은 그 영역에 관한 지식에 정통하여야 한다고 했다.

(4) 호기심과 탐구에의 자극 및 보상(Stimulating and rewarding curiosity and exploration)

창의적 아이들은 덜 창의적인 아이들보다 더 쾌활(playful)하다. 창의적 표현을 불러일으키는 호기심은 당연한 것으로 여기는 것에 대해 끊임없이 저항하며 새로운 설명을 찾으려는 강렬한 욕구이다. Bruner(1962)에 의하면 사물을 뻔한 것으로 보지 않고 새롭게 보려는 자발성은 놀라운 아이디어를 생성하는 필수조건이다. 다양한 관점, 특히 새롭고 비통상적인 관점으로 사물을 보는 능력, 자신의 관점을 변화시키려는 자발성과 능력, 거의 진전이 없는 문제를 재구성하려는 자발성과 능력 등은 창의적 사고의 중요한 측면으로 중시되고 있다(Perkins, 1990; Sternberg & Lubart, 1992). Einstein은 자신이 상대성 이론을 형성하게 된 것은 아이들이 놀라는 것과 마찬가지로 자신도 시간과 공간에 대해 지속적인 의문을 가진 사실에서 연유한다고 했다(Holton, 1973). Csikszentmihalyi(1996)는 좀 더 창의적 생활을 위한 첫 단계는 호기심과 흥미의 배양이라고 했다. 다시 말하면 스스로 사물에 주의력을 할당하는 것이라고 했다. 호기심을 자극하는 것은 가능하다. 먼저 좀 더 관찰적이어야 하고, 일상생활에서 그냥 넘어가기 쉬운 사실에 더 주의를 집중하도록 하여야 한다. 호기심은 전염성(contagious)이 있다. 사물에 대해 경탄하는 마음을 가지면 가질수록 더욱 경탄하게 된다. 사물에 대해 경탄하는 마음 그 자체가 바로 자극이 된다.

(5) 동기 특히 내적 동기 구축(Building motivation, especially internal motivation)

동기는 창의성에서 매우 중시되고 있다. 열정(passion)은 생산적인 과학자와 예술가들의 태도를 기술하는 데 흔히 사용된다. 동기는 내적 동기와 외적 동기로 구분할 수 있으며 창의성에서 더 중요한 것은 외적 동기가 아니라 내적 동기이다(Amabile, 1983, 1990). 특정 조건하에서 외적 동기는 오히려 창의성을 저해할 수도 있다(Deci, 1971; Lepper, Greene, & Nisbett, 1973). 외적 보상은 초기에 내적 동기가 낮은 아이의 내적 동기는 증대시키나, 내적 동기가 높은 아동의 내적 동기는 오히려 감소시킨다. 그러므로 외적보상은 내적 동기가 낮은 아동에게 적용하는 것이 좋다.

(6) 자신감과 위험을 기꺼이 감수하는 자발성 격려하기(Encouraging confidence and a willingness to take risks)

소심(timidity)은 창의성에 도움이 되지 않는다. 두려움(fear)은 아이들이 자신의 생각 특히 인습에서 벗어난 생각을 표현하는 데 머뭇거리는 주요 이유로 간주된다(Freeman, 1983). 실패의 두려움, 자신의 한계를 노출하는 두려움, 비웃음에 대한 두려움 등은 창의적 사고에 대한 강력한 방해요인이다. 다시 말하면 창의적 노력의 결과를 공공연하게 표현하는 것을 강하게 저지한다(Crutchfield, 1962).

자신감은 성공적 경험에서 나온다. 과거에 성공적 경험을 하고 그에 따른 보상을 받으면 자신감은 충만해진다. 성공은 더 나은 노력을 촉발하는 동기이며 실패는 의욕을 감소시킨다(Deci, 1975; Deci & Ryan, 1980). 그러나 자신감을 구축하는 데 조심하여야 한다. 자신감과 건방진 마음 간의 차이는 깃털 하나의 차이이다. 상당한 위험을 감수하려는 자발성과 행동의 가능한 결과를 고려하지 않는 무모한 행동 간의 차이도 깃털 하나의 차이이다.

(7) 숙달과 자기완성에 초점 맞추기(Focusing on mastery and self-competition)

이전의 수행과 현재의 수행을 비교하여 자신의 수행을 향상시키는 것을 목적으로 하는 사람은 기꺼이 도전적 과제를 받아들이고, 실패했을 때에도 참을성이 있다(Grieve, Whelan, Kottke, & Meyers, 1994). 숙달지향(mastery orientation)은 성과지향(outcome orientation)보다 주어진 과제를 보다 잘 수행하려는 향상 동기를 유지시켜 준다.

(8) 창의성에 대한 지지적 신념 장려하기(Promoting supportable beliefs about creativity)

신념은 사고와 지적 수행의 질을 결정하는 인자로서 널리 인정되고 있다(Baron, 1991). 신념은 때때로 자기충족적 예언(self-fulfilling prophecies)이 된다. 자신의 지적능력은 유전에 의해 결정되며 다른 요인에 의해 향상여지가 없다는 신념은 동기를 약화시키며, 반대로 자신의 능력은 학습을 통해 향상시킬 수 있다는 신념은 노력하도록 동기화시킨다(Stevenson, Chen, & Lee, 1993). 따라서 자신의 지적 능력과 창의성은 노력에 의해 향상된다는 강한 믿음이 필요하다.

창의성은 동기와 노력에 의해 유의미하게 결정된다는 믿음을 가질 필요가 있다. 창의적 산물은 의도와 노력 없이 좀처럼 만들 수 없음을 이해할 필요가 있다.

(9) 선택과 발견의 기회 제공하기(Providing opportunities for choice and discovery)

사람들은 자기 통제에서 벗어난 일이나 남이 선택해 준 일보다 스스로 선택한 일에 참여하는 것에 내적으로 더 동기화된다(Dudek & Cote, 1994; Kohn, 1993). 사람들은 좋아하는 일을 선택하고 싫어하는 일을 피한다. 따라서 스스로 선택하여 참여하도록 하면 흥미와 동기가 고조된다는 것을 알 수 있다.

(10) 자기관리기술(초인지) 개발하기(Developing self-management(metacognitive skills))

인간의 수행에서 자신의 행동을 의도적으로 통제하고 안내하는 자기관리기술 즉 초인지가 중요시되고 있다. Runco(1990)는 창의적 사고에서 자기평가기술과 초인지를 매우 중요시하였다. 자기관리는 자신의 인지적 자원을 능동적으로 관리하는 것이다. 자기관리는 창의적 사고자로서의 자신의 강점과 약점을 알게 하고, 나아가 강점을 활용하는 방법과 약점을 보완하는 방법을 찾는다. 이는 창의적 활동을 촉진하는 조건을 찾기 위해 노력하게 한다. 창의적 추구는 시간 소모적이다. 따라서 매우 창의적인 사람들은 시간의 유용성을 확보하기 위하여 삶을 구조화한다. 시간관리 기술이 없다면 아무 목적 없이 시간을 낭비하고 결국 시간 죽이기를 반복할 것이다.

(11) 창의적 수행을 촉진하기 위한 기법과 전략 가르치기(Teaching techniques and strategies for facilitating creative performance)

brainstorming, SCAMPER, 여섯 가지 색깔의 사고모, De Bono의 PNI, Bransford & Stein의 IDEAL 등 다양한 기법들이 사고와 문제해결을 도와주기 위해 제시되고 있다. 이 내용들은 5장 문제해결 사고, 10장 시간적 사고, 11장 공간적 사고에서 제시되어 있다.

(12) 균형 제공하기(Providing balance)

아이들은 비웃음이나 비난이 없는 교실에서 창의적 표현에 참여할 수 있어야 한다. 그렇다고 해서 아이들이 자신이 원하는 것만 하도록 허용되어야 한다는 것을 의미하는 것은 아니다. 자유, 자발성, 혁신성, 위험 감수 등이 필요한 것과 마찬가지로 체계화, 자기억제, 전통과 인습 등의 필요도 현실적이고 중요하다. 창의성이 억압적 환경에서 질식될 수 있을지라도, 전적으로 억압이 없는 데서 창의성이 길러지는 것은 아니다(Marjoram, 1988). 체계(structure)가 너무 없는 것도 체계가 지나친 것과 마찬가지로 창의성을 저해할 수 있다(Runco & Okuda, 1993). 따라서 적절한 균형을 찾는 것이 중요하다. 아이들에게 창의성을 저해함이 없이 규칙, 한계(bound), 제한(limit) 등을 인식하고 존중하도록 가르치는 것이 중요하다. 이것은 지식이 무엇인지를 가르치는 것뿐만이 아니라 규칙이 필요한 이유와 그 규칙을 이해해야 하는 이유가 무엇인지를 가르쳐야 한다는 것을 의미한다.

요구(demand)와 지지(support) 간의 올바른 균형을 찾는 것도 중요하다. 아이들은 자신의 능력을 증대하는 목적도 가질 필요가 있고, 성공하지 못했을지라도 노력에 대한 보상을 주는 지지적 환경도 필요하다. 따라서 요구적인 동시에 지지적인 환경은 둘 중 어느 하나가 더 많은 환경보다 창의성 개발에 좀 더 도움이 된다(Knapp, 1963; Thistlewaite, 1963).

3) MeFOT 모형의 이해

박영태(2000, 2002b, 2012)는 창의성의 근본도 새로운 의미를 창조하는 것이고 인성의 근본도 새로운 의미를 창조하는 것이라고 보아 그 의미에 차이가 없다고 보았다. 이에 창의성 개발은 바로 창의인성을 개발하는 것이라는 관점에서 MeFOT 모형을 제시하고 있다. MeFOT 모형의 전체적 구조를 그림으로 나타내면 [그림 4-2]와 같다.

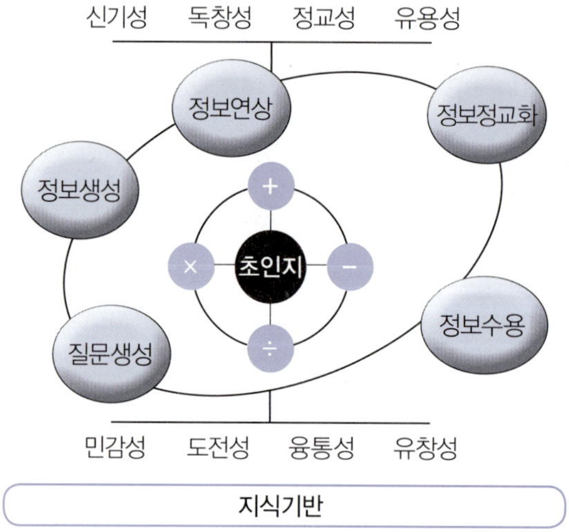

[그림 4-2] **MeFOT 모형**

MeFOT은 Metacognitive Four Operations Thinking(초인지-사칙연산적 사고)의 첫 자를 따서 만든 합성어이다. 이 모형은 처음에는 초인지 사고, 더하기 사고, 빼기 사고, 나누기 사고, 곱하기 사고 등 공간적 사고가 주를 이루어 초인지-사칙연산적 사고모형이라고 하였으나 이후 사고의 장애요인으로 별도로 제시했던 질문생성, 정보생성, 정보연상, 정보정교화, 정보수용을 모형에 삽입하면서 MeFOT 모형으로 이름이 변경되었다.

MeFOT 모형은 크게 인성특성, 사고과정, 사고결과의 3부분으로 이루어져 있다. 이 3부분은 각기 독립적이고 배타적인 것이 아니라 상호 유기적으로 작용한다. 인성특성은 사고과정에 직접적으로 영향을 주고, 사고과정은 사고결과에 직접적으로 나타난다. 또 이들은 역으로 서로 영향을 주기도 한다. 사고결과는 독창적이고, 신기하고, 유용하고, 정교한 아이디어를 생성하도록 사고과정을 유도할 것이고, 사고과정은 개인의 인성특성을 변화시킬 것이다. 다시 말하면 창의적 사고를 하기 위해서는 인성특성이 갖추어져야 하고, 창의적 사고활동은 인성특성을 함양해 준다. 다음에 박영태(2012)의 창의인성 함양을 위한 MeFOT 모형의 내용을 소개한다.

(1) 인성특성

인성특성은 창의적 사고를 하기 위해 기본적으로 갖추고 있는 마음의 자세이다. 인성특성은 기존 학습된 지식을 바탕으로 민감성, 도전성, 융통성, 유창성이 내포된다. 창의성이 가장 높은 시기로 간주되는 유아기는 민감성, 도전성, 융통성, 유창성 등 바로 이러한 인성 특성이 높다. 단지 학습된 지식적 기반이 낮을 뿐이다.

민감성은 주변의 환경에 대해 예민한 관심을 보이고 이를 통해 새로운 탐색 영역을 넓히는 태도이다. 민감성을 증대하기 위해서 감탄하기와 질문하기가 있다(박영태, 2002b).

도전성은 문제를 해결하려는 의욕이다. 도전성은 이 세상에 최상의 정답이 존재한다는 믿음과 삶의 의미를 찾는 의지에서 나온다(박영태, 2002b).

융통성은 고정적인 사고방식이나 시각 자체를 변환시켜 다양한 해결책을 찾아내는 태도이다. 신체의 경직성에서 벗어나는 것이 유연성이라면 정신의 경직성에서 벗어나는 것이 융통성이다. 융통성은 생각과 자존심의 고리를 끊고, 자기중심적 사고에서 벗어나는데서 나온다(박영태, 2002b).

유창성은 특정한 문제 상황에서 가능한 한 많은 양의 아이디어를 산출하는 태도이다. 자신의 두뇌 속에도 다양한 아이디어가 있듯이 환경 속에서도 다양한 아이디어를 찾을 수 있다. 이를 위해서는 판단을 유보하여야 하고 자신의 생각을 풀어주기 위해 메모하는 습관이 필요하다(박영태, 2002b).

인성특성에서 또 하나 고려하여야 하는 것은 지식이다. 지식이 없으면 창의적 사고가 도출되기 어렵다. 지식이란 사고의 단서, 자료로서 사고를 가능하게 하는 동시에 사고의 범위를 결정하고 통제한다. 또 지식이란 불확실성을 해결해 주는 에너지로 간주되기도 한다. 따라서 창의적 아이디어는 지식 없이 나타날 수 없다. 모든 아이디어는 지식을 바탕으로 나타난다(박영태, 2002b). 일반적으로 지식기반이 부족하면 인성적 특성이 나타날 가능성이 많다. 유아기에 창의성이 높다고 말하는 것은 바로 지식기반이 부족하기 때문이다. 그러나 지식기반이 풍부하다고 인성특성이 낮아지는 것은 아니다. 항상 겸손하고 자신을 낮추라고 하는 것은 지식기반이 부족함을 알고 인성특성을 활성화시키기 위한 것이다. 인성특성의 내용은 8장에서, 학습된 지식은 9장에서 다시 설명한다.

(2) 사고 과정

사고란 여러 지식을 불러일으켜 지식 간의 관계를 밝혀 하나의 지식으로 선택하는 과정이다. 사고는 두 방향으로 이루어진다. 의식적 사고와 무의식적 사고이다. 의식적 사고는 자신이 활용하고 있는 지식에 대해서 생각하도록 만들어주고, 생각할 때 많은 시간을 필요로 한다. 무의식적 사고는 시간의 투자 없이 필요한 지식을 탐색하고 활용하도록 만들어 준다. 의식적 사고와 무의식적 사고는 상호 협력하여 창의성 발휘에 이바지한다. 창의성에서 의식적 사고의 역할은 기존 사고틀에서 벗어나 새로운 방향으로 사고하도록 만들어주는 것이다. 그러므로 새로운 사고를 위한 방향 제시를 위해 의식적 사고 연습이 필요하다. 창의성에서 무의식적 사고의 역할은 두뇌 속에 저장된 많은 정보를 보다 많이, 그리고 보다 빨리 탐색하여 주어진 자극에 대한 아이디어를 생성하는 데 있다. 따라서 새로운 사고방향을 제시하는 의식적 사고와 폭넓은 지식을 다루는 무의식적 사고를 동시에 훈련시키지 않는 교육은 불량 창의성교육이 될 것이다.

사고과정은 시간적 사고(문제해결적 사고)와 공간적 사고(아이디어 생성적 사고)로 나누어진다.

가. 시간적 사고

시간적 사고는 사고가 진행되는 과정(문제해결 과정)에 기반을 둔 사고를 말하며 이는 질문생성, 정보생성, 정보연상, 정보정교화, 정보수용의 5단계로 이루어져 있다.

첫째, 질문생성은 의식적으로 사물에 대해 새로운 생각을 하도록 하는 것이다. 이는 창의적 사고의 출발점이며 창의성의 가장 근본이다. 생각이 창의성을 만드는 것이 아니라 질문이 창의성을 만드는 것이다.

둘째, 정보생성은 그 질문에 답하는 정보의 탐색과 활용이다. 질문을 던지면 그 질문에 대한 답을 스스로 찾게 되어 있다. 창의적인 유아는 질문생성과 동시에 스스로 생각하고 두뇌 속에 정보가 없으면 성인에게 곧잘 묻는다. 이른바 자신이 알고 있는 지식뿐만이 아니라 주변 환경에서도 지식을 요구한다. 이것이 올바른 창의성이다.

셋째, 정보연상은 탐색한 정보들을 기초로 하여 질문에 대한 정답을 만드는 상상과정이다. 인간이 습득하는 지식은 부분적이고 단편적이다. 창의성은 통찰을 통해 나타난다. 통찰이란 문제 장면의 전체구조를 파악할 때 나타난다. 따라서 창의성이 발현되려면 부분적이고 단편적인 지식을 바탕으로 전체를 구성하는 상상이 필요하다. 상상활동에 초인지 사고, 더하기 사고, 빼기 사고, 나누기 사고, 곱하기 사고 등이 주로 활용된다. 이 사고는 공간적 사고로서 11장에서 제시한다.

넷째, 정보정교화는 자신이 생성한 아이디어를 구체화하여 실현화할 수 있도록 하는 사고활동이다. 정보연상에서 번쩍이는 아이디어가 생성되었다면 정보정교화는 이를 바로 행동으로 옮길 수 있도록 구체화하는 것이다.

다섯째, 정보수용은 생성된 아이디어를 꽃 피우고, 다음에 다시 생성할 수 있는 환경적 풍토를 조성하는 것이다. 박영태(2002b)는 지식은 정보에 정서가 부착된 것(지식=정보+정서)이라고 보았다. 정보에 부착되는 정서는 긍정적이어야 한다. 이는 다음에 활용하기 위해서도 도움이 되고 나아가 인성적 측면에서도 중요하다. 따라서 창의적 사고활동의 마무리는 항상 긍정적으로 끝나야 한다.

나. 공간적 사고

공간적 사고는 다양한 아이디어를 생성하기 위한 사고방법으로 초인지 사고, 더하기 사고, 빼기 사고, 곱하기 사고, 나누기 사고 등 5가지 사고 방법으로 이루어져 있다. 공간적 사고에서 활용되는 사고방법은 생각자석(think magnet)이라고 볼 수 있다. 인간은 불행히도 사물의 전체를 구체적으로 동시에 보는 힘이 없다. 부분과 부분을 보면서 전체를 상상할 수밖에 없다. 부분에서 전체를 보는 힘이 상상이고 상상에서 이용되는 사고를 생각자석이라고 한다. 생각자석은 이름 그대로 자석이지 그 자체가 아이디어는 아니다. 다양한 아이디어를 떠오르게 만들 뿐이다. 다양한 생각자석들이 상호작용하여 여러 아이디어가 만들어진다. 공간적 사고의 방법과 그에 활용되는 생각자석은 11장에서 제시한다.

시간적 사고의 구체적 내용은 10장에서 설명하고 공간적 사고의 내용은 11장에서 설명한다.

(3) 사고결과

창의적인가? 비창의적인가? 하는 질문에 대한 답은 사고결과에 있다. 사고결과가 독창성, 신기성, 정교성, 유용성을 충족하면 창의적이다. 따라서 창의인성을 갖추려면 항상 사고결과에 관심을 기울여야 한다.

독창성은 다른 사람과 차별화되는 생각이다. 항상 다른 사람과는 다른 아이디어를 창출하려는 노력이 필요하다. 신기성은 새롭고 참신한 생각이다. 기존의 이론과 다른 생각을 하든지, 다른 사람이 발견하지 못한 새로운 아이디어를 발견하는 것이 신기성이다. 정교성은 생각해 낸 아이디어가 타당한 근거가 있고 체계적이고 다듬어져 있는 것을 의미한다. 실용성을 위하여 구체화되어야 한다. 유용성은 현실화될 수 있고, 생활에 도움이 될 수 있는 정도를 말한다. 생활에 도움이 되지 못하고 해롭게 하는 것이라면 아무리 신기하고 독창적이라고 하더라도 창의성의 범주에 넣어서는 안 된다. Mednick(1962)이 창의성이란 독창성만이 아니라 이미 알고 있거나 인지된 요소들의 새로운 결합으로, 이 결합이 특정한 목적에 적합하고 동시에 유용성이 있는 것이라고 한 말은 유념해야 할 것이다.

3. 창의성 개발활동

1) MeFOT 활동: 정보연상하기

정보연상하기에 관한 이론은 11장 공간적 사고와 생각자석에서 소개하고 있다. 여기서는 상상의 중요성을 인식하고 상상연습을 하면 된다. 인간의 사고는 어떠한 자극에 대해 기존 기억을 연결하여 연상을 하게 된다. 연상은 하나의 관념에 대해 그와 관련된 다른 관념이 자동적으로 연결되어 의식화되는 상태라 할 수 있다. 이때 연상에 의해 자동적으로 떠오르는 생각은 단순히 과거에 습득한 정보뿐 아니라 정서도 함께 수반되어 일어난다. 따라서, 연상활동은 정보의 연결에서 그치는 것이 아니라 감정적인 정서도 함께 동반되므로 부정적 정서의 배제가 연상활동에 도움을 준다.

◈ 정보연상하기의 중요성

- 정보연상은 창의적 아이디어를 생성하는 사고활동이다.
- 연상을 통하여 모든 정보 간의 새로운 관계 정립이 일어난다.
- 연상은 인지구조를 재구조화하는 방법이다.
- 연상은 사고도구를 활용하는 사고활동이다.
- 연상은 통찰을 용이하게 해 준다.

◈ 정보연상하기의 방법

- 7가지 생각자석 활용하기
- 심상그리기
- 은유하기
- 결과를 먼저 상상하고 그 결과가 이루어진 과정 상상하기
- 다양한 형태로 상상하기
- 다양한 색으로 상상하기
- 여러 차원으로 상상하기
- 거꾸로 상상하기
- 숨은 세계 상상하기
- 사물의 복잡한 꺼풀 벗겨내기
- 사물의 공통 속성 바라보기
- 사물의 보이지 않는 관련성 상상하기
- 한 아이디어를 잘게 나누어 상상하기
- 사물로 변환하여(사물이 되어서) 상상하기
- 몸으로 움직이면서 상상하기
- 관련 없는 내용을 관련지우기
- 중요하지 않은 내용을 중요한 것으로 만들어 보기
- 떠오르는 생각 메모하기
- 오감으로 주변 환경을 느낀 후 상상하기(부정적 정서 배제하기)

◈ 정보연상하기의 연습

* 지금 나를 괴롭히는 문제를 생각해서 타원 안에 적으라. 다음에 그 문제와 관련하여 내가 해야 할 일을 마음에 떠오르는 대로 무엇이든 타원 주변에 2~3분 동안 적어라. 그리고 아래에 떠오른 생각의 개수를 적어라.

생각의 수: ______

* 앞에서 적은 괴롭히는 문제를 타원에 다시 적으라. 다음 단계에 나아가기 전에 편안하게 앉아 눈을 감고 몸을 이완시키면서 주변 소리를 들어라. 의자가 주는 몸의 감촉을 느껴라. 바닥에 닿는 발의 감촉을 느껴라. 몸에 와 닿은 온도를 느껴라. 손에 있는 연필의 감촉을 느껴라. 생각을 오감을 통해 들어오는 모든 자극을 느끼는데 투자하라. 주변의 숨은 모습이 느껴지는가? 느낌이 안정되었을 때, 문제에 대해서 마음에 떠오르는 생각을 무엇이든 적어라. 적는 동안에도 주변의 소리를 듣고, 손안에 있는 연필의 촉감을 느껴라.

생각의 수: ______

- 첫 번째와 두 번째 간에 생각의 수에 차이가 있는가? 있다면 왜 그럴까?

2) 일상 활동: 글자 없는 그림책 이야기 꾸미기

[그림 4-3] **글자 없는 그림책**

글자 있는 그림책이 특정 정보를 제공해 준다면, 글자 없는 그림책은 무한한 상상력을 발휘하게 해 준다. 이에 글자 없는 그림책은 유아의 언어발달, 자아개념 발달, 창의성 발달 등을 위해 많이 활용되고 있다. 나아가 투사법의 원리로서 유아들의 일상적 생각을 알 수 있는 계기도 된다. 따라서 동일한 그림책이더라도 읽어주는 사람에 따라 또 읽는 유아에 따라 다양한 이야기가 구성될 수 있다. 이른바 상상력을 키울 수 있다.

글자 없는 그림책과 유사하게 그림책의 페이지브레이크(page break) 활동도 유아의 창의성 함양에 도움이 되는 활동이다. 그림책의 페이지브레이크 활동은 그림책의 일부 페이지 내용을 비워서 유아가 이 비워둔 부분의 이야기를 채우는 활동이다. 유아는 비워진 부분을 완성하는 과정에서 앞뒤 모든 페이지의 그림과 내용을 이해하고 이를 기반으로 자신의 무한한 상상력을 표현한다.

그림책이 아니어도 그림은 유아들의 상상력을 북돋우는 데 크게 도움이 된다. 교사가 간단하게 한 장의 그림을 그리고 그 다음에 무슨 일이 일어날 것인지를 그리게 하거나, 그 그림의 일이 있기 전에 무슨 일이 있었는지 그리게 하는 것도 시간의 흐름에 따른 변화를 상상하게 하는 데 도움이 된다. 아직 글자를 익히지 않은 유아들에 있어 그림그리기는 중요한 상상력의 표현 방법이다. 따라서 이야기 듣고 그림으로 구성해 보기, 자신의 생각을 그림으로 표현하기 등의 방법은 상상력 향상에 도움이 된다. 다음 마지막 그림은 어떤 장면일까? 그려 보자.

4. 창의성 개발연습

1) Problem Solving 연습

◈ 기초문제

* 다음 그림은 무엇인가요?

◈ 중급문제

* 문제 1. 꼭지점 ABCDE를 가진 오각형에서 꼭지점이 다음 그림과 같이 직선으로 연결되어 있다. 이 속에는 모두 몇 개의 삼각형이 있는가?

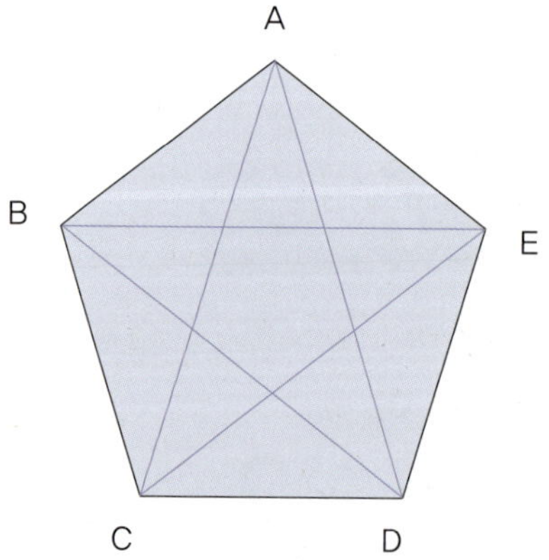

*문제 2. 두 개의 머리와 하나의 몸뚱이를 가진 아이가 태어났다. 이 아이는 한 아이로 보아야 하는가? 아니면 두 아이로 보아야 하는가?

◈ 고급문제

*문제 1. 100watt의 전구와 30watt의 두 전구가 있다. 다음 그림과 같이 두 전구를 나란히 놓았을 때(가)와 30watt의 전구가 없을 때(나) A 지점의 밝기는 어느 경우가 더 밝을까?

가

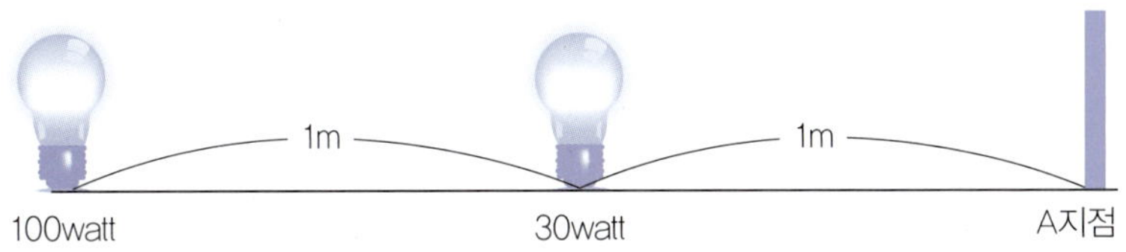

나

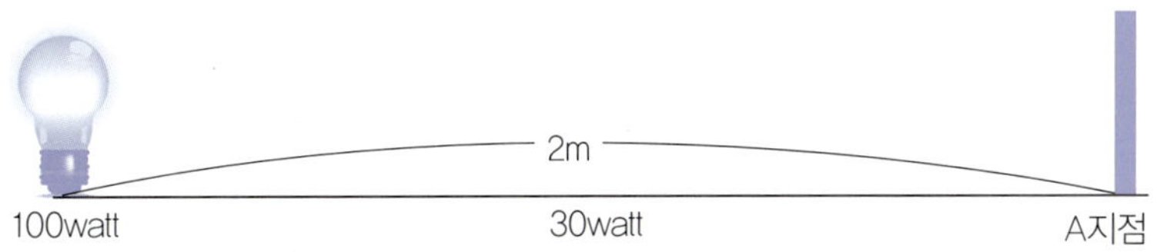

*문제 2. 나그네가 어두운 밤길을 걷고 있었다. 맞은편에서 등불을 들고 오는 소경을 보았다. "이보시오 당신은 앞을 볼 수도 없는데 등불은 왜 들고 다니는 거요?" 그 말에 소경이 무엇이라고 답했을까?

2) 상황중심의 사고 연습: 자장면 한 그릇

5살 딸과 어머니가 중국집에 가서 자장면을 주문했다.

"자장면 한 그릇 주세요."

그러자 듣고 있던 딸이,

"엄마만 먹어요? 내 것은?"

이라며 항의를 했다. 어머니는

"너 한 그릇 다 못 먹잖아. 엄마하고 나누어 먹자."

"싫어요. 나도 한 그릇 다 먹을 수 있어요."

"전에도 다 먹는다 해 놓고 남겼잖아. 아깝잖아."

"싫어요. 나도 한 그릇 먹을 거예요. 시켜 주세요."

어머니는 딸이 다 먹지 못할 것을 알면서도 너무 부끄러워 결국 두 그릇을 시켰다.

*만약 당신의 상황이라면 자녀에게 어떻게 하겠습니까? 그 다음 상황을 상상해 봅시다.

3) If ~, then 사고 연습: 소원을 들어주는 마법사

if에서 주어진 조건에 따라 then 당신의 행동을 적어 보십시오.

If 나에게 세 가지 소원을 들어주는 마법사가 나타난다면

then 나는 ______________________________.

■ 그 이유를 생각해 봅시다.

제5장 문제해결방법

1. 마음 다지기

1) 내가 만든 명언: 거인의 어깨 위

내가 다른 사람보다
더 멀리 앞을 내다볼 수 있다면,
거인의 어깨 위에 올라섰기 때문이다.

- 아이작 뉴턴

◈ 내가 만드는 명언

내가 ___________보다

더 _________을 내다볼 수 있다면,

______의 _____________ 때문이다.

2) 성취인 생각하기: 신사임당

"으앙~ 꼬꼬가 내 그림을 쪼아 버렸어."

하고 마당에서 울음을 터트린 어린 여자아이가 있었다. 수박을 그려서 말리려 마당에 놓아두었는데, 닭들이 진짜 수박인 줄 알고 그림을 쪼았던 것이다. 이 어린 여자아이가 바로 우리가 잘 알고 있는 신사임당(申師任堂)이다. 신사임당은 조선시대 제일의 여류 화가이자 율곡 이이(栗谷 李珥)의 어머니로, 본인의 예술적 면모도 훌륭하고 5남 3녀의 자녀 또한 잘 키워 낸 현모양처이다.

여기서 질문이 하나 생긴다. 우리는 왜 훌륭한 어머니 하면 대체로 신사임당을 떠올리는 것일까? 당시 현모양처인 사람들은 많았을 것이다. 그런데 왜 유독 신사임당을 현모양처의 대명사로 보는 것일까? 신사임당을 폄하하려는 의도는 전혀 없다. 다만 다른 각도에서 바라보자는 것이다.

신사임당의 자녀 중 셋째 아들은 9번이나 장원급제한 이율곡이다. 한 번의 급제도 어려운데 9번이나 장원급제하였으니, 남들이 부러워할 훌륭한 아들을 키워 낸 어머니에게 초점이 맞춰진 것은 당연한 일이다. 율곡은 세상에 이름을 떨쳐 부모를 자랑스럽게 한 효(孝)의 극치를 이루었다. 신사임당의 예술적 능력만으로도 한 국가의 5만 원 권 화폐 속 인물이 된 훌륭한 분이지만, 동시에 또 다른 화폐 5천 원 권의 인물인 그의 아들 율곡으로 인해 더욱 빛나는 분이 되지 않았을까?

자료: 하수연(2018. 12. 7.). 부모를 훌륭한 분으로 만드는 방법 中에서 발췌. 장안대학보.

◈ 신사임당 일화에서 생각해 볼 점

신사임당이 훌륭한 것은 스스로도 훌륭했지만 그를 더욱 훌륭하게 만들어준 조력자가 있었다. 그 조력자는 다름 아닌 자녀 이율곡이다.

『효경(孝經)』에 실린 공자의 가르침을 보면,

> 신체발부 수지부모(身體髮膚 受之父母), 불감훼상 효지시야(不敢毁傷 孝之始也)
> 입신행도 양명어후세(立身行道 揚名於後世), 이현부모 효지종야(以顯父母 孝之終也)

라고 하였다. 효의 시작은 몸을 상하지 않게 하여 건강한 것을 말하고, 효도의 정점은 이름을 후세에 떨쳐 부모로 하여금 자녀를 자랑할 수 있게 해 주는 것이라는 것이다. 신사임당과 율곡은 서로가 여기에 부합된 것으로 보인다. 신사임당은 스스로 훌륭해져서 자녀가 어머니 자랑을 할 수 있게 해 주었고, 율곡은 스스로 훌륭해져서 어머니가 자녀 자랑을 할 수 있게 해 주었다.

이를 확대 해석해 보면 훌륭해지는 것은 혼자의 힘이 아니다. 반드시 서로가 서로를 자랑할 수 있는 끈끈한 관계가 있어야 한다. 부모-자녀는 가장 끈끈한 관계이고 부모-자녀가 아니어도 깊은 우정으로 맺어진 친구도 서로를 훌륭하게 만들어 주는 동반자가 된다.

◈ 성공을 위한 아이디어: 신사임당

*다음 타원에 미래의 나의 꿈이라고 적고 내가 되고 싶은 미래의 모습을 다음 타원 주변에 생각나는 대로 적어 보자.

미래의 나의 꿈

＊위에 적은 미래의 나의 모습 중에서 부모님이 자랑스러워할 것이라 생각되는 것에 동그라미 쳐보자. 그리고 난 뒤 그렇게 생각하는 이유를 적고 자신의 미래에 대해 생각해 보자.

2. 기본 이론 이해하기: 문제해결 방법

1) 문제해결과 학습

길을 가다 우리는 흔히 갈림길을 만난다. 이 갈림길에서 이미 길을 알고 있는 사람은 아는 길로 쉽게 가지만 두 갈래 길이 어디로 나아가는지 모르면 어느 길을 선택할지 어려움에 봉착하게 된다. 특히 운전 중 만나는 갈림길에서는 순간적인 선택을 하여야 하므로 더 큰 어려움을 갖게 된다. 문제는 일상생활에서 만나는 갈림길이다. 한 개인이 목적지로 바로 가느냐 못 가느냐를 시험하는 갈림길이다. 우리는 매일 일상생활에서 크고 작은, 단순하고 복잡한, 명료하고 혼란스런 문제에 직면한다. 이른바 선택의 갈림길에 봉착한다. 갈림길에서 그대로 멈추어 설 수 없듯이 문제를 만났다고 그 문제를 풀지 않고 있을 수 없다. 우리는 일상생활에서 문제를 끊임없이 풀어 나가야만 한다.

문제를 해결하면 우리는 두 가지 큰 혜택을 받는다. 하나는 목적지로 바로 갈 수 있는 것이고, 다른 하나는 새로운 학습을 하는 것이다. 여기에서 우리는 문제에 봉착하는 것을 두려워하지 말아야 한다. 그 문제를 해결하여 목적지로 가는 즐거움을 느끼는 것도 큰 혜택이지만 이를 통해 무언가 새로운 것을 학습하는 자기 발전이란 더 큰 혜택도 있다.

Jonassen(2004)에 의하면 문제해결을 위한 학습은 어떤 상황에서도 학생들이 배울 수 있는 가장 중요한 기술이다. 어떤 문화의 사회이든, 직장, 가정, 사업 어디에서든 학습은 해결을 필요로 하는 문제에 의해 유도된다.

문제해결을 통하여 학습하는 방법으로 PBL(problem based learning)이 교육현장에서 활용되고 있다. PBL은 중요한 교육적 혁신이다. 주로 의학교육에서 많이 사용된 PBL은 교육과정과 교육을 문제해결활동으로서 재정의한다. 이 방법은 문제해결활동을 향상시킬 뿐 아니라 마찬가지로 기억도 향상시킨다(Koslowski, Okagaki, & Umbach, 1989). 일상생활에서는 사실을 기억하거나 시험 치는 데 시간을 투자하지 않는다. 단지 문제를 해결하기 위해서 시간을 투자한다. 문제해결을 통한 학습은 시간이 많이 투자되므로 보다 많은 학습이 이루어진다. 그러나 교육현장에서는 유치원에서 대학에 이르기 까지 학생들은 명백한 목적이나 이유 없이 내용을 공부하는 경우가 많고 학습을 확인하기 위해 시험을 활용한다. 시험을 위해서 교과에 있는 내용을 전부 학습한 학생들은 그들이 학습 한 것의 10% 미만을 기억한다. 따라서 배운 것의 10% 만을 활용할 수 있다. 이에 비해 문제해결 학습을 하는 경우에 비록 교과에 있는 내용을 50%만 학습할 수 있다고 하더라도 그들이 학습한 내용의 50%를 이해하고 기억해낼 수 있다. 따라서 교과내용의 25%를 이용할 수 있다(Jonassen, 2004). 이는 문제해결 과정에서 다양한 정보를 상기하고 또 반복적으로 생각함으로써 자동적으로 많은 시간이 투자되고 연습의 기회를 가지게 되기 때문이다. 여기서 학생들이 문제해결을 위한 명백한 목적을 가지고 학습한다면 내용은 훨씬 더 유의미해지고, 더 잘 기억될 것이다.

2) 문제해결방법에 대한 일반적 이해

문제해결의 방법은 문제의 유형에 따라 달라진다. 문제유형은 구조, 복잡성, 맥락, 영역 특정에 따라 차이가 있다고 보지만((Jonassen, 2004), 일반적으로 크게 구조화된 문제와 비구조화된 문제로 볼 수 있다. 오랫동안 심리학자들은 비구조화된 문제에 사용하는 절차나 구조화된 문제에 적용하는 절차는 동일하다고 믿었다(Simon, 1978). 그러나 일상적 문제를 다루는 최근의 연구들은 구조화된 문제에서 요구되는 사고와 일상적 문제에서 요구되는 사고를 명백히 구분한다(Jonassen, 2004). Dunkle, Schraw와 Bendixen(1995)은 구조화된 문제해결의 수행은 비구조화된 과제나 문제에서의 수행과는 다르다고 결론을 내렸다. 문제해결과 창의성을 연관시켜서 생각하면 구조화된 문제는 기존에 알고 있는 지식의 인출로 해결이 가능하나 비구조화된 문제는 보다 창의성을 필요로 한다. 창의성은 문제해결의 도구이다. 그렇다고 하여 창의적 사고가 바로 문제해결을 위한 사고라고 말할 수는 없다. 창의성은 새로운 아이디어를 도출하여 문제를 해결하는 데 도움을 주는 것이지 문제해결 자체에 내포된 통제와 조절을 요구하는 고차적 인지과정 그 자체는 아니다.

문제 유형에 따라 구체적 해결 과정은 차이가 있을지라도 문제들에 필요한 인지적 처리과정은 유사하다. 이른바 문제해결에는 두 가지 속성이 있다. 하나는 문제의 맥락에 대한 정신적 표상(mental representation)을 요구한다. 다시 말하면 두뇌 속에 문제 공간(problem space)을 구축한다(Newell & Simon, 1972). 문제 공간에는 구조적 지식(structural knowledge), 절차적 지식(procedural knowledge), 반영적 지식(reflective knowledge), 체제의 이미지와 은유(images and metaphors of the system), 실행적 또는 전략적 지식(executive or strategic knowledge) 등이 내포된다(Jonassen & Henning, 1999). 다른 하나는 학습자가 능동적으로 문제 공간에 내포된 지식과 전략들을 조작하거나 시험하는 것을 요구한다. 사고는 내면화된 활동이다(Jonassen, 2002). 특히 문제해결 시 지식과 활동은 상호작용적이고, 상호의존적 과정이다(Fishbein et., al, 1990). 성공적 문제해결자는 실제 세계에 해결책을 제시하기 전에 마음속에서 해결책을 생성하고, 해결하려고 노력한다(Jonassen, 2004). 내면적으로 생성된 해결책은 때로 통찰이라는 이름으로 제시되기도 한다. 이를 정리해 보면 문제해결은 두뇌 속에 문제공간을 만들어 놓고, 그 공간에 관련되는 지식을 준비하고, 사고활동이 이 준비된 관련 지식을 조작하여 목적에 부합되는 해결책을 만들어내는 과정이라고 볼 수 있다. 즉 문제해결은 목적지향적인 연속적인 인지적 조작(any goal-directed sequence of cognitive operations)이다(Anderson, 1980).

두뇌 내부에 문제공간을 구성하고 사고전략을 투입하는 방향은 [그림 5-1]과 같이 제시할 수 있다. 첫째, 문제 상황을 명료히 하고, 둘째, 문제 속에 담긴 다양한 의미, 다양한 목적을 탐구하고, 셋째, 문제에 얽혀 있는 복잡한 관계(연결 관계, 위계 관계, 의사소통 관계, 이질관계)를 분석하고, 넷째, 문제 상황의 시간의 흐름에 따른 변화를 주목하면서 진행된다.

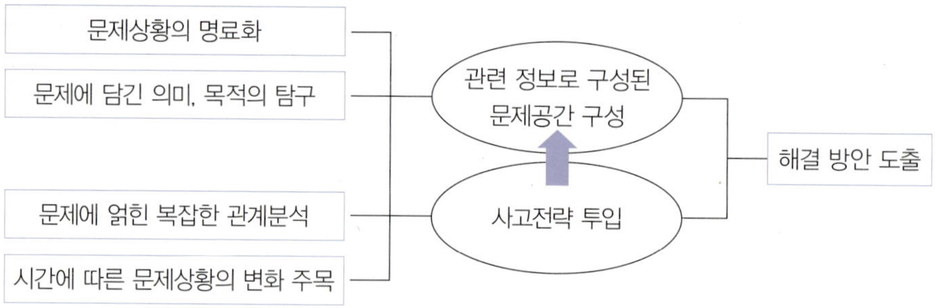

[그림 5-1] **문제해결의 과정**

사고전략을 투입할 때 전문가와 초보자의 차이는 문제해결의 방향에 영향을 미친다. 초보자는 연속적 탐색(analogue) 방법을 적용하나 전문가는 발견적 탐색(heuristics) 방법을 적용한다. 즉 초보자는 해결 방안이 어디에 존재하는지 몰라 처음부터 끝까지 다 탐색하므로 매우 긴 시간이 요구되나, 전문가는 해결책이 있을 부분에 집중적으로 탐색하므로 시간이 덜 소요된다. 이러한 전문가의 전략을 적용하여 전문가 시스템(expert system)이 개발되었다. 전문가 시스템은 문제해결의 관점에서 제한된 응용 영역에서 인간 전문가를 흉내 내는 컴퓨터 프로그램이다. 전문가 시스템은 두 부분으로 구성된다. 하나는 그 영역에서 전문가에 의해서 사용되는 응용영역의 지식기반으로 구성되고, 다른 하나는 사용자의 질문에 답하도록 통제할 수 있는 추론 엔진(inference engine)이다(Baldwin, 1987).

3) 문제해결방법

지난 30년 동안에 문제해결을 설명하기 위해 Newell과 Simon(1972)이 제안한 고전적 문제해결자(classic general problem solver: Newell & Simon, 1972)와 같

은 수많은 문제해결의 정보처리모델이 추구되었다. 문제해결자는 문제해결 과정과 연합된 두 유형의 사고과정 즉 이해과정(understanding processes)과 탐색과정(search processes)을 특정화하였다. 또 다른 대중적인 문제해결 모델로 Bransford와 Stein(1993)이 제안한 IDEAL 모델이 있다(Jonassen, 2004).

IDEAL은 잠재적 문제 확인하기(Identifying potential problems), 문제 정의하고 표상하기(Defining and representing the problem), 가능한 전략 탐색하기(Exploring possible strategies), 전략 적용하기(Acting on those strategies), 활동 효과 되돌아보고 평가하기(Looking back and evaluating the effects of those activities) 등의 영문 글자들의 첫 자를 따서 표시한 것이다. 이 단계를 설명하면 다음과 같다.

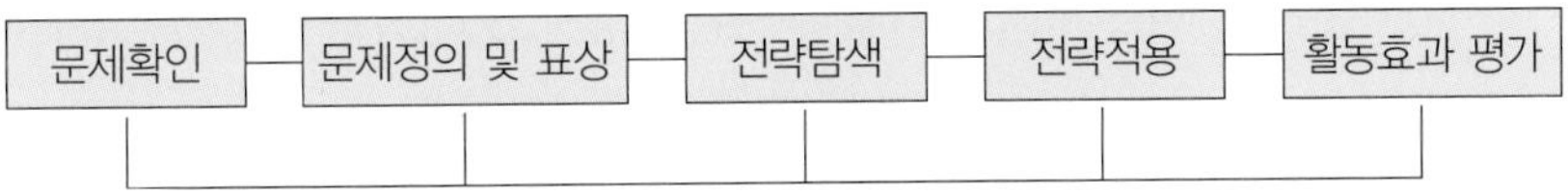

[그림 5-2] Bransford와 Stein의 사고과정

(1) 문제를 발견하고 확인하기(Identifying)

문제를 발견하고 확인한다는 것은 주어진 상황에서 해결해야 할 어떠한 문제가 있는지를 생각하는 것으로 문제해결 과정 중 가장 중요 부분이다. 즉 문제가 있다고 판단되면 그 해결을 위한 다음 단계의 사고가 이루어지나, 문제가 없다고 판단되면 다음 단계로 사고가 진전이 되지 않는다.

(2) 문제를 정의하고 표상하기(Defining)

문제를 정의하고 표상하는 것은 확인된 문제가 어떠한 성격을 가지고 있는 것인지를 생각하는 것이다. 문제발견과 문제정의는 서로 다르다. 예컨대 문제가 있다는 점에서는 동의하나 문제를 정의하는 방법에는 일치하지 않을 수 있다. Jonassen(2004)은 문제해결의 핵심은 문제해결자가 문제공간을 어떻게 표상하는가에 있다고 하면서 전문가와 초보자의 문제표상의 차이를 다음과 같이 설명하고 있다. 전문가들은 초보자보다 더 문제를 풍부히, 통합된 정신표상을 구축한다(Chi, Feltovich, & Glase, 1981). 전문가는 보다 깊은 수준의 영역지식으로 문제를 표상하고 초보자는 피상적 수준으로 문제를 표상한다. Anderson(1983)은 전문가들은 문제를 if-then 규칙으로써 문제를 표상한다고 했고, Chi와 Bassok(1989)는 전문가들은 개념지도 형식(concept mapping forms)으로 문제를 표상한다고 했다.

(3) 가능한 전략을 탐색하기(Exploring)

가능한 전략을 탐색하기는 문제를 해결할 수 있는 가능한 방법을 탐색하는 것이다. 다양한 문제는 다른 방법의 해결책을 생성하고 연상하는 것을 요구한다. 작동기억의 용량을 요구하는 연상은 문제해결을 어렵게 하므로 자동화된 도식(schema) 등을 활용하는 것이 좋다.

(4) 전략을 적용하기(Acting)

전략을 적용하기는 생각해낸 전략(해결책)을 실제 적용하여 문제를 해결하는 것이다. 전략을 적용하는 과정에서 문제를 분류하고, 해결책을 실행하고, 해결책의 효과성을 점검하는 것이 필요하다. 이러한 과정을 위해 모의실험(simulation)과 입증을 위한 체계적 추리과정이 도움이 된다.

(5) 활동효과 되돌아보고 평가하기(Looking)

전략효과를 평가하기는 문제해결 과정에서 실시한 전략의 효과를 확인한다. Jonassen(2004)은 문제해결 과정의 되돌아보기를 중시하고 다음과 같이 안내하고 있다.

학습은 연습을 필요로 하고 연습은 학습에 참여한다. 그러나 연습만으로 유의미학습이나 문제해결에 충분한 것은 아니다. 유의미학습은 상호작용적인 의도-활동-반영의 순환(intention-action-reflection cycles)을 내포하고 있다. 의도성(intentionality), 활동 (activity), 반영(reflection) 은 유의미 학습의 본질이다([그림 5-3] 참조).

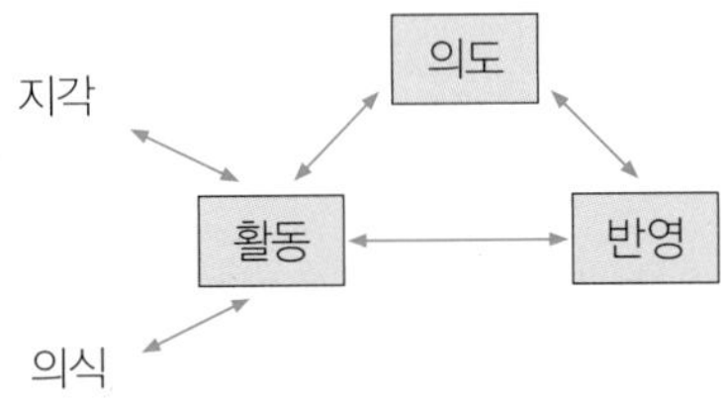

[그림 5-3] **구성주의자의 학습과정 및 상호작용**

학습은 불일치를 해결하기 위한, 질문에 답하기 위한, 호기심을 충족하기 위한, 시스템을 이해하기 위한 의도로 시작된다. 의도를 명확히 하는 것은 의식적 과정이다(Jonassen, 2004).

활동은 중심적 학습기제이다. 그것은 신체적·심리적·사회적일 수 있다. 활동은 지각을 동반한다. 활동과 의식은 완전히 상호작용적이고 상호의존적이다. 사고 없는 활동, 활동 없는 사고는 있을 수 없다. 반영은 활동을 조절하는 데 필요하다. 반영은 새로운 경험을 설명하고 신선한 의도를 만드는 것을 도와주는 데 사용되는 경험의 일부이다. 의식적 활동은 의도와 반영에 의해 안내된다. 반영과 의도 간의 대화는 초인지 활동과 자기규제 노력을 설명한다. 반영은 학습을 조절하고 의도와 활동에 기초한 의미를 구축하는 데 필요하다. 이 반영을 촉진하기 위해 동료수업(peer instruction)과 소리 내어 생각하며 짝으로 문제풀기(thinking-aloud pair problem solving) 등의 방법이 있다(Jonassen, 2004).

Bransford와 Stein의 IDEAL 모형에 기반하여 Sternberg는 [그림 5-4]와 같이 문제해결 사이클을 제시하고 있다.

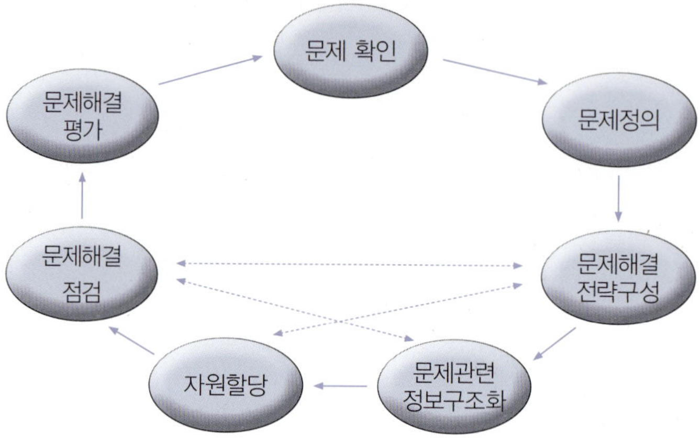

[그림 5-4] **문제해결 사이클**

자료: Sternberg, R. J.(1996). Cognitive Psychology. Harcourt Brace College Publishers, p. 347.

이 사이클에서는 전략 적용하는 단계에서 문제관련 정보구조화, 자원할당, 문제해결 점검 등으로 구체화되어 있는 것이 차이가 있다.

앞에서 제시된 동료수업과 소리 내어 생각하며 짝으로 문제풀기를 소개하면 다음과 같다(Jonassen, 2004).

• 동료 수업(peer instruction)

동료 수업은 Mazur(1997)가 물리학 내용의 개념 이해를 심화하기 위해 개발했다. 학생들에게 내용기반 수업(content-based lecture)을 제시하기보다 기본 개념에의 주의집중을 위해 문제 질문(problem question)을 제시한다. 질문은 물리학의 중요개념에 중점을 두나 공식을 사용해서는 풀 수 없고, 다중 답을 가지고 있는 애매모호한 형태로 구성되고, 너무 쉽지도 않고 너무 어렵지도 않다. 이 질문에 학생들은 1분간 답을 작성한 후 이 답의 확실성에 대한 수준을 기록하게 하고 그 다음에 동료들과 수 분간 그들 답의 정확성에 대해 이야기를 나누고 최종적으로 자신의 답을 수정하도록 했다. 여기서 동료들 간의 얘기가 자신의 답을 수정하는 데 큰 영향을 준다. 동료수업은 교실 내 면대면 전략으로 기술된다.

• 소리 내어 생각하며 짝으로 문제풀기(thinking-aloud pair problem solving)

소리 내어 생각하며 짝으로 문제풀기(Thinking Aloud Pair Problem Solving, TAPPS)는 Whimbey와 Lochead(1999)가 개발한 명확-반영(articulation-reflection) 방법이다. 이것은 소리 내어 생각하기(think-aloud)와 가르치는 기법(teachback techniques)의 결합이다. 이 방법은 두 사람이 짝이 되어 한 학생은 문제해결자가 되어 자신의 문제해결 과정(생각)을 말로써 표현하고 다른 학생은 듣는 사람이 되어 들으면서 그 해결 과정을 이해한다. 소리 내어 생각하는 문제해결자는 가정, 방법, 추론, 문제해결동안 만든 결론 등을 모두 말로써 표현한다. 소리 내어 생각하는 것은 어떤 연습을 요구하고 듣는 사람에게 개방된다. 듣는 사람은 문제해결자의 목소리를 듣고 지속적으로 문제해결자의 활동이나 가정의 정확성을 확인한다. 듣는 사람은 따로 노는 것이 아니라 문제해결자와 함께 문제를 생각하며 문제해결자의 생각을 잡으려고 노력한다. 듣는 사람이 문제해결자의 오류를 발견하면 단순히 지적만 할 뿐 그것을 수정하려는 시도는 하지 않는다. 문제해결자는 작업의 모든 것을 수행해야 한다. 듣는 사람은 일정한 속도로 말하는 것을 요구할 수 있다. 문제해결자가 계속 조용할 때 듣는 사람은 생각한 것을 말하도록 자극을 주어야 한다. 듣는 사람은 문제해결자에게 자신이 행하고 있는 바를 스스로 이해하고 있는 바를 확신하도록 계속적으로 질문하여야 한다. 듣는 사람의 역할이 문제해결자보다 더 어렵다. 듣는 사람은 문제해결 과정에 충분히 참여하여야 한다. 이 어려움으로 서로 역할을 바꾸도록 추천한다. 재가르침(teachback)은 가르치고 난 후에 교사가 다시 발문하는 것이다. 이것은 구두로로 지필로도 할 수 있다(Jonassen, 2004).

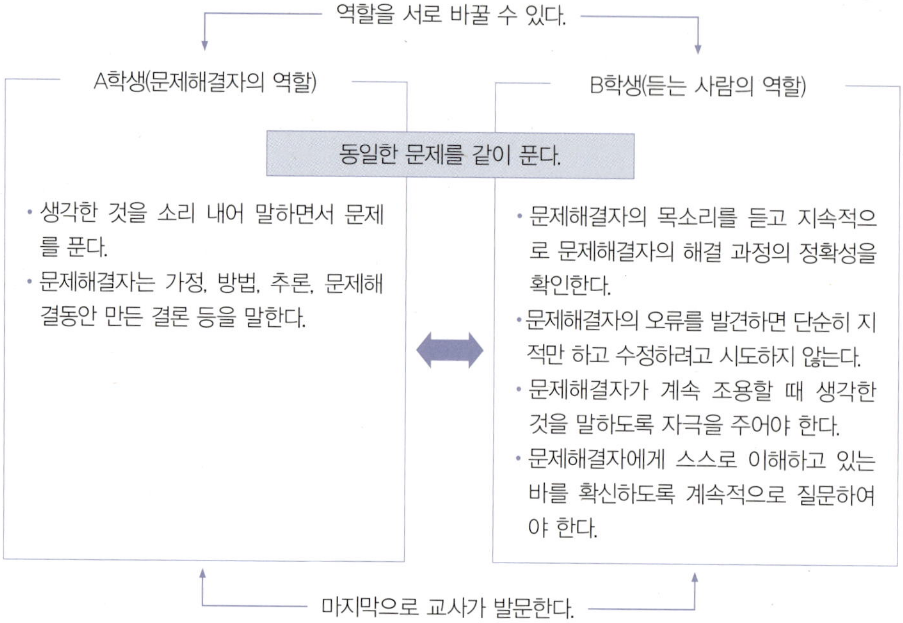

[그림 5-5] **소리 내어 생각하며 짝으로 문제풀기**

3. 창의성 개발활동

1) MeFOT 활동: 정보정교화하기

◈ 중요성

• 구슬이 서 말이라도 꿰어야 보물이다.

• 통찰로 떠오른 아이디어는 논리적으로 구성되어야 한다. 그렇지 않으면 이내 소실되고 만다.

• 현실에 적용 가능하도록 구체화한다.

◈ 방법

- 마인드맵으로 그리기
- 그림으로 그리기
- 글쓰기
- 말하기
- 몸으로 표현하기
- 놀이하기
- 조형
- 연극
- 모형 만들기

◈ 정보정교화하기의 연습

*다음 그림을 완성하여 어떤 동물인지 보다 구체적으로 그려 보자

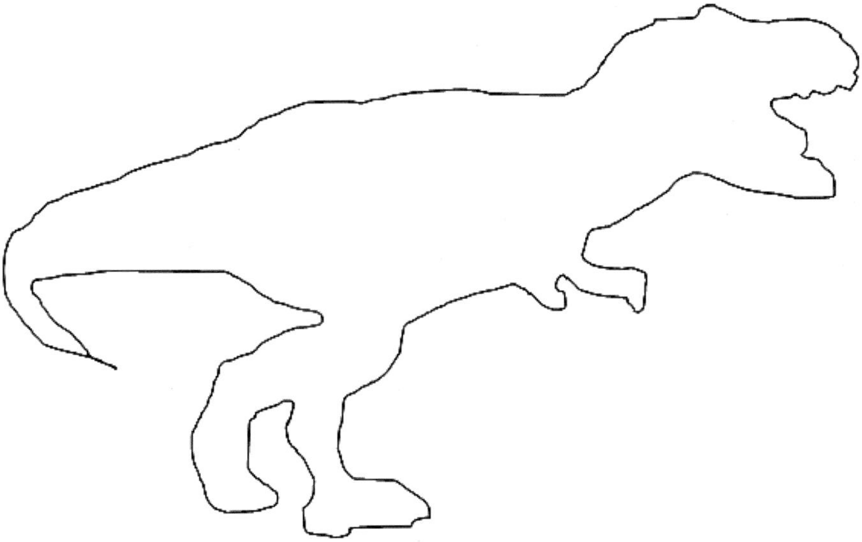

*내가 그린 그림이 살아 있는 것 같은가?

2) 일상활동: 스도쿠(sudoku)

스도쿠는 18세기 스위스 수학자가 만든 '라틴 사각형'이란 게임에서 유래하였다. 이후 1970년대 미국에서 '넘버 플레이스'라는 이름의 게임으로 소개되었다가, 1984년 일본의 퍼즐 회사가 '스도쿠'라 하여 판매해 세계 각국으로 퍼지게 되었다.

스도쿠 게임은 가로×세로가 9×9, 총 81칸으로 이루어진 정사각형에 가로, 세로 줄에 1~9의 숫자를 반복되지 않게 적어 넣는 게임이다. 스도쿠는 가로, 세로 줄을 늘이거나, 숫자 대신 알파벳, 도형 등을 사용하기도 한다.

- 스도쿠 규칙

첫째, 가로 9칸에 1~9까지의 숫자가 한 번씩 들어간다.
둘째, 세로 9칸에 1~9까지의 숫자가 한 번씩 들어간다.
셋째, 작은 정사각형 3×3의 9칸 속에 1~9까지의 숫자가 한 번씩 들어간다.

- 스도쿠는 유아들에게는 어려울 수 있으므로 유아수준에 맞게 수정하여 만들 수 있다.

		6	2		3
	2	3		6	
		4		3	
	6		1		
	3		4	5	
5		1	3		

1			2				4	
	2				3	9		
9		7				5		
		4					5	7
			5	4	1			
3	5					1		
		3				7		9
		1	4				8	
	9				2			6

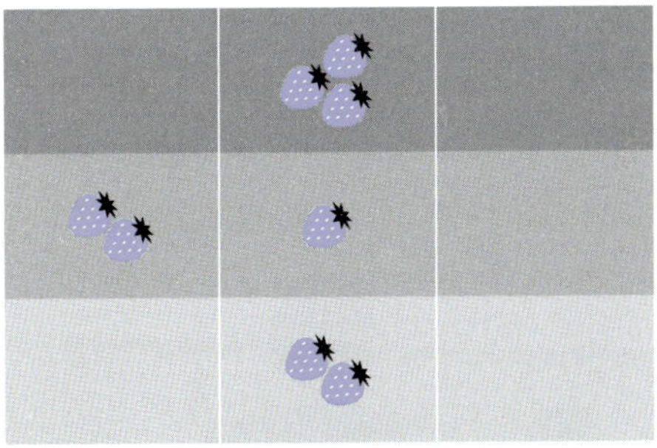

유아를 위한 스도쿠

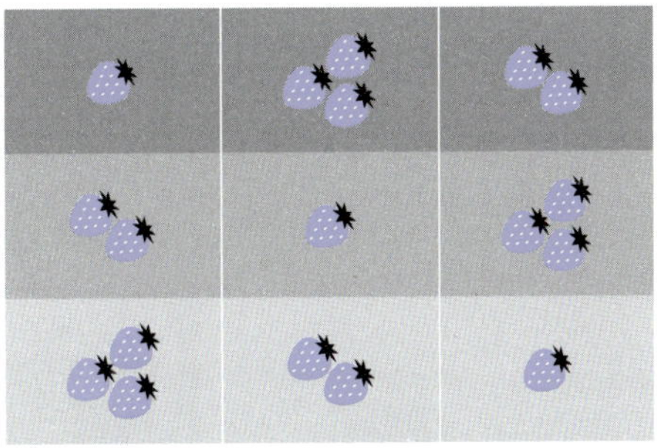

답

4. 창의성 개발연습

1) Problem Solving 연습

◈ 기초문제

* 다음 그림을 전부 하얀 종이로 덮고 A부터 차례로 보면서 무엇인지 맞추어 보세요. A를 보고 알 수 없으면 B, C 순으로 보면서 맞추어 봅니다.

A

B

C

◈ 중급문제

* 문제 1. 어느 청년이 꿈속에서 한 선녀와 즐거운 시간을 보내다가 헤어지게 되었다. 선녀가 말하기를 "저는 옥황상제의 여덟 번째 딸이온데 곧 인간세계에 환생할 것이니 인연을 맺게 되기를 바랍니다." 하고 애틋한 눈길을 남기고

사라졌다. 얼마 뒤 혼담이 들어왔는데 어떤 성씨와 혼인을 해야 하겠는가?

＊문제 2. 다음 중 누가 가장 키가 큰가요?

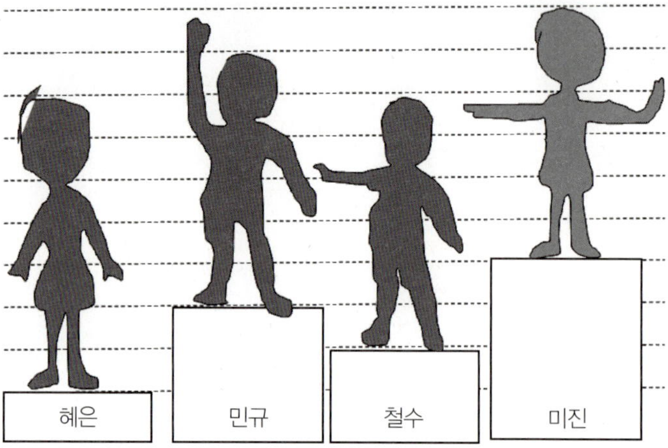

◈ 고급문제

탐험가 한 명이 아프리카 밀림 속에서 길을 잃었다. 며칠을 고생하며 방황하던 중 세 사람의 토인을 만났다. 이 밀림 속에는 항상 거짓말 만하는 '거짓족'과 항상 참말만 하는 '정직족'이 살고 있는데, 이 3명 중에 적어도 한사람은 '정직족'이다.

그래서 탐험가가 오른쪽 토인에게

"가운데 토인은 정직족인가?" 하였더니

"거짓족이야" 하였다. 가운데 토인에게

"양쪽 토인은 무슨 족인가?" 하였더니

"둘 다 모두 나와 같은 족이다" 라고 답하였다. 왼쪽 토인에게

"가운데 토인은 정직족인가?" 하고 물었더니

"그렇다" 라고 대답하였다.

이 말을 듣고 탐험가는 누가 정직족인지를 가려내고, 그에게 길을 물어 무사히 돌아올 수 있었다. 누가 '정직족'인가?

2) 상황중심의 사고 연습: 혼자 자는 아이

독립심을 길러 주기 위해 초등학교 1학년 아들의 방을 따로 마련해 주었다. 침대, 책상, 커튼 등 아들이 원하는 취향으로 무리를 해서 꾸며 주었다. 그렇게 하면 혼자서 자기로 했기 때문이다. 그런데 낮에는 자기 방이라고 잘 생활하다가 밤만 되면 베개를 들고 부모의 방으로 온다.

"너 이제부터 혼자서 자기로 했잖아."

"그래도 엄마하고 자고 싶어."

"안 돼. 이제 넌 초등학교 학생이잖아. 혼자 잘 수도 있어야지."

하며 어머니는 독립심과 자율성을 길러 주기 위해 열심히 설명을 했다.

한참 듣던 아들이

"그러면 엄마, 아빠는 어른이면서 왜 혼자 안 자?"

* 만약 당신의 상황이라면 자녀에게 어떻게 하겠습니까? 그 다음 상황을 상상해 봅시다.

3) If ~, then 사고 연습

if에서 주어진 조건에 따라 then 당신의 행동을 적어 보십시오.

If 이 세상에서 나무가 모두 사라진다면

then 나는 ______________________________

■ 그 이유를 생각해 봅시다.

제6장 창의성의 요소

1. 마음 다지기

1) 내가 만든 명언: 자신만의 세계 창조

존재하지 않는 것을 상상할 수 없다면
새로운 것을 만들어 낼 수 없으며,
자신만의 세계를 창조해 내지 못하면
다른 사람이 묘사하고 있는 세계에 머무를 수밖에 없다.

- 폴 호건(Paul Horgan)

◈ 내가 만드는 명언

_____하지 않는 것을 __________ 없다면
______ 것을 만들어 낼 수 없으며,
_____________를 창조해 내지 못하면
__________________________에 머무를 수밖에 없다.

2) 성취인 생각하기: 영구기관

다음에 이짜바 야스오가 쓰고 손영수(1978)가 번역한 과학사의 진실에 나오는 영구기관에 대한 글을 소개한다.

노예나 소, 말은 먹이를 먹는다. 엔진은 석탄이나 가솔린이 필요하고, 모터는 전기가 필요하다. 그렇다면 아무것도 주지 않아도 스스로 언제까지나 운동하며 사람을 도와 줄 기계를 만들 수 없는가. (…) 풍차나 수차는 한 번 장치하면 사람의 힘을 빌지 않고 계속 동작하는데, 이런 것은 외부로부터 에너지를 얻고 있다. 외부에서 에너지를 얻지 않고 스스로 일을 하는 기계를 영구기관이라 한다.

기계가 발달함에 따라 영구기관에 대한 연구는 점점 활발해져 부력, 수력, 모세관현상, 열, 빛, 자기, 전기, 화학반응 등 온갖 물질현상을 이용하는 것이 연구되었다. 그러나 어느 하나도 실제로 동작하지 않았고, 모형조차 만들 수 없었다. 실제로 움직이는 장치를 만들어 구경꾼으로부터 돈을 받거나, 자산가들에게서 기업화자금을 내게 한 것도 있었지만 모두 사기였다. 1847년에 헬름홀츠가 확립한 에너지 보존의 법칙에 의하면 이는 불가능하다고 판명되었다고 한다. 그러나 에너지 보존법칙이 확립된 뒤에도 영구기관 연구에 몰두하는 사람이 끊이지 않았다.

자료: 손영수 역(1987). 과학사의 진실. 서울: 전파과학사.

◈ 영구기관 일화에서 생각해 볼 점

예전에 60대의 보통 남자가 영구히 움직이는 전력생성기를 만들기 위해 물레방아를 만들어 몇 년간 연구하고 있다는 내용을 TV에서 보았다. 물이 아래로 떨어지는 힘을 이용해서 물을 올리고, 그 올라온 물이 떨어지는 힘을 다시 이용해서 올리고…. 이렇게 하면 영원히 움직이는 물레방아를 만들고 그러면 영구 전력생성기가 만들어진다고 보았다. 그러나 실제로 계속해서 돌아가지 않았다. 그 분은 물레방아를 좀 더 크게 만들어 낙차의 힘을 더 크게 만들면 된다고 강력하게 믿고 있었다.

꾸준한 노력과 열정만 있으면 모든 것이 해결되는지…. 위 글을 읽으면 헷갈린다. 이 글을 적는 저자도 달리는 자동차가 스스로 생성한 전기로 스스로 움직일 수 있지 않을까 하고 생각해 본 적이 있다. 차가 달리면서 받는 맞바람을 이용하여 전기를 생산하고 생산한 전기를 이용하여 또 달리고, 이를 반복하면 영구기관이 만들어지지 않을까 하고 생각해 보았다. 어차피 차가 달리는 경우에 바람의 저항을 받을 것이고 그 힘으로 전기를 만들면 되지 않을까 생각했다. 그러다 물리학 전공자에 의해 일언지하에 바보 같은 소리라는 충고를 들었다. 이른바 영구기관은 불가능하다는 것이다. 그래도 나는 고개를 갸우뚱했다. 달리면 공기가 부닥치고 그 부닥치는 공기의 힘으로 전기를 만들고, 그 전기의 힘으로 다시 달리고…. 위 물레방아의 예와 비슷한 것 같다. 그러나 나는 다르다고 생각했다. 왜냐하면, 달리는 차에 부딪치는 공기의 압력은 외부에서 오는 새로운 에너지로 보았기 때문이다. 그러나 그 전공자는 차가 달려야 그 공기가 느껴지니 새로운 에너지라고 볼 수 없다고 했다. 과학적 지식이 부족한 나에게는 계속 의문이 남았다. 모르기 때문에 창의적 아이디어가 나오는 것일까? 모르기 때문에 시간을 낭비하고 있는 것일까? 어쨌거나 창의적 아이디어가 나오기 위해서는 그에 필요한 요소가 있을 것이다.

◈ 성공을 위한 아이디어: 영구기관

＊요즘 지하도가 많이 생기면서 지하 생활을 하는 사람이 늘고 있다. 앞으로 지하공간은 더욱 증대될 것이고 지하공간의 공기의 질은 중요한 이슈가 될 것이다. 지하공간의 공기를 정화하기 위한 방안을 구체적으로 세워보자.

2. 기본 이론 이해하기: 창의성의 요소

1) 창의성의 요소에 대한 일반적 이해

우리의 입은 참으로 묘하다. 추운 겨울에는 '호호' 불며 언 손을 녹이기도 하고, 뜨거운 차를 마실 때에는 '후후' 불어 식히기도 한다. 또 그 속에 들어 있는 혀는 때로는 바른 말을 하는 데 사용되기도 하고, 거짓말을 하는 데 사용되기도 한다. 거짓말을 해서는 안 된다. 거짓말이 습관이 되어서는 더욱 안 된다. 그럼에도 불구하고 때로 거짓말이 요구되는 상황도 있다. 교사가 능력이 부족한 학생에게 '너는 잘할 수 있어'라고 용기를 북돋아 주거나 의사가 환자에게 생명의 의욕을 심어주는 경우와 같이 지혜로운 거짓말이 필요할 수도 있다.

오른손잡이라고 하여 오른손만 사용할 수 없다. 왼손이 있어 함께 사용함으로써 더 큰 힘을 발휘할 수 있다. 물과 불의 관계를 보자. 불을 끄기 위해 물(H_2O)이 필요하다. 물의 구성요소는 산소와 수소이다. 불이 났다고 가정하자. 불을 끄기 위해 당황한 나머지 물의 구성 요소 중 하나인 산소를 제공하면 불은 꺼지기는커녕 더 잘 탄다. 화들짝 놀라 수소를 제공하면 오히려 폭발해 버린다. 그러나 산소와 수소가 결합된 물을 제공하면 불이 꺼진다.

따라서, 세상의 모든 사물은 요소들의 올바른 결합으로 그 위력을 발휘하고 있다. 창의성도 마찬가지로 몇 가지 요소가 내포되어 있다. 그 요소 간의 조화가 창의성을 창의성답게 만들어 준다. 그럼에도 불구하고 창의성의 요소 중 어느 하나를 강조함으로써 교육적 효과는커녕 부작용이 나타나고 있는지도 모른다.

창의성의 요소를 학자들은 다양하게 제시하고 있다. 이 요소의 각각은 보통 창의적인 활동에서 나타난다. 창의적 활동에서 나타난 요소들을 보면 Johnson(1972)은 문제에의 민감성(sensitivity to problems), 독창성(originality), 재간(ingenuity), 진기성(unusualness), 유용성(usefulness), 창의적 활동에의 적절성(appropriateness in relation to the creative product), 지적 지도성(intellectual leadership) 등 7가지 차원을 들고 있다. Guilford(1963)는 지능구조모형에서 창의적 사고에 관련되는 능력으로 문제에 대한 감수성, 사고의 유창성(어휘의 유창성, 관념의 유창성, 연산의 유창성, 표현의 유창성), 사고의 융통성(자발적 융통성, 적응적 융통성), 사고의 독창성(비범성, 원격연합, 기교성), 정교성, 재구성력, 집요성 등을 제시하고 있다.

Johnson과 Guilford가 제시한 요소들을 종합해 보면 창의성의 요소는 [그림 6-1]과 같다.

[그림 6-1] **창의성의 요소**

위 그림에서 창의성의 요소를 구분해 보면 인성 및 사고 측면과 아이디어 측면으로 나누어 볼 수 있다. 인성 및 사고 측면은 성격 특성으로 개인의 사고방법과 관련되고, 아이디어 측면은 사고의 결과로 나온 아이디어와 관련된다.

시스템 모델을 제시하고 있는 Abuhamdeh와 Csikszentmihalyi(2004)은 창의성이 발현되는 현상을 바르게 관찰하고 설명하기 위해 상호 관련되는 세 가지 요소를 고려하여 전체로서의 시스템을 이해할 것을 제안하였다. 첫 번째 요소는 영역(domain)으로, 이는 무언가 행위를 하는 데 필요한 규칙, 절차, 지식 등과 같은 정보를 의미한다. 창의적인 무언가를 창출하기 위해서는 창의성이 표현되기 위한 영역이 필요하다. 두 번째 요소는 분야(field)로, 이는 각 영역의 문지기(gatekeeper)라고 일컬어질 수 있는 모든 사람을 의미한다. 그들의 역할은 새로운 아이디어나 산출물이 그 영역에 적합한가를 결정하는 것이다. 종합하면, 분야란 만들어진 작품들이 그 영역에서 인정될 수 있는 산물인가를 선정하는 역할을 하는 것이다. 세 번째 요소는 개인(individual)이다. 시스템 모델에 따르면 영역에 내재하는 정보를 변화시키는 일을 하는 것이 개인이며, 그러한 변화가 분야에 의해 영역 내로 들어오게 될 때 창의성이 발생하게 된다.

창의성이 발현되는 데 필요한 속성들에 대하여 인지적, 동기적, 환경적 속성 간의 조합을 강조하는 다변량적(multivariate), 성분적(componential) 혹은 집합적(confluence) 접근도 있다(Lubart & Guignard, 2008).

Amabile(1996)은 창의성과 관련하여 영역 관련 기술(domain-relevant skills)과 창의성 관련 과정(creativity-relevant process) 그리고 과제 동기(task motivation)의 세 가지 구성요소가 필요하다고 주장한다. 영역 관련 기술에는 수행해야 할 과제 영역과 관련된 지식과 전문적 기술, 특수한 재능 등이 포함된다. 창의성 관련 과정으로는 문제해결 과정에서 복잡한 문제에 대처하기 위해 자신의 사고과정을 적절하게 분해할 수 있는 인지양식, 새로운 아이디어를 만들어 내기 위해 발견법 등의 전략을 사용하는 것, 과제에 대해 꾸준히 집중할 수 있는 작업양식 등이 있을 것이다. 과제 동기란 과제를 수행하는 이유를 아는 것과 과제를 끝내고자 하는 태도 등을 의미한다. 내적 동기(intrinsic motivation)는 창의성과 관련하여 매우 중요한 요소인데, 이는 과제에 대한 도전감과 같이 과제 자체에 내재되어 있는 속성으로부터 기반한다. 한편 과제를 완성했을 때 받게 되는 보상과 같은 과제의 외부적 원천으로부터 기인하는 외적 동기(extrinsic motivation)는 창의성에 부정적으로 작용하는 경향이 있다(Lubart & Guignard, 2008).

Sternberg와 Lubart(1995)의 투자이론(investment approach)에 따르면, 창의성이 발현되기 위해서는 상황 관련성을 갖는 지능, 지식, 인지양식, 성격, 동기 그리고 환경적 맥락 등 여섯 개의 요소(resources)가 필요하다. Sternberg와 Lubart(1995)는 창의성이 여섯 개 요소의 단순한 합이 아닌 다양한 형태로 결정된다고 말한다. 우선 어떤 요소(예: 지식)에는 다른 요소의 수준에 관계없이 그 수준이 일정 수준 이상이 되지 않으면 창의성의 발현이 불가능한 문턱(threshold)이 존재할 수 있다. 둘째, 한 요소(예: 동기)에 강점이 있으면 그 요소가 다른 요소(예: 지식)의 약점을 상쇄하는 부분적인 보상이 발생할 수 있다. 셋째, 각 요소는 창의성에 자신만의 고유한 방식으로 기여하지만, 어떤 요소는 반드시 다른 어떤 요소가 존재해야만 기능할 수 있으며 이러한 협력체제가 상호작용 효과를 가져오기도 한다. 창의성을 보이는 사람이란 창의성 발현에 필요한 이 요소들을 소유하고 있으며, 이를 사용하여 '싸게 사고(buy low)', 그 후 그 아이디어를 발전시켜 '비싸게 파는(sell high)' 사람을 의미한다(Lubart & Guignard, 2008).

2) 창의성의 가위

박영태(2002b)는 창의성의 요소로 지식, 사고, 인성, 환경 등 4가지를 [그림 6-2]와 같이 '창의성의 가위'로 제시하고 있다.

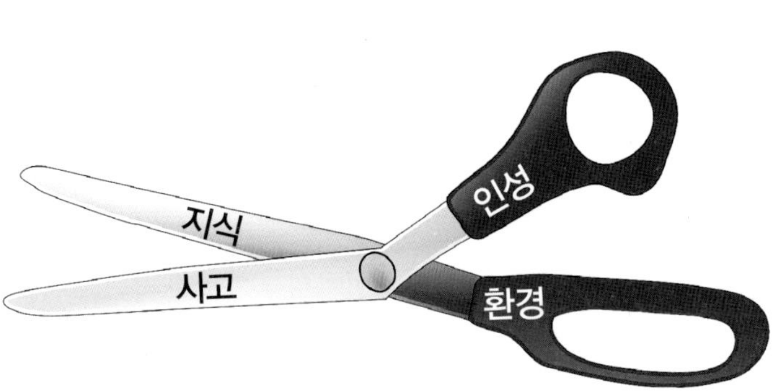

[그림 6-2] **창의성의 가위**

종이를 자르기 위해서는 가위의 두 날이 필요하다. 그러나 두 날만 가지고는 종이를 자를 수 없다. 여기서 가위의 한 날은 지식이요, 다른 한 날은 사고이다. 또한, 가위 날을 이용해 종이를 자르려고 하는 의욕이 필요하다. 이 가위를 활용하려는 의욕이 가위의 손잡이 부분인 인성과 환경이다. 다시 말하면 지식은 창의성을 위한 자료이며, 사고는 창의성을 위한 도구가 되고, 인성은 내면적 욕구이며, 환경은 외현적 요구이다. 창의성은 바로 이 4요소 간의 상호작용으로 나타나는 것이다. 이를 설명하면 다음과 같다.

첫째, 지식은 창의성을 위한 자료이다. 창의성은 새로운 아이디어를 산출하는 능력이다. 새로운 아이디어를 산출하기 위해서는 두뇌 속에 저장된 정보를 다양하게 인출하는 능력과 정보들의 결합 능력이 필요하다. 정보의 인출과 결합은 결국 지식의 중요성을 말해 준다. 지식이란 사고의 단서, 자료로서 사고를 가능하게 하는 동시에 사고의 범위를 결정하고 통제한다. 또한, 지식이란 '불확실성을 해결해 주는 에너지'로 간주되기도 한다. 따라서 창의적 아이디어는 지식 없이 나타날 수 없다. 모든 아이디어는 지식을 바탕으로 나타난다. 지식에 관한 구체적 내용은 제9장에서 언급하고자 한다.

둘째, 사고는 창의적 아이디어를 생성하는 도구이다. 창의성에서 사고의 중요성은 말할 필요도 없다. 창의성 교육하면 사고교육을 생각하는 것은 바로 사고의 중요성을 말해 준다. 사고과정은 실제적으로 창의성이 이루어지는 과정이다.

인성으로서의 창의성도 사고과정에 표현되며, 산출물로서의 창의성도 사고과정을 통해 나타난다. 행동주의 이론은 사고과정을 무시하고 시행착오학습을 강조한다. 그러나 인지주의 이론은 인간의 사고과정을 중시한다. 이에 따라 인지주의 이론은 행동주의 이론과 정반대의 견해를 취하며, 인간은 시행착오를 하는 것이 아니라는 것처럼 보여질 수 있다. 그러나 인간도 시행착오적이다. 인지주의 이론의 하나인 통찰설에 의하면 인간의 문제해결은 시행착오적인 것이 아니며 통찰에 의해 해결책을 찾는 것이라고 한다. 그러나 이 통찰을 얻는 과정은 결국 두뇌 속에서의 시행착오과정이며 이 시행착오의 과정이 사고의 과정이고, 그 결과가 독창적이면 창의적 사고가 된다. 그러므로 창의적 사고는 결국 통찰을 얻기 위한 시행착오적 사고이다. 사고에 관한 구체적 내용은 10장과 11장에서 언급하고자 한다.

셋째, 인성은 지식과 사고를 활용하려는 의욕이다. 창의성은 태어날 때부터 인간이 가지고 있는 보편적 능력이므로 결국 이러한 창의성의 발휘는 인성에 의해 좌우된다고 볼 수 있다. 인간의 성격특성은 인지 요소의 효과적인 사용을 촉진시키고, 떠돌아다니는 아이디어들이 현실적인 생산으로 전환되도록 돕는다(Mumford & Gustafson, 1988). 인성은 하나의 프로그램체제이다. 언제라도 촉발하도록 준비되어 있는 하나의 생명력이다. 인간은 생명력을 촉발할 수 있는 환경을 선택할 수도 있다. 인성에 관한 구체적 내용은 8장에서 언급하고자 한다.

넷째, 환경은 창의성을 자극하는 외적 요구이다. 환경이 창의성 발휘에 어느 정도 필요한가는 환경 없이도 창의성이 발휘될 수 있는가와 관련지어 생각해 보아야 한다. 흔히 환경적 자극 없이도 창의성을 발휘할 수 있는 것으로 생각할 수 있으나, 환경 없이 창의성이 발휘되는 것은 불가능하다. 인간의 사고는 환경적 자극과 상호작용하여 나타나기 때문이다. 환경은 생명력을 촉발시키는 조건이다. 달걀을 가지고 인성과 환경 간의 관계를 유추해 보자. 달걀은 스스로 생명력을 가지고 있다. 병아리로 발달하는 유전적 프로그램을 가진 생명력이다. 그러나 이 생명력도 적절한 환경을 만나지 못하면 단지 껍질을 강화하는 프로그램만 작동한다. 다시 말하면 적절한 온도와 습도의 환경이 아니면 병아리로 발달하는 유전적 프로그램이 작동하지 않는다. 여기서 인성은 환경에 의해서만 촉발된다고 볼 수 있다. 환경적 조건이 요구하는 인성만 발휘된다. 정형화된 문제에서는 정형화된 사고 즉 습관, 상식, 마음갖춤새 등이 필요하다. 그러나 비정형화된 문제에서는 융통적 사고가 필요하다. 여기서 창의적 사고가 발휘된다. 따라서 비정형화된 문제가 풍성한 환경은 창의성을 자극한다. Vygotsky가 '인간은 사회 그 이상도 이하도 아니다'라고 한 바와 같이 인간은 어떠한 환경을 접하느냐에 따라 창의성 발현 정도는 달라지게 된다. 환경에 대한 구체적 내용은 7장에서 언급하고자 한다.

3) 창의인성의 요소

최근에 '창의성'이라는 용어보다 '창의인성'이라는 용어가 부각되고 있다. 창의성과 창의인성이 서로 다른 의미를 내포하고 있다든지 아니면 동일 능력을 다르게 표현한 것에 불과한지에 대한 논의는 별개로 하고, 창의인성은 인성적 측면이 강조되고 있으므로 박영태(2018)가 제시한 창의인성을 개발하기 위한 요소를 제시해 본다. 창의인성 발달을 위해서 신체, 심리, 정신의 세 가지 차원을 발달시켜야 한다. 신체는 음식을 에너지원으로 한 운동 활동을 통하여 신체구조로서 발달하며, 심리는 지식을 에너지원으로 한 사고활동을 통하여 심리구조가 만들어지며, 정신은 사랑을 에너지원으로 한 자유활동을 통하여 정신구조가 만들어진다. 이러한 3차원의 구조가 바르게 형성된 인성이 창의인성이다(박영태, 2018).

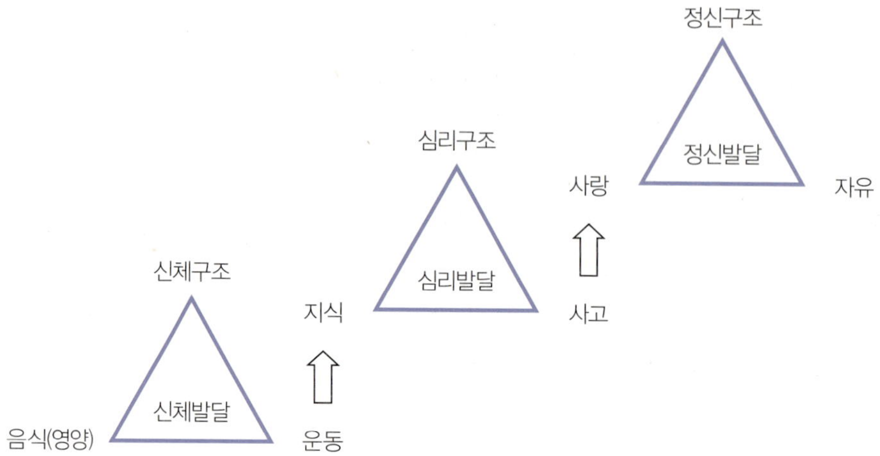

[그림 6-3] **신체, 심리, 정신 발달의 요소**

자료: 박영태(2018). 창의인성의 요소와 유아의 창의인성교육의 방향, p. 55.

그는 창의인성의 요소를 제시하면서 신체지능, 심리지능, 정신지능이라는 용어를 사용하였다. 창의인성이라는 용어를 사용하면서 지능이라는 용어를 사용한 것은 아마도 창의성이란 신체, 심리, 정신의 발달을 통하여 그 존재가 유의미하게 나타난다고 보는 것으로 보인다. 이를 위해 에디슨의 말과 사물 간의 관계에서 나타나는 시너지효과를 보자.

에디슨은 "천재는 1%의 영감과 99%의 노력으로 이루어진다(Genius is one percent inspiration and ninety-nine percent perspiration)"고 했다. 이 말에서 99%의 노력은 지식의 학습을 가져오고 1%의 영감은 바로 창의성의 작용이라고 본다. 이렇게 보면 1%의 창의성이 발현되기 위해서는 99%의 지식학습이 필요하다는 것을 시사한다. 즉 지식이 없으면 창의성을 발현할 수 없다는 것이다. 에디슨의 말을 이렇게 비유해 본다면 개인이 창의성을 발휘할 가능성은 다음과 같이 볼 수 있다.

〈표 6-1〉 **학습된 지식과 1% 영감에 따른 창의성 발현크기**

생각의 힘	학습된 지식의 양	창의성 발현의 양
100	99	1
1,000	990	10
10	9.9	0.1

사물이 한 개와 한 개가 만나면 둘이 아니라 그 둘 간의 관계라는 새로운 것이 생긴다. 셋이 모이면 3개와 함께 그들 간의 관계인 3개가 부수적으로 만들어진다. 바로 이 부수적으로 만들어지는 관계를 발견하는 것이 창의성이라고 본다. 이에 의하면 개인이 창의성을 발휘할 가능성은 다음과 같이 볼 수 있다.

〈표 6-2〉 **학습된 지식과 시너지 효과에 따른 따른 창의성 발현크기**

생각의 힘	학습된 지식의 양	창의성 발현의 양
1	1	0
3	2	1
6	3	3
10	4	6
15	5	10
21	6	15

에디슨의 말에 비유한 창의성은 지식의 양에 따라 자동적으로 나타난다고 볼 수 있으나 지식들 간의 관계에서 나타나는 창의성의 발현 즉 시너지 효과에 따른 창의성의 발현은 단지 가능성으로 나타날 수 있는 크기를 말하므로 차이가 있다고 볼 수 있다. 여기에는 또 다른 인성과 환경의 요소가 작용할 것이다.

결국 박영태(2018)에 의하면 창의인성을 발달시키기 위해서 사고훈련만 필요한 것이 아니라 신체발달과 심리발달, 정신발달이 동시에 이루어져야 한다. 이는 예전부터 강조해오던 전인적 교육과 맥을 같이 하는 것이다. 결국 창의적 사고훈련에 중점을 두는 창의성 교육은 교육의 단편화 현상을 야기할 우려가 있으므로 여기서 벗어나기 위해 창의인성교육으로 나아감으로써 교육의 통합화를 기해야 할 것으로 보인다. 박영태(2018)가 제시한 신체발달, 심리발달, 정신 발달을 구체적으로 제시하면 다음과 같다.

(1) 신체의 발달

인간은 신체부터 먼저 생성한다. 따라서 인간의 모든 능력은 신체에 깃들고 있다고 보아야 한다. 신체의 발달이 곧 심리의 발달이고, 이 둘의 발달이 정신의 발달을 좌우한다고 볼 수 있다. 신체의 일부인 해마나 편도핵이 손상되면 기억을 황폐시킨다. 또 복잡한 학습을 하는 데 신경회로의 성숙이 보다 중요하다(장현갑, 1986)는 말에서 알 수 있듯이 학습과 기억을 좌우하는 것도 결국 신체의 발달이다. 신체발달을 위해 유의하여야 할 점은 다음과 같다.

첫째, 신체는 유형적이므로 이를 구성하는 유형의 영양소(음식)가 필요하다. 이 영양소를 통하여 신체의 각 부분이 만들어진다. 영양 결핍의 상태는 뇌에 손상을 준다. 특히 초기 발달과정에서 더욱 현저하다. 사실 인간과 동물에 있어서 뇌가 성장하는 결정적 시기동안 영양결핍상태에 의해 야기된 여러 가지 변화는 뇌구조상에 돌이킬 수 없는 것이다(Winick, 1976; 장현갑, 1986 재인용). 즉 영양결핍은 뇌의 크기와 무게, 뇌의 구조, 그리고 행동에 이르기까지 영향을 미친다(장현갑 역, 1986). 따라서 영양은 신체발달의 에너지원이다.

둘째, 올바른 신체구조를 완성하기 위해 운동을 하여야 한다. 개체의 초기발달동안 다양한 경험들은 행동, 뇌해부, 뇌생화학과 같은 다양한 측면에서 변화를 일으킨다(Gottlieb, 1976). 경험은 발달을 유도하고, 변경하며, 또 유지한다(장현갑 역, 1986). Rogers에 의하면 경험은 개인에게 최고의 권위이다(노안영, 강영신, 2005). 이러한 경험은 운동을 통하여 나타나므로 경험을 통한 변화는 바로 운동을 통한 변화이다. 운동을 통하여 각 신체부위 중에 발달하는 부분과 위축되는 부분이 결정되며 이에 개인의 신체구조가 만들어진다. 운동의 결과 지식이 학습되고, 학습된 지식이 운동을 통하여 자동화된다. 결국 운동은 신체발달 및 심리발달과 관련된다. 따라서 운동의 상실은 신체쇠퇴는 물론 심리쇠퇴에도 영향을 미친다.

셋째, 심리적 발달을 위해 오감을 발달시켜야 한다. 박영태(2013b)는 육체의 눈, 심리의 눈, 정신의 눈, 도구의 눈 등 네 가지 학습의 눈을 제시하면서 육체의 눈으로 오감을 중시하였다. 오감은 환경적 자극을 있는 그대로 두뇌로 전달하는 기능을 담당한다(박영태, 2013b). 오감의 발달은 바로 심리의 발달에 필요한 지식을 받아들이는 통로이기 때문이다.

(2) 심리의 발달

인간이 살아가기 위해서는 환경을 해석하고 상호작용하는 능력이 필요하다. 이 능력이 바로 개인의 심리이다. 심리는 오감을 통하여 받아들인 지식의 집합이다. 오감은 신체에 있으므로 신체의 발달(영양)과 신체의 움직임(운동)에 의해 접촉하는 환경이 다르며 그 결과 학습하는 지식의 내용과 정도가 달라진다. 학습된 지식이 두뇌의 신경망을 이루면 그 신경망도 넓은 의미의 신체 일부이다. 그러므로 신체발달과 심리발달은 밀접한 관련이 있으며 그 발현도 서로에게 영향을 주고 상호의존적이다. 심리의 발달을 위해서 유의할 점은 다음과 같다.

첫째, 긍정적 정서를 키워야 한다. 정서교육은 정보교육과 분리될 수 없다. 정서교육은 정보교육과 항상 함께한다. 정서는 신체의 일부인 변연계가 담당하고, 정보는 해마가 담당한다. 이 둘은 별도로 작동하는 것이 아니라 정보가 들어오면 정서가 그 정보에 정서를 부착한다고 볼 수 있다. 정서는 자기보호기제이다. 마치 나쁜 음식이 들어오면 금방 뱉어내듯이 나쁜 정보가 들어오면 정서가 바로 작동하여 호불호의 감정을 나타내도록 한다. 박영태(2002b)는 지식은 정보+정서라고 하였다. 외부에서 정보가 들어오면 개인은 자기보호를 위하여 외부에서 들어오는 정보에 정서를 부착하여 이것이 개인이 가지고 있는 지식이라고 보았다. 따라서 모든 교육은 즐겁게 이루어지도록 하여야 한다. 아무리 좋은 교육 내용이라도 억지로 시키면 부정적 정서가 붙게 되고 이는 그러한 교육을 실행하기 어려운 원인이 된다.

둘째, 교육내용을 잘 선별하여 습관화시켜야 한다. 유아교육에서 기본생활습관을 형성하듯이 바람직한 행동은 습관화시켜야 한다. 습관화라는 것은 반복을 통한 자동화를 의미한다. 자동화는 무의식적으로 일어나므로 의식의 공간을 이용하지 않아 보다 깊고 많은 생각을 하도록 만들어준다. 따라서 습관화는 일종의 사고도구이다. 생활의 편의를 위해 다양한 도구를 개발하듯 심리생활의 편의를 위해 습관이라는 도구를 개발하는 것이다.

셋째, 유아들의 미래생활에 필요한 지식은 모두 학습하도록 도와야 한다. 인간의 행동은 모두 지식에서 나온다. 지식이 바로 행동의 방향(정보)과 행동 촉발(정서)을 좌우하기 때문이다. 따라서 유아의 미래생활과 관련된 정보를 학습하는 것이 매우 중요하다. 유의하여야 할 것은 유아의 지식학습은 놀이를 통하여 이루어져야 한다.

넷째, 유아들에게 사고활동을 할 기회를 주어야 한다. 신체발달에서 음식이라는 에너지원을 섭취함과 동시에 운동을 시켜야 하듯이 심리의 발달에도 지식의 학습과 동시에 사고활동을 하도록 하여야 한다. 사고활동은 심리의 움직임이다. 이를 통해 자신의 심리구조를 형성한다. 어떤 지식을 많이 생각하였는가에 따라 발달되는 심리구조는 달라진다. 이는 근육이 어떤 운동을 많이 하였는가에 따라 그 부위가 달라지는 것과 같다.

유아기는 창의성의 근원인 탐구적이고 호기심이 많으며, 상상력이 최고 수준에 이르는 시기(하수연, 정서목, 2012)이므로, 유아에게는 특별한 사고방법을 훈련하지 않고 사고할 기회만 제공해 주면 된다. 그러나 어떤 필요성에서 운동하느냐에 따라 발달되는 근육이 달라지듯, 사고활동도 유아들이 무엇을 생각하느냐에 따라 활용하는 사고방법이 달라지고 결국 그 사고방법으로 굳어질 위험이 있다. 따라서 다양한 현장관련 사고활동을 할 기회를 제공하는 것이 필요하다.

(3) 정신의 발달

Frankl에 의하면, 정신은 인간만이 가진 고유한 특성이며, 자기이탈을 할 수 있는 의식의 원천이며 창의성을 발휘하는 주체이다. 따라서 유아의 정신을 발달시켜 주는 것은 창의인성 발달의 기본이라고 볼 수 있다. 정신을 발달시키기 위해 유의할 점은 다음과 같다.

첫째, 가치의 조건화에 교사나 부모는 신경을 써야 한다. Rogers에 의하면 아동은 기본적 욕구인 '긍정적 자기존중'을 얻기 위해 노력한다. 이는 다른 사람의 평가에 의해 형성되므로, 자신이 원하는 바가 아니라 칭찬받기 위해 어른이 원하는 방식으로 행동하게 된다. 이러한 과정을 가치의 조건화(conditions of worth)라고 하며, 아이들은 부모의 가치에 자신을 맞춰 나가는 태도를 형성하게 된다. 형성된 가치의 조건화는 유기체가 경험을 통해 실현화 경향성을 성취하는 것을 방해하는 주요한 원인이 된다. 왜냐하면 가치의 조건화는 아동이 주관적으로 경험하는 사실을 왜곡하고 부정하게 만들기 때문이다(노안영, 강영신, 2005). 가치의 조건화가 심해지면 학습된 무기력이 나타난다. 결국 정신은 생기를 잃게 된다. 부모는 자신의 가치대로 자녀를 조건화시키는 데 조심하여야 한다.

둘째, 정신이 활발히 활동할 수 있는 두뇌 내적 환경으로 민감성, 도전성, 융통성, 유창성을 길러주어야 한다. 즉 호기심에 충만하고(민감성), 호기심 충족을 위해 적극성을 보이며(도전성), 기존 생각의 틀에서 벗어나(융통성) 다양한 아이디어를 생각하려는 성향(유창성)을 길러 주어야 한다.

셋째, 사랑받는 느낌을 주어야 한다. 정신을 발달시켜 주는 에너지는 사랑이다. Fromm에 의하면 사랑은 상대방의 잠재능력을 개발시켜 주는 것이다(박영태, 2005 재인용). 아이의 잠재능력을 실제적 능력으로 개발시켜 주기 위해 교사나 부모가 하나하나 구체적으로 가르쳐야 하는 것은 아니다. 아이는 스스로 발전하려고 하는 정신이 있다. 심지어 태아기의 태아도 스스로 자란다. 부모가 아이를 만들기보다 수정란은 스스로 자란다. 부모는 단지 영양공급을 해 줄 뿐이다. 따라서 사랑은 이러한 자발성이 나타나도록 도와주는 것이다. 아이들이 자유롭게 탐험할 수 있게 하려면 한 가지 전제 조건이 필요하다. 그 조건이 바로 '안전기지'이다. 안전기지는 보호자가 아이들에게 주는 안정감 같은 것이다(이경덕 역, 2007). 여기서 교사나 부모는 유아에게 안전기지로서의 역할을 하는 사랑을 주어야 한다.

넷째, 스스로 삶의 의미를 추구하도록 자유를 주어야 한다. 정신구조는 사랑이라는 에너지원을 섭취하여 자유라는 활동을 통하여 형성된다. 유아에게 쾌를 추구하거나 만족을 추구하는 것보다는 어떠한 의미를 추구하도록 기회를 제공해야 한다. 의미를 추구하면서 무엇인가 새로운 것을 학습하면 유아들은 저절로 즐거움과 만족을 느낀다. 의미를 추구한다는 것은 기존의 나에서 벗어나 새로운 나로 가기 위한 과정이다. 자유는 두뇌의 공백을 메우기 위한 자발적 활동 기회를 제공하는 것이다. 다시 말하면 의미추구의 기회를 제공하는 것이다.

3. 창의성 개발활동

1) MeFOT 활동: 정보수용하기

◈ 중요성

- 인간은 쾌지향이므로 학습된 정보에는 쾌의 정서가 부착되는 것이 필요하다.
- 수용적 분위기가 아니면 아이디어를 표현하기 어렵다.

◈ 방법

- 상호칭찬하기
- 즐거운 마음으로 표현하기
- 스스로 만족감 느끼기
- 멋진 아이디어를 생각해낸 자신에게 뿌듯한 감정 느끼기
- 아이의 작품 게시하기
- 아이의 생각을 나의 생각으로 여기기

◈ 정보수용하기의 연습

*매일 하나씩 황금알을 낳는 거위가 있다. 주인은 갑자기 욕심이 났다. '저 거위의 뱃속에는 많은 황금알이 있을 텐데, 이렇게 매일 기다리지 말고 한꺼번에 꺼내야겠다'고 하면서 거위의 배를 갈랐다. 이 주인의 행동에 대해 어떻게 생각하는가?

2) 일상활동: 창의적 신체 표현(creative physical expression)

인간에게 있어 신체의 움직임은 선천적인 것이며, 생명력을 나타내기도 하며 신체 표현은 비언어적 방법으로 자신의 의사를 전달하는 방법이기도 하다. 신체 표현은 상징적인 표상의 인지 능력을 기르게 하며, 사고의 발달과 상대방의 신체 표현에 대해 해석하고 그에 반응하는 능력을 발달시킬 수 있다. 다시 말하면, 내적인 자신의 메시지를 외적으로 표현하고자 할 때, 타인이 이해할 수 있는 표현을 구상해야 하며, 남과는 다르게 전달하고자 할 때는 일반적인 신체 표현 외에 창조적인 표현을 구상해야 한다. 이와 함께 전달 받는 사람은 상대방의 신체 표현의 상징을 추리, 유추하여 이해하는 사고과정이 따라야 한다. 따라서, 신체 표현은 사고력, 상상력, 공간인식, 조작 능력 등을 발달시킬 수 있다.

• 다음을 신체로 표현해 보자.

비행기, 나비, 코끼리, 토끼, 뱀, 우는 모습, 화난 모습, 웃는 모습, 밥 먹는 모습, 화장하는 모습, 전화하는 모습 등

• 창의적인 신체 표현을 해 보자.

비행기, 나비, 코끼리, 토끼, 뱀, 우는 모습, 화난 모습, 웃는 모습, 밥 먹는 모습, 화장하는 모습, 전화하는 모습 등

• 두 사람이 이상이 함께 창의적인 신체 표현을 해 보자.

4. 창의성 개발연습

1) Problem Solving 연습: 부분과 전체

◈ 기초문제

＊다음 그림에서 둥근 알이 사라졌다. 그러나 아직 그림 속에 있다고 한다. 어디에 있는지 찾아보자.

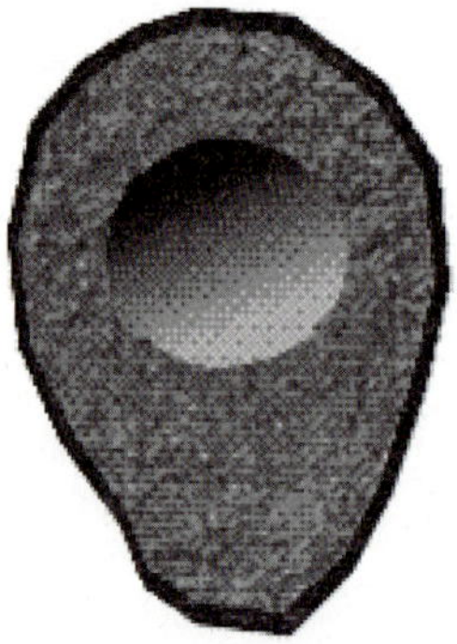

자료: https://blog.naver.com/gaori21/80010625696

◈ 중급문제

＊문제 1. 다음 조각 그림을 모아 원으로 만들면 가운데 선은 어떤 모양이 될까요? 그려봅시다.

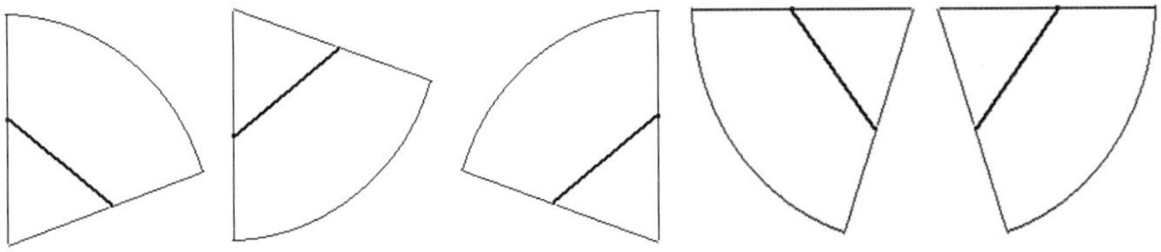

＊문제 2. 9개의 점 연결하기

＊9개의 점이 있다. 연결된 4개의 직선으로 9개의 점을 모두 연결하시오.

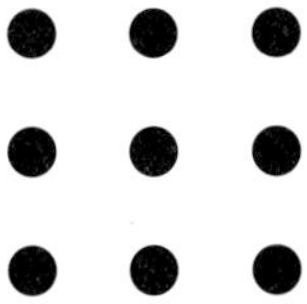

＊1개의 직선으로 9개의 점을 모두 연결하시오. 당신이 점들이라면 1개의 직선으로 연결되려면 어떻게 하겠습니까?

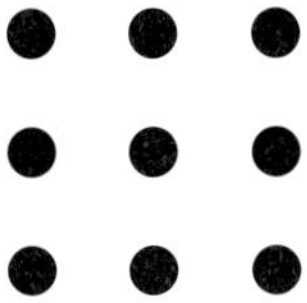

◈ 고급문제

* 다음 Willian Hogarth(1754)의 거짓원근법 그림은 전체 그림에서 일부분을 보여 주고 있습니다. 두 사람은 무엇을 하고 있을까요?

자료: https://en.wikipedia.org/wiki/Satire_on_False_Perspective

2) 상황중심의 사고 연습: 이웃집 소음

초등학교 2학년 딸이 내일 피아노 대회에 나간다. 좋은 성적 받기를 스스로도 기대하고 있고 연습도 열심히 했다. 저녁을 먹고 지금은 7시이다. 윗 층에서 인터폰이 왔다.

"우리 아이가 내일 시험인데 피아노 소리 때문에 공부를 할 수가 없어요."

"죄송합니다. 내일이 피아노 대회라서……."

"우리 아이도 시험이 내일이에요. 공동생활하면서 서로 예의는 지켜야죠."

윗집 아주머니가 계속 따지고 드는 바람에 어머니도 화가 나셨다.

"그렇게 늦은 시간도 아니고 그리고 우리 아이도 내일 피아노 대회예요."

이렇게 말이 몇 번 오가다가 결국은 아파트 복도에서 만나 목소리를 계속 높였다. 다른 집에서도 내다보면서 수군거렸다.

결국 두 집 아이들은 모두 피아노 연습과 공부가 제대로 안 되었다.

* 만약 당신의 상황이라면 자녀에게 어떻게 하겠습니까?

* 만약 당신의 상황이라면 자녀에게 어떻게 하겠습니까? 그 다음 상황을 상상해 봅시다.

3) If ~, then 사고 연습

if에서 주어진 조건에 따라 then 당신의 행동을 적어 보십시오.

If 이 세상에서 아무도 나를 인정하지 않는다면

then 나는 ______

제7장 창의적 환경

1. 마음 다지기

1) 내가 만든 명언: 창의성이 없는 삶

창의성을 추구하는 것은 숨 쉬는 것과 같다.
숨 쉬지 않으면 죽는 것처럼,
창조하지 않으면 죽는다.
나에게 창의성이 없는 삶은 상상도 할 수 없다.

- 아네트 레미유

◈ 내가 만드는 명언

__________ 을 추구하는 것은 __________ 것과 같다.
__________ 않으면 __________ 것처럼,
__________ 하지 않으면 __________
나에게 __________ 없는 삶은 상상도 할 수 없다.

2) 투명 태양전지

요즘 과학의 발달을 보면 놀라는 일이 많다. 놀라는 정도가 아니라 정말 신기하기만 하다. 우주공상과학 영화에 나오는 얘기가 현실이 된 것 같은 느낌이 많이 든다. 인터넷 과학잡지 Science Times에서 발간하는 Science news letter 1271호(2008년 6월 25일)에서 또 하나 놀라운 기사를 보았다.

건물의 유리창이 태양광발전을 할 수 있는 '건물일체형 투명 태양전지(Building Integrated Photovoltaic, BIPV)'가 우리 기술진에 의해 세계 최초로 개발됐다. 지식경제부는 24일 서울 교육문화회관에서 '솔-젤 원천 소재 · 공정기술 개발사업'의 결과발표회를 갖고 KAIST 배병수 교수팀과 삼성 SDI 중앙연구소 이지원 박사팀이 개발한 건물일체형 투명 태양전지를 발표했다. …

투명 태양전지 유리창은 유리 또는 필름에 '솔-젤 소재'를 얇게 인쇄함으로써 솔-젤 소재가 햇빛을 흡수해 전기를 생산할 수 있는 '염료감응 태양전지' 형태로 개발됐다. 이런 염료감응 태양전지는 건물 디자인과 어울리는 여러 색을 선택할 수 있고 투명하기 때문에 유리창으로 이용하면 햇빛을 차단하면서 전기도 생산할 수 있는 장점이 있다. 특히 태양전지를 통해 생산된 전기를 이용해 유리창 색깔이 바뀌는 '광전기변색' 기술도 동시에 개발해 유리창의 색과 명암을 원하는 대로 조절할 수도 있다. 지경부 김진태 바이오나노과장은 "두 기술을 건물 유리창에 적용하면 유리창 자체가 태양광발전을 하면서 색과 명암이 자동으로 조절돼 에너지 절약과 실내환경을 쾌적하게 하는 한편 다양한 건물 디자인도 가능해 새로운 건축기술로 각광받을 것으로 기대한다"고 밝혔다.

자료: Science Times에서 발간하는 Science news letter 1271호(2008. 6. 25.)

◈ 투명태양전지 일화에서 생각해 볼 점

정말 놀라운 발명이다. 어디까지 가서 발명이 머물러질까? 솔-젤 소재가 무엇인지 문외한은 이해하기 어렵지만 나중에 이것이 옷이나 사람의 피부에 염색이 된다면 또 다른 기이한 현상이 발생할 수도 있을 것 같다. 과학자들은 정말 대단하다. 창의성에 대해 글을 쓰고 있는 나 자신이 갑자기 부끄러워진다. 말은 유창하게 하고 있으면서도 창의적인 상품을 하나도 개발하지 못하고 있으니 말이다. 자 이제 창의적 성공인이 되기 위해서는 자신의 영역에서 하나의 발명품을 만들어 보자. 행동으로 뛰어 보자.

◈ 성공을 위한 나의 아이디어: 투명 태양전지

*자신의 성공을 위한 아이디어를 만들어 보자. 다음 타원에 자신이 발명하였으면 하는 발명품의 제목을 적고 타원 주변에 그에 대한 설명을 생각나는 대로 적어 보자.

a. 위에 적은 내용이 새로운 것인가? 예 □ 아니오 □

b. 위에 적은 내용이 남과 다른가? 예 □ 아니오 □

c. 위에 적은 내용이 실제로 만들 수 있을 정도로 구체적인가? 예 □ 아니오 □

d. 위에 적은 대로 만들면 실생활에 도움이 될까? 예 □ 아니오 □

e. 왜 그렇게 판단하였나?

2. 기본 이론 이해하기: 창의적 환경

1) 환경의 중요성

인간은 유전적 소질을 가지고 환경과 상호작용하면서 형성되는 존재이다(박영태, 2005). 따라서 인간은 환경과 분리되어 생활할 수 없다. 인간의 생명력은 자신의 성장에 필요한 요소를 환경으로부터 습득하여 자신의 모습을 점점 현실화시킨다. 통상적으로 인간의 발달은 유전과 환경에 의존한다는 타협적인 결론에 도달한다. 그러나 교육자로서의 신념은 인간의 발달에 있어서 유전보다 환경이 더 중요하다고 믿어야 한다. 왜냐하면 유전적 소질은 결정적인 것으로 태어난 이후부터 변화가 불가능하지만 환경은 선택적인 것으로 변화가 가능하기 때문에 인간이 통제할 수가 있다(박영태, 2005).

아무리 좋은 유전자를 가지고 있다고 하더라도 인간은 환경으로부터 자기발전에 필요한 모든 에너지를 얻고, 활동의 기회를 얻어야 한다. 박영태(2018)는 창의인성 발달을 위해 신체, 심리, 정신이 균형되게 발전해야 한다고 하면서 신체발달을 위해서는 영양소를 섭취하고 운동을 해야 하며, 심리발달을 위해서는 지식을 습득하고 사고를 해야 하고, 정신발달을 위해서는 사랑을 받으며 자유를 누려야 한다고 했다. 영양소, 지식, 사랑이라는 에너지도 환경이 제공해 주고, 운동하며, 생각하고, 자유를 누리는 공간도 환경이 제공해 준다. 따라서 환경은 인간 발달의 근원이다.

인간이 환경의 영향을 받는다고 하여 모든 개인이 똑같이 영향을 받는 것은 아니다. 환경의 형태에 따라 영향을 받는 정도가 다르다. 인간은 생활하면서 외부환경을 두뇌 속에 복사하여 자신의 내부환경으로 변형한다. 이 변형은 개인의 감각, 지각, 가치관 등의 영향을 받아 개인에 따라 다르게 이루어진다. 그러므로 외부 환경은 개인과는 관계없이 객관적으로 모두에게 동일한 모습으로 존재하지만 이 외부 환경과 상응하는 내부 환경은 개인마다 다르게 존재한다. 다시 말하면 외부 환경은 하나이나 개인의 두뇌 속에 만들어진 복사환경은 개인의 수만큼 다양하다. 이러한 관점에서 Lewin은 환경을 심리적 환경과 물리적 환경으로 구분하였다. 이 두 환경은 개인에게 영향을 주는 정도가 다르다. 심리적 환경이란 외부에 있는 환경이지만 실제로는 개인이 의미를 부여한 환경의 집합으로서 개인의 내부에 존재하는 환경이다. 이에 비해 물리적 환경이란 개인이 어떠한 의미도 부여하지 않은 환경으로 외부에만 존재할 뿐 아직 개인 내부에는 어떤 의미로도 존재하지 않는 환경이다. 따라서 심리적 환경은 내부에 있는 의미에 따라 개인에게 영향을 주나 물리적 환경은 있는 그대로의 외부적 요인이 개인에게 영향을 준다. Ellis가 ABCD이론에서 외적 사건(activating events)보다 내적인 신념체제(belief system)에 의해서 행동(consequence)이 나타난다(이관용, 이장호 공역, 1982)고 말한 것은 결국 심리적 환경을 만났을 때를 말한다. 내부에 신념체제가 없으면 외적 사건의 특성에 따라 영향을 받을 수 밖에 없다.

따라서 환경의 힘은 일반적으로 개인의 심리적 환경에 따라 그 영향력에 차이가 있다. 그러나 강력한 환경은 모든 개인에게 동일한 영향을 미친다. 강력한 환경은 개인차를 무시하고 모든 개인에게 동일하게 영향을 줄 수 있다. 100kg을 지탱하는 용수철과 50kg을 지탱하는 두 용수철을 가정해 보자. 70kg의 무게를 단다고 했을 때 100kg을 지탱하는 용수철은 견딜 수 있으나 50kg을 지탱하는 용수철은 파괴되고 만다. 그러나 120kg을 단다면 두 저울 모두 파괴되고 만다. 이 강력한 환경은 개인의 발달에 도움을 주는 방향으로 조성되거나 활용되어야 한다.

창의성의 발달도 유전적 요인과 환경 속에서의 경험에 영향을 받는다(Runco, 2007). 전통적으로 창의성은 개인의 정신과정, 즉 개인 내부의 통찰에 의해 발생한다고 생각되어 왔다. 그러나 아동이 성장하는 가정환경, 학교환경, 사회환경은 모두 창의성 발달에 영향을 준다.

창의성 발달에 영향을 주는 환경으로 개방적이고 수용적 환경이 중요시된다. 다음의 관점은 바로 이러한 한경의 중요성을 시사한다.

- 일상생활에서 융통성 있게 규칙을 사용하는 가정의 아동들이 엄격하게 규칙을 사용하는 가정의 아동들보다 사회경제적 지위에 상관없이 더욱 창의적인 것으로 나타났다(Lubart & Lautrey, 1998; Lubart, Mouchiroud, Tordjman, & Zenaani, 2003; Lubart & Guignard, 2008).
- 창의성으로 유명한 사람들은 관습을 중요하게 여기지 않는 가정환경과 풍부한 경험을 제공하는 환경으로부터 배출되는 경향이 있고(Simonton, 1987), 다양성을 강조하고 정형화되지 않은 교육 경험 및 전문훈련을 받아왔던 것으로 나타났다(Simonton, 1976, 1984).
- 일반적으로 4세에서 4.5세 사이에 창의적 상상력이 최고로 높게 나타난다고 한다. 그러나 이렇게 발달하는 유아들의 창의성도 경직된 학교제도, 교육과정 운영, 사회 문화 및 인적 영향들 때문에 5세 무렵을 지나면서 퇴화하기 시작한다(Torrance, 1962).
- 따뜻하고 안전한 가정환경은 위협이 따르는 일을 시도할 수 있는 기반으로 작용한다(Rogers, 1954).

이러한 관점에 의하면 개방적 환경이 폐쇄적 환경보다 창의성 발달에 도움을 준다고 볼 수 있다. 그러나 폐쇄적 환경이나 경직된 환경이 반드시 창의성 발달을 저해하는 것인가에 대해서 깊이 생각해 볼 필요가 있다. 예로 경직된 학교제도, 교육과정 운영, 사회 문화 및 인적 영향들 때문에 창의성이 저해된다고 하는 관점을 살펴보자. 학교는 장구한 역사를 가지고 있고, 그 긴 역사 속에서 학교교육을 마친 사람들이 인류의 발전을 이만큼 이룩하였다는 사실은 학교의 경직된 수업방법이 창의적 사고력을 마비시킨다고 하는 사실에 의문을 가지게 한다. 단지 호기심이 약화되고, 질문을 많이 하지 않는다고 창의성이 떨어진다고 볼 수 있는가? Erickson에 의하면 초등학교 시기는 능력감 대 열등감의 위기를 만나는 시기이다. 이 시기에 지식을 쌓음으로써 능력이라는 덕목을 획득한다. 또 초등학교 시기는 Kohlberg(1987)의 도덕성 발달이론에 의하면 인습적 단계에 해당한다.

Runco(2007)는 전인습적 단계, 인습적 단계를 빌려와 아이들의 사고를 설명하고 있다. 전인습적 단계의 아이들은 인습을 인지하고 활용할 수 있게 해 주는 사고가 나타나지 않는다. 그들은 인습적인 것을 인지하지 못할 뿐만 아니라 인습적인 방식으로 사고할 능력이 없다. 그러다 인습적 단계에 들어가면 다른 사람들이 기대하는 것을 알고 있으며 전형적이고 규범적인 인습적 행동들에 큰 비중을 둔다. 아이가 성장하면 적절한 경험들과 더불어 개인은 후인습적(postconventional)사고를 발달시키게 되며 그 시점에서 인습을 정보의 한 출처로만 활용하게 된다. 후인습적 개인은 또한 스스로의 힘으로 생각하게 된다(Runco, 2007). 결국 Runco는 인습이 개인의 창의성 수준에 영향을 준다고 보고 있다. 다시 말하면 인습은 규범적 행동에 대한 사고를 지배하며 이것은 쉽게 사고를 제약하며, 창의성을 억제할 수 있다. 비인습적인 어린이는 자신에게 무엇이 기대되어지는지에 관해 생각하지 않으며 심지어 무엇이 사회적으로 적절한지에 관해서조차도 생각하지 않으며 창의적이다(Runco, 2007). 그러나 인습단계에 있는 초등학교 아이들은 사회적 기대를 따르며 또래의 전형적인 행동들을 모방함으로써 자아표현과 창의성을 억압한다. 인습단계에서의 창의성의 부족은 분명히 드러나게 된다(Torrance 1968).

이러한 Runco(2007)의 관점을 정리해 보면 초등학교 아동의 창의성은 교육환경의 경직성이나 학습방법에 의해서 낮아진 것이 아니라 사회에 적응하는 지식을 왕성하게 학습하고 활용하여 그 다음 단계인 후기 인습단계의 새로운 삶을 준비하는 인습단계에 있는 아동의 특성에 기인한 것으로 보인다. 여기서 후기 인습단계의 새로운 도전을 위해 새로운 지식 쌓기에 치중하였다고 하여 창의성이 저하된 시기로 볼 것인가? 그래서 경직된 학교 환경이 창의성을 저해한다고 볼 것인가? 지식이 부족하게 되면 유용성 있는 새로운 아이디어를 도출하지 못한다. 학교교육에서 축적한 많은 지식들이 새로운 창의적 사고를 위해 필요하다는 것을 생각하여야 한다. Freud에 의하면 리비도(libido)가 위축되어 있는 잠복기는 그 다음 단계의 실제적 폭발을 예기하고 있는 것이다. 먹이를 잡기 위해 잔뜩 웅크리는 사자의 자세를 생각해 보아야 한다.

2) 환경, 적응, 창의성의 관계

Piaget 모델은 발달의 과정을 설명하기 위해 적응(adaptation)에 의존한다. 적응은 흔히 사용되는 창의성에 매우 근접한 동의어들 중 하나이다(Cohen, 1989). 적응에 내포된 동화(assimilation)와 조절(accommodation)은 창의성과 연관된다. 특히 조절은 창의적으로 "아-하" 하는 많은 순간들을 특징짓는 갑작스런 통찰력을 설명해 준다(Gruber, 1981b). 조절이 창의적 아이디어 생성에 중요한 역할을 한다면 그 조절은 동화를 전제로 한다. 동화는 때때로 창의적 아이디어들을 초래하는 인지 변환을 우리들이 이해하는 데 도움을 주기 때문이다(Guilford, 1968; Runco, 1996). 개인이 적응의 필요를 느끼지 못하면 동화든 조절이든 그 어느 것도 고려되어지지 않는다. 따라서 창의성은 적응의 과정에서 동화와 조절 기제를 사용하면서 나타나는 현상이다. 이를 그림으로 표현하면 [그림 7-1]과 같다.

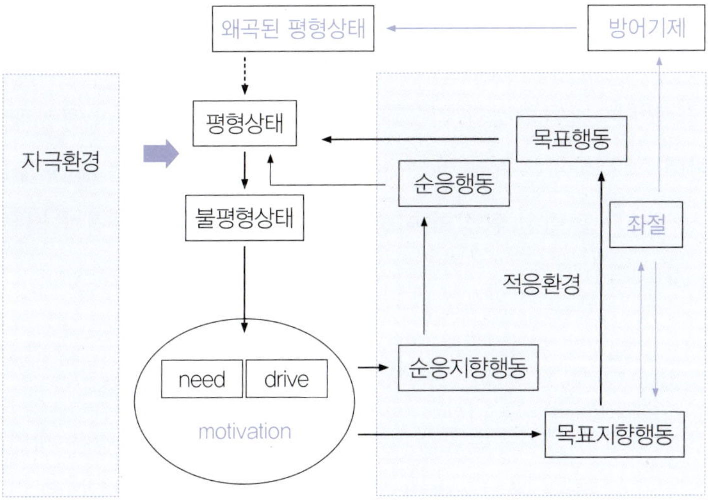

[그림 7-1] 적응을 위한 인간행동의 기본적 과정 I

창의성이 적응을 위해 노력하는 과정에서 나온다고 하여 적응이 바로 창의성이라는 등식은 성립되지 않는다. 적응이 때로 창의성을 저해할 수 있다. 이는 적응에는 유형이 있기 때문이다. [그림 7-2]를 참조하여 적응의 유형을 소개하면 다음과 같다.

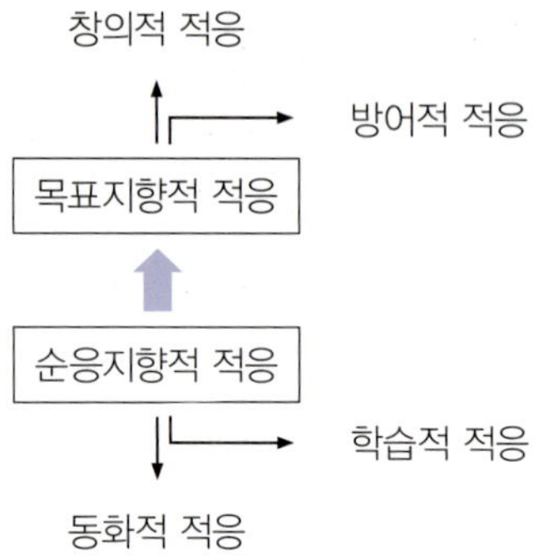

[그림 7-2] **적응의 유형**

[그림 7-2]를 중심으로 환경, 적응, 창의성의 관계를 설명한다.

• 환경의 두 형태

첫째, 환경에는 자극환경과 적응환경이 있다. 자극환경은 평형상태를 파괴하는 환경이며, 적응환경은 불평형상태를 평형상태로 환원하는 데 도움을 주는 환경이다. 창의성과 관련된 환경의 이중성을 생각할 때 자극환경과 적응환경으로 구분하는 것이 필요하다.

• 자극환경의 조성

둘째, 자극환경은 동기유발환경이 되어야 한다. 창의적 환경은 개인의 동기를 유발할 수 있어야 한다. 동기유발의 근원은 평형상태가 자극에 의해 파괴되어 불평형상태로 되는 것이다. 이 불평형상태가 스스로 회복할 수 없는 정도가 되면 즉 마음 어느 한 곳에 결핍상태가 되어 요구(need)가 발생하고 이 요구는 신체의 움직임을 촉진하는 충동(drive)을 야기한다. 이것이 바로 동기유발(motivation)의 상태이다. 요구는 어느 방향으로 행동하여야 하는지 행동의 방향(인지적 요소) 설정에 깊이 관여하고, 충동은 행동을 추진(정서적 요소)하도록 한다. 그러므로 창의적 환경이 되기 위해서는 먼저 평형을 파괴하는 자극이 필요하다. 자극이 없는 환경은 마치 평형을 이루어 움직이지 않는 시소와 같다. 시소는 반드시 평형을 파괴하여야 움직임이 나타난다.

셋째, 자극환경이 동기유발을 위한 환경이 되기 위해 역경의 환경이 필요하다. Goertzel과 Goertzel(1962)은 400명의 저명한 사람들의 자서전과 전기의 데이터에 대한 분석에서 대부분이 어린 시절에 정신병이나 비행의 소인이 될 수 있다고 흔히 생각되는 일종의 정신적 외상(trauma), 상실, 좌절, 갈등을 경험한 것을 발견했고 400명 중 단지 58명만이 격려하고, 따뜻하고, 비교적 문제가 없는 가정의 모습을 경험했다고 하면서 편안하고 만족하는 사람들은 통상적으로 창의적이 되지 않는다고 말하고 있다. MacKinnon(1983)도 가장 비범하고 효율적인 사람들은 혹독한 좌절, 상실, 정신적 외상(trauma)경험들에 의해 표현될 수 있는 삶의 이력을 가지고 있다고 주장하면서 창의적인 개개인은 강력한 반대가치에 의해 자신의 안에서 만들어지는 긴장을 견뎌낼 수 있는 능력이 있으며 그의 삶과 일 속에서 그것들과의 화해를 이루어낸다고 했다. Runco(2007)도 역경에 직면해야 대처할 수 있는 능력이 나타나고, 또 그렇게 할 필요가 있을 때만 어떤 것을 발명하게 될 것이라고 하면서 역경의 중요성을 제시하였다.

역경이 창의성을 함양하고 역경이 없는 환경은 창의성 함양에 도움이 되지 않는다고 하면 창의성을 위해 우리의 삶은 역경으로 점철하여야 한다는 것을 시사한다. 만일 그러하다면 차라리 창의성을 함양하지 않더라도 순탄한 환경에만 살겠다는 사람이 더 많아질 것이다. 여기서 역경의 의미를 생각해 보지 않을 수 없다. 역경이란 개인의 인지적 평형상태가 파괴되는 상황 즉 인지적 갈등상황을 말할 뿐이지 반드시 고통을 동반하는 힘든 상황을 말하는 것은 아니다. 현재보다 더 나은 적응이 존재할 수 있다는 믿음에서 느끼는 개선이 필요한 환경을 역경이라고 한다. 역경이란 기존의 방법으로는 적응할 수 없다는 위기의 순간이다. 박영태(2002)에 의하면 지식은 정보와 정서가 결합된 것이므로 인지적 평형상태가 파괴되면 자동적으로 정서적 변화도 일어난다. 그러나 그 정서적 변화는 개인에 따라 차이가 있다. 그러므로 역경은 개인과 관계없이 외부에 존재하는 객관적 역경과 개인이 지각하는 주관적 역경을 구분하여야 한다. 객관적 역경은 동일하더라도 개인의 대처능력에 따라 역경으로 지각하는 정도에 차이가 있을 것이다. 또 역경에 내포된 힘듦을 느끼는 정도도 개인에 따라 차이가 있다. 여기서 일률적으로 역경이 개인의 창의성 함양에 도움을 준다고 말할 것이 아니라 개인이 지각하는 주관적 역경이 창의성 함양에 도움을 준다고 말하여야 한다. 그러므로 일단 개인이 지각할 수 있는 역경의 환경이 필요하다. 항상 아이를 힘들지 않게 하기 위하여 언제나 칭찬 일변도인 가정환경이나 학교 환경은 창의성 개발에서 다시 생각해 보아야 한다. 명검은 몇 번이나 불에 달구고 두드려야 만들어진다고 한다. 신체의 근육도 찢어지는 고통을 감내하여야 더욱 탄탄해지고 강해진다고 한다.

넷째, 자극환경은 창의인성 특성을 불러내는 자극적 요소가 필요하다. 창의인성 특성은 창의적 사고활동을 하도록 스스로 자극하므로 이의 환기는 창의성 개발에 도움을 준다. 박영태(2012)는 창의인성 특성으로 민감성, 도전성, 융통성, 유창성을 제시하고 있다. 자극환경은 먼저 개인의 민감성을 불러내도록 개인의 흥미, 관심사 등과 연결되어야 한다. 또 도전성을 불러내도록 할수 있다는 개인의 능력수준 또는 자신감을 고취하도록 격려적 환경이어야 하고, 최상의 정답이 있다는 믿음을 주어야 한다. 새로운 아이디어로 인해 기존 자존심이 파괴되지 않고 오히려 자존심이 올라가도록 인정해 주는 분위기가 되어야 한다. 마지막으로 유창성을 불러내도록 다양한 조건과 결부된 복잡한 상황이 필요하다.

다섯째, 자극환경은 정신을 살리는 환경이 되어야 한다. 정신을 살리는 환경이란 자존감을 지켜주는 환경이다. 역경이 필요하다고 하여 개인의 정신을 손상하는 자극환경은 피해야 한다. Frankl에 의하면 신체, 심리, 정신이라는 인간의 3차원 중에서 의미를 추구하는 것은 정신이다(김충선 역, 1984). 그러므로 역경을 지각하는 정도와 그 역경에 생산적으로 대처하기 위해서 정신이 살아 있어야 한다. 역경은 외부에서 주어지는 것 뿐만 아니라 스스로 역경을 만드는 경우도 있다. 이른바 스스로 긴장을 생성하는 것이다. 긴장을 해소하기보다 긴장을 생성하여 그

생성된 긴장을 해소하는 과정에서 남다른 적응의 쾌감을 느끼는 사람들이 있다. 신체적으로 모험을 하는 사람들을 보자. 이들은 스스로 위험을 자처하고 이를 극복해낸다. 심리적이거나 정신적으로 모험을 하는 사람들도 있다. 이들은 스스로 어려운 질문을 던지고 이를 해결하려고 노력한다. 이들은 모두 성취지향적 동기가 내포된 내적 환경을 가진 사람들이다. 역경의 환경은 주어지는 것이 아니라 개인이 발견하는 것이다. 다시 말하면 개인이 역경을 지각하는 것이다. 똑같은 환경 속에서도 그 환경이 역경인지 아닌지를 지각하는 것은 개인에 따라 다르다. 스스로 역경을 만드는 정신의 활동을 인정해 주는 환경이 필요하다.

여섯째, 정신이 살아있는 자극환경을 만들기 위해서 자유가 필요하다. 자유를 부여하기 위해 외부의 압력이 없는 환경도 중요하나 그보다 더 중요한 것은 신체의 긴장에서 벗어나는 것이다. 신체의 긴장은 심리의 긴장과 바로 연결된다. 심리적 긴장은 자기중심적 사고에 빠져들게 한다. 그러므로 자기중심적 사고에서 벗어나는 이완이 필요하다. 이완(relaxation)은 정신적 신체적 건강에 중요하며 나아가 창의적 사고에 필수적 선행조건이다. 이완의 방법으로 운동과 음악이 중요하다. 운동(exercise)은 제약으로부터 자유로운 놀이의 한 형태이다. 핏속에 증대된 산소는 두뇌에 공급되고, 엔돌핀이 증대된다. 달리기, 걷기, 수영하기의 명상적 리듬이 일어난다. 올바른 다이어트, 운동, 여가, 신선한 공기는 신체와 마음을 최고의 효율성으로 기능하게 한다(http://members.optusnet.com.au/charles57/Creative/Basics/index.html).

음악은 새로운 아이디어 생성과 정신적 장애에서 벗어나는 데 도움이 될 수 있다. 음악은 각 개인에 독특한 환경을 만들어 줄 수 있다. 특히 휴식을 취하면서 음악을 듣는 것은 기분을 고양시키고, 아마도 당신이 창의적 사고를 하는 데 도움이 되도록 새로운 중립적 길로 유도할 것이다. 음악은 기분을 편하게 하고 창의적 사고에 도움이 되는 환경을 제공한다(http://members.optusnet.com.au/charles57/Creative/Basics/index.html).

일곱째, 정신이 살아있는 환경은 새로운 의미, 새로운 목적을 생성하도록 유도

한다. 다시 말하면 창의적 적응을 유도한다.

• 적응환경의 조성

여덟째, 적응은 동화적 적응, 학습적 적응, 창의적 적응, 방어적 적응 등 4가지 형태가 있다. 이중 동화적 적응과 학습적 적응은 순응지향적 적응이며 창의적 적응과 방어적 적응은 목표지향적 적응이다.

아홉째, 순응지향적 적응은 환경의 요구에 갈등없이 적응하는 것이다. 즉 기존 지식으로 환경에 적응하거나(동화적 적응), 학습된 지식이 없으면 환경의 요구에 갈등없이 복종하며 적응하는 것(학습적 적응)이다. Runco(2007)는 적응이 때때로 창의성을 훼손할 수 있다고 보았다. 적응을 잘하는 사람은 순응할 것이며 창의성을 위해 요구되는 자아 표현과 독창성도 순응하게 될 것이며, 실제로 많은 전기들(biographies)에서 적응성과 창의성이 늘 함께하는 것은 아니라는 것을 보여 준다고 했다. 그러나 순응지향적 적응은 창의성을 저해한다기보다 창의성과 관계없다고 보는 것이 더 바람직하다고 본다. 저해한다고 하면 순응지향적 적응을 부정적으로 볼 위험이 있다. 지나치게 창의성 중심으로 보아 순응을 부정적으로 만드는 것은 전인교육의 관점에서 적합하지 않다. 목표지향은 순응을 발판으로 한다.

아홉째, 목표지향적 적응은 스스로 갈등을 야기하여 이를 해결하는 새로운 목표를 설정하여 이 목표의 달성을 통하여 새로운 적응을 하는 것이다. 목표지향적 적응은 기존 지식으로는 해결할 수 없는 긴장이 존재한다. 목표상태를 설정함으로써 이전상태와 다른 긴장이 야기된다. 목표상태와 이전상태의 간격을 좁히는 활동이 목표지향활동이며 이 간격이 사라지는 순간 목표행동에 도달한다. 목표행동에 도달하면 긴장이 해소되고 새로운 평형상태가 되며 발전된 새로운 나의 모습이 나타난다. 그러나 목표지향행동을 하더라도 목표상태에 도달하지 못하고 좌절을 반복하는 경우가 있다. 이 경우 긴장은 더욱 증대되므로 이에서 벗어나기 위해 방어기제를 사용하고, 이 방어기제를 통해 긴장을 해소하는 경우가 있다. 이른바 왜곡된 평형상태에 도달한다. 여기서 새로운 목표를 설정하여 그 목표를 달성하면서 이루어지는 적응이 창의적 적응이고, 처음 설정한 목표를 달성하지 못하고 증대되는 불안에서 도피하기 위하여 방어기제를 사용하여 이루어지는 적응을 방어적 적응이라고 한다. 방어기제는 증대되는 불안에서 자신을 보호하기 위한 자기도피적 기제이므로 여기에 참된 창의성이 나타나기 어렵다. 여기에서 창의적 적응만이 창의성을 함양하며, 방어적 적응은 유용성이 없는 아이디어를 생성하므로 창의성 함양에 도움이 된다고 볼 수 없다.

열째, 창의적 적응지향을 위해 적응환경은 수용적이고, 풍부하여야 한다. 창의성으로 유명한 사람들은 관습을 중요하게 여기지 않는 가정환경과 풍부한 경험을 제공하는 환경으로부터 배출되는 경향이 있고(Simonton, 1987), 다양성을 강조하고 정형화되지 않은 교육 경험 및 전문훈련을 받아왔던 것으로 나타났다(Simonton, 1976, 1984). 다양한 조건이 충분히 주어지는 환경은 다양한 자극을 주는 것도 포함되지만 개인의 다양한 욕구를 충족시켜 줄 수 있는 다양한 조건이 내포되어 있다는 것에 더 큰 의미가 있다.

창의성을 함양하기 위해 역경의 환경이 중요하다는 관점은 자칫 창의성은 따뜻하고 수용적인 양육태도에서 형성된다는 관점과 상이하는 것으로 비칠 수 있다. 그러나 따뜻하고 수용적인 양육태도는 다른 차원으로 설명되어야 한다. 평형을 파괴하는 차원의 환경이 아니라 평형을 회복하는 차원의 환경으로 다루어야 한다. 다시 말하면 개인의 목적지향 활동을 충족시켜 주는 차원에서 논하여야 한다.

열한번째, 목표지향행동을 충족하도록 도와주는 환경으로 피드백이 중요하다. 피드백은 반응의 정확성 여부에 대해 타인이 제공하는 정보를 말한다(박영태, 2005). 피드백은 사람들 간에 상호작용적으로 이루어지므로 언제나 현실성을 가지고 있다. 또 동기유발적인 효과와 인지적인 효과를 갖고 있으므로 학습에서 강력한 힘을 제공해 준다(Glaser & Cooley, 1973; 박성익, 최정임 역, 1992 재인용). 박영태(2005)는 창의성 함양과 관련해서 피드백을 생각확인 피드백, 생각단

서피드백, 칭찬 피드백 등으로 구분하여 다음과 같이 설명하고 있다.

생각확인 피드백은 타인의 생각을 존중해 주고 있다는 마음을 표현하는 기능과 다시 짚어 명확히 해 주는 기능을 가지고 있다. 그 예는 다음과 같다.

"그래? ________라고 생각하고 있구나."

"음…, 정말 __________이구나."

"와! 그랬어 ?"

생각단서 피드백은 타인의 생각을 바탕으로 하여 다음 생각을 유도하는 것이다.

"그래? 왜 그런데…? "

"그랬구나. 왜 그랬을까?"

"음…, 그런 경우 어떤 마음이 들지?

칭찬 피드백은 바람직한 타인의 생각을 인정해 주는 것이다.

"정말 그렇구나."

"정말 좋은 생각이구나."

"아주 특이한 생각을 했구나. 멋져."

이러한 3 유형의 피드백은 목표지향행동의 충족에 크게 도움을 줄 수 있다.

• 종합

이상에서 창의성 개발을 위한 환경은 자극환경과 적응환경으로 구분해서 보아야 하며 자극환경은 갈등을 야기하는 환경이어야 하고, 적응환경은 갈등을 해소시켜 주는 환경이어야 한다. 여기에서 따뜻한 환경은 자극환경으로는 자칫 부족할 수 있으나 적응환경으로서는 적합하다. 역으로 차가운 환경은 자극환경으로는 도움이 될 수 있으나 적응환경으로는 부족하다. 따라서 따뜻한 환경이 창의성에 도움을 주고 차가운 환경이 창의성을 저해한다는 것은 명확한 말이 아니다. 또 풍부한 환경이 창의성에 도움을 주고 빈약한 환경이 창의성을 저해한다는 것도 명확한 말이 아니다. 따뜻함의 여부와 풍족함의 여부가 중요한 것이 아니고 역경을 지각하도록 하고, 자발적 적응노력이 성취될 수 있도록 하는 환경이 창의적 환경이다. 이를 다시 표현하면 [그림 7-3]과 같다.

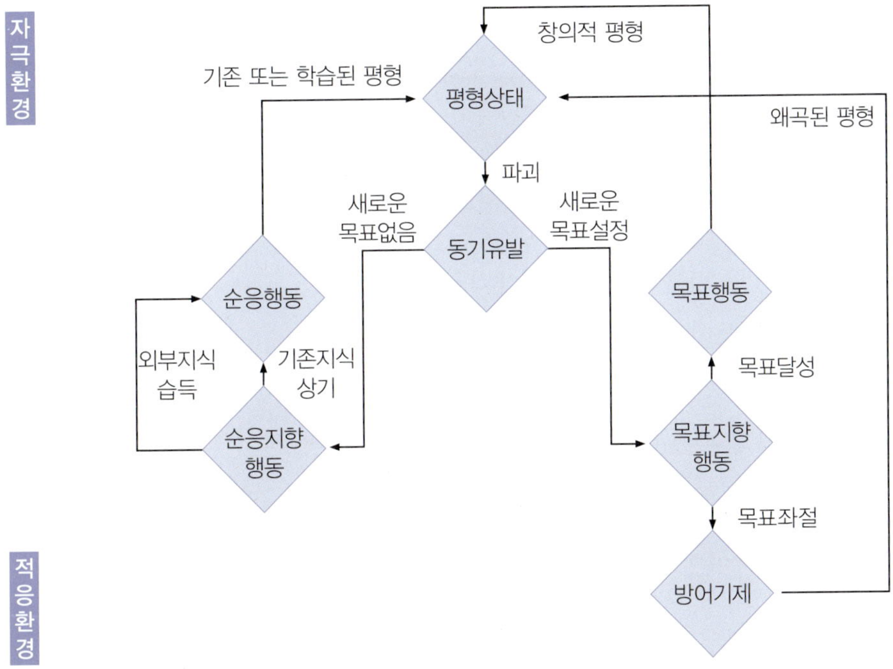

[그림 7-3] 적응을 위한 인간행동의 기본적 과정 II

3. 창의성 개발활동

1) MeFOT 활동: 초인지적 사고하기

초인지 사고하기는 사고의 흐름을 조정 통제하는 사고이다. 사고의 흐름을 바르게 조정통제하기 위해서는 목적성 생각자석과 탈자아 생각자석을 연습할 필요가 있다.

(1) 목적성 생각자석 연습하기

◈ 중요성

- 문제해결을 위해서는 반드시 도달점 행동이나 목적이 필요하다.
- 비행기가 자동항법장치를 운용한다고 하더라도 목적이 있어야 된다.
- 마찬가지로 목적이 있어야 자신의 사고 방향을 수정할 수 있다.

◈ 방법

- 나는 어디로 가는지 생각한다.
- 나는 무엇을 만들려고 하는지 생각한다.
- 나는 왜 행동하고 있는지 생각한다.
- 공간적으로 전체적 구도를 그려본다.
- 시간적으로 과거, 현재, 미래의 변화과정을 생각해 본다.

(2) 탈자아 생각자석 연습하기

◈ 중요성

- 창의성의 근본은 사물의 입장에서 사물의 존재가치를 가장 잘 살려주는 것이다. 이른바 우주의 근본원리, 근본질서를 파악하는 것이다.

◈ 방법

탈자아는 자기중심적 사고에서 벗어나 대상중심의 사고로 전환하는 것이다.

- 자신의 이해관계에서 벗어난다.
- 지금까지의 지배적인 생각을 버린다.
- 내가 어떻게 되었으면 하는 생각을 버린다.
- 사물(상대방)이 무엇을 요구하는지를 생각해 본다.
- 사물(상대방)이 어떻게 해 주면 좋아 할 것인가를 생각해 본다.
- 사물(상대방)이 어떻게 하면 싫어할 것인지 생각해 본다.

- 다른 사람들은 사물(상대방)이 어떻게 되기를 원하는지 생각해 본다.
- 나와 그 사물(상대방)과의 공존을 위해 무엇이 가장 좋은지 생각해 본다.
- 어떻게 하면 그 사물(상대방)의 잠재능력을 개발시켜 줄 것인지 생각해 본다.
- 한 사물의 입장에서만 생각하는 것이 아니고, 그 상황에 관련된 모든 사물의 입장에서 생각해 본다.
- 우주의 근본질서가 무엇인지 생각하며 모든 입장에서의 생각을 통합한다.
- 특정 사물의 입장에서만 생각하면 그것은 결국 자신의 자아를 버리지 않는 것과 같다.

(3) 초인지적 사고하기의 연습

수철, 민영, 영미는 먼 우주에서 온 외계인입니다. 지구인들과는 달리 매우 빠르게 달릴 수 있습니다. 이 세 사람이 자동차 경주를 하고자 합니다. 수철이는 자가용을 타고, 민영이는 오토바이를 타고, 영미는 짐차를 탔습니다. 세 사람의 달리기 속도와 자동차의 속도는 아래와 같습니다. 잘 읽고 누가 1등 할 것인지 맞추어 보십시오.

- 수철이는 시속 100km까지 속력을 내며 달릴 수 있습니다.
- 민영이는 시속 120km까지 속력을 내며 달릴 수 있습니다.
- 영미는 시속 110km까지 속력을 내며 달릴 수 있습니다.
- 자가용 차는 시속 130km까지 속력을 내며 달릴 수 있습니다.
- 짐차는 시속 110km까지 속력을 내며 달릴 수 있습니다.
- 오토바이는 시속 90km까지 속력을 내며 달릴 수 있습니다.

2) 일상활동: 가베(은물)

Fröbel이 제시한 은물이란 신이 내린 선물을 의미한다. 은물의 활용을 통해 자연 속에 숨은 법칙을 배운다. 은물은 모두 열 가지 종류로 구성되어 있다.

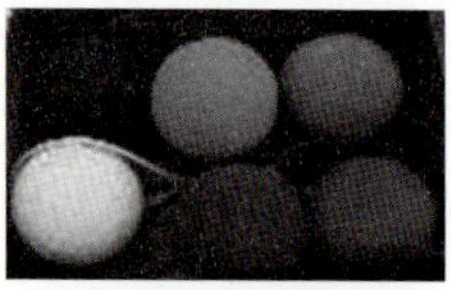
첫 번째 은물 - 공

두 번째 은물 - 입체도형

세 번째 은물 - 입방체(분할과 조합)

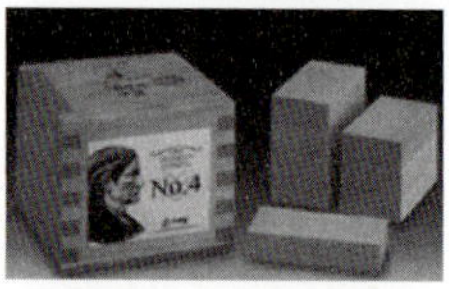

네 번째 은물 - 구성

다섯째 은물 - 건축

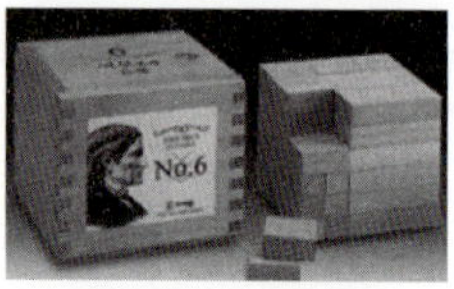

여섯째 은물 - 비례

일곱째 은물 - 면 평판

여덟, 아홉째 은물 - 직선/곡선

열번째 은물 - 점

은물의 기본원리는 다음과 같이 제시되고 있다.

- 유아가 자기본성에 따라 자유롭게 스스로 다룰 수 있을 것
- 놀이는 단계에 따라 서로 연속성이 있어야 할 것
- 은물을 통하여 유아의 인지능력뿐 아니라 마음의 의지도 함께 훈련되어야 할 것

은물은 유아의 자유로운 생각에 따라 다양하게 활용될 수 있다. 예를 보면 다음과 같다.

4. 창의성 개발연습

1) Problem Solving 연습: 생명체가 가득차는 일수

◈ 기초문제

*끈이 있다. 손을 한 번만 사용하여 끈을 묶어 보시오. 처음 끈을 만진 상태에서 다시 놓지 말고 그대로 끈을 묶어 보시오.

◈ 중급문제

*유아들과 함께한다면 먼저 오른쪽, 왼쪽의 방향개념을 가르쳐 주고 하자.

*다음은 동물도시의 지하철 노선도이다. 동물도시에 놀러간 수종이는 개미역으로 가기 위해 토끼역에서 지하철을 타니, 타는 즉시 지하철이 오른쪽으로 달렸다.

*문제 1: 수종이는 나비역으로 가기 위해 토끼역에서 기차를 탔다. 지하철은 타는 즉시 어느 방향으로 달릴까?

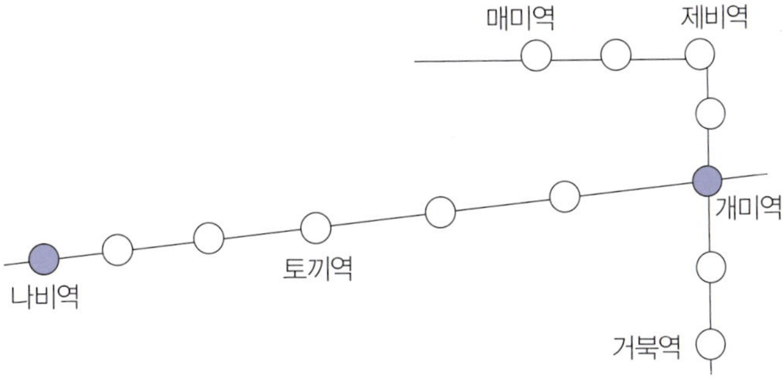

● 지하철 타는 장소가 어느 방향이든 동일하게 중앙에 있는 역
○ 지하철 타는 장소가 방향에 따라 분리되어 있는 역

*문제 2. 나비역에 놀러간 수종이는 다시 토끼역으로 가기 위해 나비역에서 지하철을 탔다. 지하철은 타는 즉시 어느 방향으로 달릴까?

*문제 3. 어떤 사람이 요트에서 깊은 바다로 떨어졌다. 그는 수영을 할 줄 모르고, 물에 뜨는 어떠한 장비도 몸에 갖추지 않았다. 30분이 지나도록 요트에 있는 사람들은 아무도 몰랐다. 그는 스스로 물에 떠야 했으며, 풀장도 아니었다. 그 남자는 아무것도 붙잡을 것이 없었다. 두 시간이 지나서야 그 남자는 구조되었다. 어찌 된 일일까?

◈ 고급문제

*문제 1. 병 속에 하루에 두 배씩 번식하는 생명체가 있다. 이 생명체가 병에 가득 차도록 번식하는 데 18일이 걸린다. 병의 절반을 채우는 데는 몇일 걸리나?

*문제 2. 코르크 마개를 포함한 병값이 110원이다. 병은 코르크 마개보다 100원이 비싸다. 코르크 마개는 얼마인가 ?

2) 상황중심의 사고 연습: 내 맘은 당신으로 가득 차 있어요

어느 사랑하는 두 남녀가 사랑을 느끼고 있었다. 여자가 남자보고 "내 마음속에는 항상 당신 마음으로 충만해 있어요. 자나 깨나 항상 내 마음속에는 당신 모습 밖에 없어요. 당신은 어때요? 이때 당신은 무엇이라고 대답할 것입니까?

3) If ~, then 사고 연습: 누가 나의 집을 지어 준다면

If 내가 사는 집을 설계하여 그리면, 나의 연인이 똑같이 집을 만들어 살도록 해 준다면

then 나는 어떻게 설계할까? (나만의 집을 설계해 보자)

제8장 창의적 인성

1. 마음 다지기

1) 내가 만든 명언: 어린이들은 예술가

모든 어린이들은 예술가이다.
문제들은 성장한 후에도
예술가로 남게 하는 방법이다.

- 피카소

◈ 내가 만드는 명언

모든 ___________ 은 _____________ 이다.
문제들은 ________________ 후에도
_______________________ 로 남게 하는 방법이다.

2) 성취인 생각하기: 자기충족적 예언

예언자들의 말은 실천되는 경향을 보인다. 특히 과학자들의 예언은 그대로 이루어진다. 우리가 너무나 잘 아는 오이디푸스 콤플렉스에서 오이디푸스에 내려진 예언이 그대로 실천된다. 즉 아버지를 죽이고 어머니와 결혼한다는 예언이 그대로 나타났다. 석가모니에 대한 미래에 대한 예언은 대왕이 되거나 부처님이 된다는 것이었다. 결과적으로 석가모니는 부처님이 되었다. 평강공주와 바보온달의 일화에도 평강공주는 어릴 때의 예언적인 말 때문에 바보와 결혼했다. 심리학에서는 자기충족적 예언 또는 자성예언이라는 말을 하고 있다. 예언하면 스스로 그 방향으로 행동하게 된다는 것이다. 예언이란 특별한 것이 아니다. 반복해서 그 사실을 생각하는 것이다. 그 결과 그 생각은 아주 강한 신념처럼 두뇌 속에 새겨지고 결국 행동을 그 방향으로 유도한다. 이른바 물길을 만들면 물은 자연적으로 그 방향으로 흘러간다. 자성예언은 스스로 그 방향으로 행동의 물길을 만드는 것이다.

자성예언은 누구나 할 수 있다.

빌 게이츠는 2008년 5월 서울 소공동 롯데호텔에서 열린 '코리아 이노베이션 데이 2008'행사에서 '디지털, 다음 10년(Second Digital Decade)'을 주제로 연설하면서 "10년 후의 디지털 환경은 키보드와 마우스를 이용하던 PC 입력 방식이 음성으로 직접 지시하거나 모니터에 펜으로 글씨를 쓰는 방식으로 바뀔 것이다."라고 예상했다. 그러자 불과 두 달만에 우리나라에서 키보드 없이 필기 방식으로 글자와 그림을 입력할 수 있는 '무선 펜(pen) 마우스'를 개발하였다고 한다. 지금은 음성으로 입력하는 것도 점차 가능해지고 있다.

◈ 자기충족적 예언을 읽고 생각해 볼 점

무섭게도 나의 미래는 나의 생각이 만들고 있다. 내가 무심코 생각하고 있는 부정적 생각, 바람직하지 못한 생각은 나도 모르는 사이에 내 두뇌 속에 행동의 길을 만들고 있다. 물이 만들어진 물길을 따라 흐르듯 나의 행동은 무의식중에 내가 만든 생각의 길에 따라 흘러 가고 있다. 외부 환경에 대한 예언은 너무나 많은 사람, 동물, 생명체, 무생명체가 관여하므로 내가 생각한다고 바꿀 수 있는 것은 아니지만 나의 두뇌의 세계는 오로지 나의 생각만으로 바뀐다. 나는 지금 어떤 생각을 하고 있는지 다시 생각해 보자. 창의성이란 별 것 아니다. 내가 생각하고 있는 생각을 다시 짚어보고 새롭고 좋은 방향으로 새로운 생각을 만들어 내는 것이다. 다시 말하면 내가 가고 있는 길이 바른 방향인지 생각해 보고 잘못되었다면 과감히 새로운 길을 모색하는 것이다.

◈ 성공을 위한 나의 아이디어: 자기충족적 예언

'자기 충족적 예언'을 읽고 자신의 성공을 위한 아이디어를 만들어 보자.

*다음에 타원 주변에 요즘 생각하는 생각을 적어 보자. 깊이 생각하지 말고 그냥 상상이든 공상이든, 현실적 생각이든 떠오르는 생각을 1~2분 동안 적어 보자. 그리고 난 뒤 타원 안에 그 생각대로 행동하면 나의 미래는 어떤 모습일지 적어 보자.

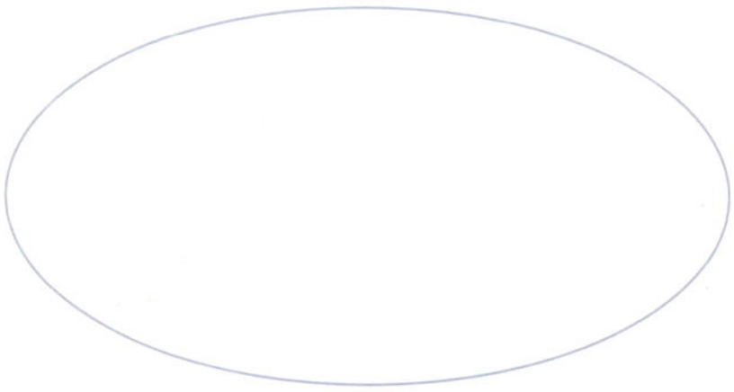

[그림 8-1] **요즘 나를 지배하는 생각과 미래**

*이번에는 새로운 생각을 적어 보자. 먼저 타원 주변에 자신과 관련하여 이전과는 다른 생각을 적어 보자. 쉽게 생각나지 않으면 숨을 크게 들이키고 나에게 말하는 생각이 아니라 연인이나, 친구, 부모에게 부탁하는 생각이라도 좋다. 어쨌거나 이전과는 다른 생각을 자신의 생각처럼 적어 보자. 그리고 난 뒤 타원 안에 그 생각대로 행동하면 나의 미래는 어떤 모습일지 적어 보자.

[그림 8-2] **새로운 생각과 미래**

이제 두 지도를 비교해 보자.

*두 지도상에 마음의 차이가 있는가?

*현재 내가 하고 있는 생각이 얼마나 중요한지 느껴지는가?

2. 기본 이론 이해하기: 창의적 인성

1) 창의인성의 의미

오늘날 온라인상에 자유로이 표현되는 댓글과 1인방송은 개인의 인성을 두드러지게 부각시키고 있다. 또한 인공지능 기반의 생각할 수 있는 기계와 함께 생활하는 4차산업혁명의 시대로 접어든 오늘날 사회는 단순한 인성이 아니라 창의인성을 더욱 요구하고 있다.

창의인성이라는 용어는 원래 창의성과 인성이라는 별개의 용어로서 분리되어 있었기에 이 둘이 결합된 창의인성이라는 용어는 친숙하지 않을 뿐만 아니라 때로 거부감을 가지게 한다. 그러나 교육과학기술부가 2009년부터 미래형 교육과정의 목표로서 창의·인성을 제시하고, 2011년부터는 창의·인성교육을 최우선 과제로 추진(교육과학기술부, 2011)함으로써 창의인성이라는 용어는 점차 어색하지 않게 되었다(박영태, 2018).

그러나 용어는 창의 · 인성(문용린외 11인, 2012; 서희전, 김혜정, 2016), 창의적 인성(박영태, 2002a; 안중덕, 2013; 하주현, 박은희, 2016), 창의인성(박영태, 2012, 2014; 전수현, 2014; 홍배식, 2010), 창의, 인성(지혜리, 2012), 창의와 인성(이은주, 2014) 등 연구자의 의도에 따라 각기 다르게 표현되고 있다. 그러나 그 의미는 유사하므로 창의인성이라는 용어를 사용한다.

박영태(2012)는 창의인성은 창의성과 인성이라는 개별적 능력의 단순한 결합이 아니라 하나의 독자적 능력이라고 보았으며, 이를 뫼비우스의 띠에 비유하였다. 즉 창의인성은 뫼비우스의 띠이며 그 앞면과 뒷면의 순환에 의해 인성과 창의성으로 비칠 뿐이다(박영태, 2012, 2017). 하수연(2018)은 창의인성은 창의성과 인성을 요소로 하는 하나의 시스템이라고 보았다.

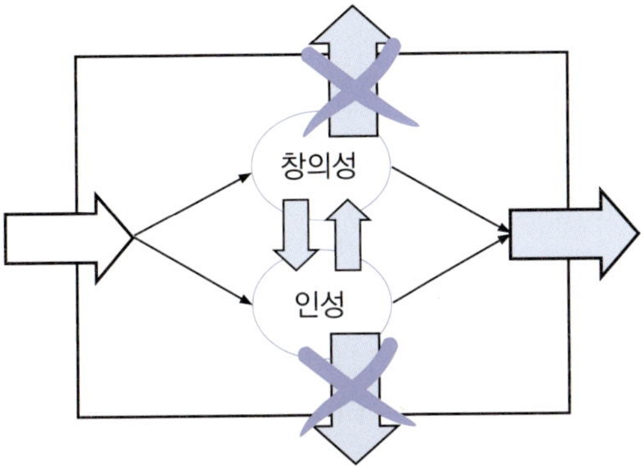

[그림 8-3] **하나의 체제로서 창의인성**

시스템은 각 구성요소들이 상호작용하거나 상호의존하여 복잡하게 얽힌 하나의 집합체다(Flagle, 1960). 시스템을 구성하는 구성요소들은 서로 기능적 관계와 구조적 관계를 가지고 있는 통합성을 보여 주며 함께 작동한다(Pidwirny, 2006). 여기서 창의성과 인성은 기능상 독립적이지만 외부에 자신의 기능을 개별적으로 표출하는 것이 아니라 상호작용한 결과로서 하나의 통합된 기능을 수행한다. 창의성은 인간관계에서 부족한 부분을 새롭게 보완하도록 해 주고, 나아가 경직된 인성을 유연하게 해 주는 기능을 한다. 인성은 창의성의 새로운 아이디어가 상황에 적응하도록 유용하게 해 주고, 나아가 일관성 있는 행동을 유지하는 기능을 한다.

박영태(2002b)는 창의성의 요소로, 지식, 사고, 인성, 환경을 제시하고 있다. 여기서 인성은 창의성을 발휘하는 데 있어 중요한 요소로 작용하고 있다. 창의성에 내포된 이 4가지 요소는 창의성이 사고기법인가 인성특성인가 하는 논란도 이 속에 잠재우고 있다. 창의성은 사고기법과 인성적 특성을 모두 내포하고 있기 때문이다. 또 인성에도 창의성을 내포하고 있음을 보여 준다(박영태, 2013a). Fromm은 건강한 사람은 창조적이고 생산적인 방법으로 심리적 욕구를 만족시키고, 건강하지 못한 사람은 불합리한 방법으로 만족시킨다고 했다(이관용, 이장호 역, 1982). Rogers도 건강한 인성을 가진 자는 모든 영역에서 창의적인 소산과 창의적인 삶으로 스스로를 표현한다고 했다(이상우, 정종진 역, 1995). 이상에서 창의성과 인성은 서로가 서로의 의미를 내포하고 있음으로써 완전히 별개의 것이 아니라 오히려 동일한 것의 다른 표현이라는 것을 보여 준다. 여기서 건전한 인간행동의 표상에서 창의인성이라는 용어가 보다 적합하며 이에는 환경해석을 위한 사고력이 중요함을 알 수 있다(박영태, 2012).

창의성은 주어진 상황이 이전 상황과 같지 않음을 인식하고, 새로운 상황에 적합한 새로운 아이디어를 생성하려는 마음과 그 능력이다. 그러므로 창의성 그 자체는 대상과의 원만한 상호작용에는 크게 중점을 두지 않는 용어이다. 이에 비해 인성이란 한 개인이 자신을 둘러싸고 있는 대상과의 특정한 형태의 상호작용으로 표출되는 내면적 특성이다(박영태, 2001). 따라서 창의인성은 친숙한 상황뿐 아니라 새로운 상황에서도 적합한 새로운 아이디어를 생성하여 대상과 원만한 상호작용을 하는 인간의 특성이다(박영태, 2018).

2) 창의인성인의 특성

창의적 인간의 특성을 Mackinnon(1962)는 다음과 같이 제시하고 있다.

- 스테레오 타입(판에 박힌 틀)을 싫어한다.
- 지능이 보통 이상이다.
- 언어지각이나 공간지각이 높거나 두 가지가 다 높다.
- 기억 파지력이 높고, 인생경험을 잘 활용한다.
- 예리한 식별력과 관찰력을 가지고 있다.
- 억제보다는 표출하려 한다.
- 경험에 대해 개방적이다.
- 감정과 느낌에 개방적이다.
- 판단보다 지각을 더 좋아한다.
- 독립적이다.
- 하찮은 것에 무관심하고 의미에 중점을 둔다.
- 애매하고 복잡한 일을 좋아한다.

Torrence(1962)는 창의적 인간의 특성을 48개의 단어로 나타냈는데 이를 중심으로 설문을 만들면 다음과 같다.

문항	예	아니오	문항	예	아니오
1. 진한 감동을 잘 느낀다.			25. 실수를 한다.		
2. 이타적이다.			26. 결코 싫증을 내지 않는다.		
3. 늘 무엇인가 골몰하게 생각한다.			27. 적대적이거나 부정적이 아니다.		
4. 신비로운 것에 이끌린다.			28. 엉뚱한 습관이 있다.		
5. 어려운 일에 도전한다			29. 참을성이 있다.		
6. 수줍음을 탄다.			30. 타인의 아이디어를 수용한다.		
7. 건설적 비판을 한다.			31. 때때로 역행적이다.		
8. 용기가 있다.			32. 판단을 유보한다.		
9. 깊고 진지한 신념을 가지고 있다.			33. 판단이 단호하다.		
10. 허례 허식을 싫어한다.			34. 자발적이다.		
11. 인습적인 것을 무시한다.			35. 방향감각이 있다.		
12. 우월해지려는 욕구를 가지고 있다.			36. 권력을 멀리 한다.		
13. 결단력이 있다.			37. 진실성이 있다.		
14. 가치체계가 남과 다르다.			38. 사소한 일에 흥미를 가지지 않는다.		
15. 쉽게 만족하지 못한다.			39. 투기적인 생각을 한다.		
16. 비권위적인 리더십을 가지고 있다.			40. 반대할 줄 안다.		
17. 결점을 잘 찾는다.			41. 끈기 있다.		
18. 남과 다른 생각을 두려워 하지 않는다.			42. 철저하다.		
19. 전체적 행렬이 단계에서 벗어난다고 느낀다.			43. 비문화적이고 야성적이다.		
20. 고독을 즐긴다.			44. 순수하다.		
21. 부지런하다.			45. 적당주의를 좋아하지 않는다.		
22. 내성적이다.			46. 공상적이다.		
23. 시간을 별나게 보낸다.			47. 다재다능하다.		
24. 사업수완이 부족하다.			48. 모험을 즐긴다.		

Frances Vayghan은 인간의 내면에는 지혜, 동적, 창조성의 출처가 있다고 보면서 이 출처가 바로 초개인적 자기라고 했다. 초개인적 자기(Transpersonal Self)는 동정적(compassionate), 다정한(loving), 현명한(wise), 수용적(receptive), 허용적(allowing), 무한정(unlimited), 직관적(intuitive), 자발적(spontaneous), 창조적(creative), 고무적(inspired), 평온한(peaceful), 개방적(open), 연관적(connected)인 특성을 가지고 있다(김현재 외 5, 2000). 이 초개인적 자기의 특성은 바로 창의인성의 특성이라고 보여진다.

이와 같이 많은 학자가 창의적 인간의 특성을 제시하고 있다. 박영태(2002b)는 창의성과 인성은 완전히 별개의 것이 아니라 오히려 동일한 것의 다른 표현이라고 보면서 건강한 인성이 바로 창의인성인의 특성이라고 보고, 건강한 인성과 건강하지 않은 인성을 [그림 8-4], [그림 8-5]와 같이 정리한다(박영태, 2002b).

첫째, 건강한 인성은 과거의 지배를 받는 것이 아니라 미래지향적이다. 미래지향적이라는 것은 과거의 생각에 매여 있는 것이 아니라 의미를 창조하여 추구하는 것이다. 미래는 아직 결정되지 않은 것이기에 개인에게 자유감을 준다. 이에 비해 건강하지 못한 인성은 미래와 단절되어 과거지향적이다. 과거지향적이라는 것은 과거에 결정된 생각의 지배를 받음으로써 자유감을 느끼지 못한다. 자신도 모르게 무의식의 지배를 받는다. 언제나 답답함을 느끼고 새로운 의미를 추구하지 못한다.

둘째, 건강한 인성은 호기심에 충만하나 건강하지 못한 인성은 매사에 무관심하다.

셋째, 건강한 인성은 성장동기에 충만하여 스스로 긴장을 야기하여 이를 해결하려고 노력한다. 즉 자아실현적이다. 이에 비해 건강하지 못한 인성은 결핍동기에 빠져 있으며 주어지는 긴장에서 벗어나는 데 중점을 두고 있다.

넷째, 건강한 인성은 객관적이고 개방적이다. 상황이 주는 자극을 수용하고 이를 활용한다. 이에 비해 건강하지 못한 인성은 주관적이고 폐쇄적이다. 즉 상황이 주는 자극을 수용하기보다 거부하거나 회피한다.

다섯째, 건강한 인성은 사랑에 의존한다. 자신과 타인의 잠재능력을 개발하는 마음에 충만하다. 이에 비해 건강하지 못한 인성은 자기방어에 급급하다.

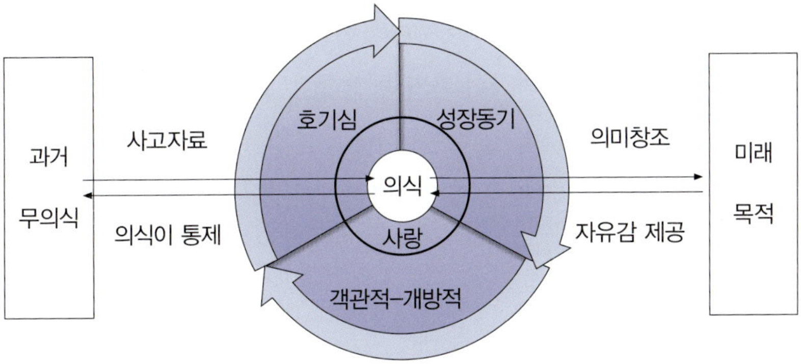

[그림 8-4] **건강한 인성**

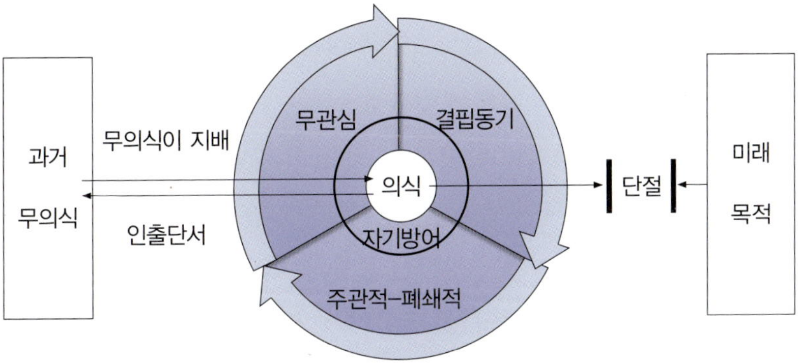

[그림 8-5] **불건강한 인성**

자료: 박영태(2002b). 창의성의 별, p. 134. 서울: 학지사.

건강한 인성을 가진 사람이 곧 창의인성인라면 창의인성인은 의식이 과거의 경험과 무의식적 기억을 통제하고 지배함으로써 미래를 계획하고 선택하는 자유를 누리게 된다. 이를 위해 그들은 사랑의 마음을 바탕으로, 모든 사물에 호기심을 가지고 있으며, 개방적이다. 또한 자아실현을 시도하는 성장동기에 충만하다. 이에 비해 비창의 인성인은 의식이 과거의 경험, 무의식에 저장된 기억 등에 지배를 당하며 미래와는 단절되어 있다. 이른바 목적을 설정하고, 새로운 의미를 창조하는 데는 관심이 없다. 그들은 자기방어적이며, 모든 사물에 관심이 없다.

3) 창의인성 함양방안

박영태(2018)는 창의인성을 함양하기 위해서는 새로운 아이디어 생성에 중점을 두는 창의적 사고활동뿐만이 아니라 지식기반을 쌓고, 민감성, 도전성, 융통성, 유창성과 같은 사고할 수 있는 인성적 특성을 기르는 것을 중시하였다. 더 나아가 신체, 심리, 정신을 균형되게 발달시켜야 한다고 했다. 특히 동물에게는 없고 인간에게만 있는 정신의 발달을 중시하였다. 이를 제시하면 다음과 같다.

첫째, 인간의 모든 능력은 신체에 깃들고 있으므로 신체의 발달을 도모하여야 한다. 신체의 발달이 곧 심리의 발달이고, 이 둘의 발달이 정신의 발달을 좌우한다. 신체발달을 위해 유의하여야 할 점은 다음과 같다.

- 신체는 유형적이므로 이를 구성하는 유형의 영양소(음식)가 필요하다. 이 영양소를 통하여 신체의 각 부분이 만들어지며, 영양 결핍의 상태는 뇌에 손상을 준다. 특히 초기 발달과정에서 더욱 현저하다. 따라서 영양은 신체발달의 에너지원이다.
- 올바른 신체구조를 완성하기 위해 운동을 하여야 한다. 경험은 발달을 유도하고, 변경하며, 또 유지한다(장현갑 역, 1986). 이러한 경험은 운동을 통하여 나타나므로 경험을 통한 변화는 바로 운동을 통한 변화이다. 운동을 통하여 각 신체부위 중에 발달하는 부분과 위축되는 부분이 결정되며 이에 개인의 신체구조가 만들어진다. 결국 신체발달은 신체구조의 발달이며 이를 위

해서 음식이라는 에너지원과 운동이라는 활동이 필요하다.

- 심리적 발달을 위해 오감을 발달시켜야 한다. 오감은 환경적 자극을 있는 그대로 두뇌로 전달하는 기능을 담당한다(박영태, 2013b). 이에 신체발달에서 유아들의 시각, 청각, 후각, 미각, 촉각의 오감발달에도 관심을 기울여야 한다.

둘째, 인간은 이 세상에서 살아가므로 환경을 해석하고 상호작용하는 능력이 필요하고 이 능력이 바로 개인의 심리이므로 심리의 발달을 위해서 다음을 고려하여야 한다.

- 긍정적 정서를 키워야 한다. 정서는 신체의 일부인 변연계가 담당하고, 정보는 해마가 담당하므로 이 둘은 별도로 작동하는 것이 아니라 정보가 들어오면 그 정보에 정서가 부착된다. 그러므로 모든 교육은 즐겁게 이루어지도록 하여야 한다.
- 교육내용을 잘 선별하여 습관화시켜야 한다. 바람직한 행동은 습관화시켜야 한다. 습관화라는 것은 반복을 통한 자동화를 의미한다. 다시 말하면 의식하지 않고 외부에서 자극이 들어오면 저절로 작동되는 지식덩어리이다. 따라서 습관화는 일종의 사고도구이다. 생활의 편의를 위해 다양한 도구를 개발하듯이 심리생활의 편의를 위해 습관이라는 도구를 개발하는 것이다.
- 미래생활에 필요한 지식은 모두 학습하도록 도와야 한다. 인간의 행동은 모두 지식에서 나온다. 지식이 바로 행동의 방향(정보)과 행동 촉발(정서)을 좌우하기 때문이다.
- 사고활동을 할 기회를 주어야 한다. 신체발달에서 음식이라는 에너지원을 섭취함과 동시에 운동을 시켜야 하듯이 심리의 발달에도 지식의 학습과 동시에 사고활동을 하도록 하여야 한다. 사고활동은 심리의 움직임이다. 이를 통해 자신의 심리구조를 형성한다. 그러므로 특별한 사고방법을 훈련하지 않더라도 사고할 기회만 제공해 주면 된다는 것을 시사한다.

셋째, 정신은 Frankl이 인간만이 가진 고유한 특성이라고 하였고, 자기이탈을 할 수 있는 의식의 원천이며 창의성 발휘의 주체이다. 따라서 정신을 발달시켜 주는 것은 창의인성 발달의 기본이다. 정신을 발달시키기 위해서는 다음에 유의하여야 한다.

- 가치의 조건화에 신경을 써야 한다. Rogers에 의하면 아동은 기본적 욕구인 '긍정적 자기존중'을 얻기 위해 노력한다. 그리고 이러한 긍정적 자기존중 때문에 가치의 조건화 태도를 형성하게 된다. 형성된 가치의 조건화는 유기체가 경험을 통해 실현화 경향성을 성취하는 것을 방해하는 주요한 원인이 된다. 가치의 조건화가 심해지면 학습된 무기력이 나타난다.
- 정신이 활발히 활동할 수 있는 두뇌 내적 환경으로 민감성, 도전성, 융통성, 유창성을 길러 주어야 한다. 즉 호기심에 충만하고(민감성), 호기심 충족을 위해 적극성을 보이며(도전성), 기존 생각의 틀에서 벗어나(융통성) 다양한 아이디어를 생각하려는 성향(유창성)을 길러 주어야 한다.
- 사랑을 받는 느낌을 주어야 한다. 정신을 발달시켜 주는 에너지는 사랑이다. Fromm에 의하면 사랑은 상대방의 잠재능력을 개발시켜 주는 것이다(박영태, 2005 재인용). 아이는 스스로 발전하려고 하는 정신이 있다. 따라서 사랑은 이러한 자발성이 나타나도록 도와주는 것이다.
- 스스로 삶의 의미를 추구하도록 자유를 주어야 한다. 정신구조는 사랑이라는 에너지원을 섭취하여 자유라는 활동을 통하여 형성된다. 유아에게 쾌를 추구하거나 만족을 추구하는 것보다는 어떠한 의미를 추구하도록 기회를 제공해야 한다. 의미를 추구하면서 무엇인가 새로운 것을 학습하면 유아들은 저절로 즐거움과 만족을 느낀다. 자유는 두뇌의 공백을 메우기 위한 자발적 활동 기회를 제공하는 것이다. 다시 말하면 의미추구의 기회를 제공하는 것이다.
- 자유를 주는 것은 외부 환경에서도 자유를 부여하지만 스스로 조건화된 마음에서 해방되는 것이 필요하다. 다시 말하면 자유로운 정신이 작용하도록 하여야 한다. Block과 Block(2010)은 외부에서 자극을 받으면 사고는 [그림 8-6]과 같이 두 방향으로 작동한다고 보았다.

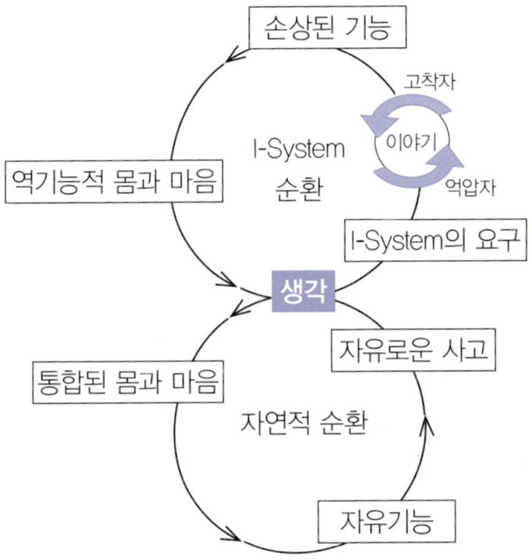

[그림 8-6] **I-System 순환과 자연적 순환**

자료: Block, Stanley H., MD & Block, Carolyn Bryant (2010). Mind-Body Workbook for PTSD. New Harbinger Publications, Inc. Oakland, CA 94609, p. 92.

한 방향은 자아 정체감 체제(I-System: Identity System)의 요구(requirement)에 따른 생각의 흐름이고, 또 다른 방향은 마음과 몸의 통합(unified mind-body) 체제에 따른 생각의 흐름이다. I-System(자아 정체감 체제)은 형성된 기존 자아를 보호하는 기제이다. I-System의 요구 즉, 자신과 세상에 대한 요구가 작동되면 생각의 방향은 I-System 순환(Loop)으로 몰아 들어간다. I-System의 요구는 억압자(depressor)-고착자(fixer) 싸이클로 스위치를 틀게 되고, 그에 따라 이야기 줄거리(storyline)를 구성하면서 마음-몸(mind-body) 간의 기능을 마비시킨다. 다시 말하면 I-System 순환은 마음과 몸이 작동하는 방법에 손상을 주며 나아가 기능이 불가능한 마음과 몸(mind-body) 즉, 손상 입은 자아를 느끼고 그에 따라 행동한다. 이 순환에서는 마음은 어수선하고 신체는 긴장하고 인식은 제한된다. 이러한 상태는 생각하고 느끼고 세상을 보는 안목에 영향을 준다.

마음과 몸의 통합 체제는 미래지향적인 참자아가 작동하는 기제이다. 마음과 몸의 통합이 작동되면 생각의 방향은 자연적 순환(natural loop)으로 흘러 들어간다. 자연적 순환에서는 당신의 생각과 행동은 I-System에서 자유롭다. 즉 손상된 기능이 아니라 통합된 마음-몸(unified mind-body) 상태에서 자유로운 기능이 작동하여 조화와 균형을 경험하고 최상의 삶을 산다. 이 순환에서는 언제나 현재에 있으며, 이상적인 자아나 좋은 행동을 흉내 내려는 능력에 의존하지 않는다. 또 당신의 요구를 인식하고 거절하는 것은 더 쉬워지고 더 빨라진다. 요구를 거절하는 것은 요구를 인식하는 것, "아하" 하는 순간을 가지는 것, 요구를 있는 그대로 내버려 두는 것을 의미한다. 이것은 상황이나 활동 중에 실제 발생한다. 자연적 순환은 타고난 권리이며 항상 현재이며, 참자아를 느끼는 것이다. Block과 Block(2010)이 제안한 이 두 방향의 사고 중에서 I-System 순환에 빠지면 사고는 마비되고 창의적 사고를 하기 어려워진다. 이에 비해 자연적 순환(natural loop)에 들어가면 자유로운 생각, "아하" 하는 순간을 경험하면서 창의적 사고가 용이하게 이루어진다. Block과 Block(2010)은 자연적 순환으로 들어가기 위해서 오감을 활용하여 주변 자극을 느끼면서 굳어진 심리적 긴장을 해소하는 것이 중요하다고 했다.

창의인성은 자기보호기제인 I-System에서 벗어나 용이하게 마음과 몸의 통합체제로 들어가는 특성을 보여 준다. 다시 말하면 기존 자아를 보호하는 데 급급한 손상된 자아에서 벗어나 자유로운 참자아를 활용한다.

3. 창의성 개발활동

1) MeFOT 활동: 더하기 사고하기

더하기 사고란 주어진 조건을 이용하여 매우 많은 아이디어를 생각해 내는 것이다. 여기에는 맞고 틀린 아이디어가 있을 수가 없다. 또 좋고 나쁜 아이디어가 있을 수도 없다. 단지 주어진 조건을 이용하여 보다 많은 아이디어를 생각하면 된다. 글자 그대로 생각에 생각을 자꾸 더하여 나타내 보이는 것이다. 더하기 사고를 하기 위해서 유추자석과 역발상 자석을 활용한다.

(1) 유추하기

◈ 중요성

- 같은 속성을 가진 다른 대상을 생각하는 것은 창의적 아이디어 생성의 기반이다.
- 같은 목적을 가진 다른 대상을 생각하는 것은 창의적 아이디어 생성의 기반이다.

◈ 방법

유추는 두뇌 속에 저장된 지식망의 순서에 따라 무의식적으로 이루어진다. 그러나 의도적으로 새로운 내용을 유추하기 위해서는 다음과 같이 해 볼 수 있다.

- 공통 속성 생각해 보기
- 공통 기능 생각해 보기
- 공통 목적 생각해 보기
- 공통 색깔 생각해 보기
- 공통 크기 생각해 보기
- 공통 모양 생각해 보기
- 공통 원인 생각해 보기

(2) 역발상하기

◈ 중요성

- 모든 사물, 사실을 뒤집어서 생각하는 것도 생각의 고리를 푸는 방법이다.

◈ 방법

역발상은 눈에 보이지 않는 다양한 내용을 관찰하고 생각해 보는 것이다. 이를 통하여 주어진 대상을 보다 구체적이고 정확하게 알게 되며 결과적으로 창의적 아이디어가 생성된다.

- 위아래로 바꾸어 생각해 본다.
- 앞뒤를 바꾸어 생각해 본다.
- 시작과 끝을 바꾸어 생각해 본다.
- 안과 바깥을 바꾸어 생각해 본다.
- 좌우를 바꾸어 생각해 본다.
- 좋은 점 나쁜 점을 바꾸어 생각해 본다.
- 결론부터 만들어 놓고 방법을 찾아 본다.
- 과거와 미래를 생각해 본다.

◈ 역발상하기 문제

* 다음 상황을 보면서 생각해 보자.

A팀과 B팀이 야구시합을 하였다. 5회초에 공격한 A팀은 3 아웃이 될 때까지 홈런 하나, 1루타 셋, 2루타 하나를 쳐서 1점을 얻었다. B팀은 홈런 하나 1루타 둘을 쳐서 3점을 얻었다. 사람들은 이 이야기를 듣고 멍했다. A팀이 안타를 더 많이 쳤는데 점수는 더 적다. 어떻게 된 것일까? 그 이유를 생각해 보자.

2) 일상활동: 입장전환(exchange standpoint) 놀이

입장전환은 서로가 가지고 있는 견해, 이해관계 등을 자신의 입장에서만 생각하지 않고, 상대방의 입장에서 생각해 보는 것이다. 이를 통해 어떠한 사건, 갈등, 정서적인 면에서 문제해결의 실마리를 찾아볼 수 있다. 입장전환은 자신이 직접 처한 상황, 혹은 제3자로서의 객관적인 입장에서도 가능하다. 또한, 사고의 확산 과정인 연상과정에서 연상되는 순서를 재조정하여 연상해 가는 것도 입장전환의 한 방법이라 할 수 있다.

입장전환놀이는 역할극을 통해서 주로 많이 활용된다. 서로 역할을 바꾸어서 해 보는 것이다. 그러나 반드시 역할극이 아니어도 입장전환놀이는 할 수 있다. 예를 들어 노래 가사 바꾸어 부르기, 좋아하는 과일 순서 바꾸기, 오늘 할 일 순서 바꾸기 등을 통해서도 할 수 있다.

4. 창의성 개발연습

1) Problem Solving 연습: 축구열풍

◈ 기초문제

* 준호가 만든 로봇이 있다. 이 로봇의 특징은 다음과 같다.

- 파란색을 보여 주면 기분이 좋다.
- 빨간색을 보여 주면 기분이 나쁘다.
- 기분이 좋으면 노란색을 보여 준다.
- 기분이 나쁘면 빨간색을 보여 준다.
- 매우 기분이 좋으면 언제나 노란색을 보여 준다.
- 매우 기분이 나쁘면 언제나 빨간색을 보여 준다.

* 문제 1. 혜교가 준호가 만든 로봇에게 빨간색을 보여 주었다. 로봇은 혜교에게 어떤 색을 보여 줄까?

* 문제 2. 준호가 만든 로봇이 지금은 기분이 안 좋다. 태리가 가까이 다가가니 무슨 색을 보여 주었다. 무슨 색일까?

* 문제 3. 준호가 만든 로봇이 지금 매우 기분이 좋다. 수진이가 이 로봇에게 빨간색을 보여 주었다. 로봇은 수진에게 무슨 색을 보여 줄까?

◈ 중급문제

＊문제 1. 16개의 점이 있다. 연결된 6개의 직선으로 16개의 점을 모두 연결하시오.

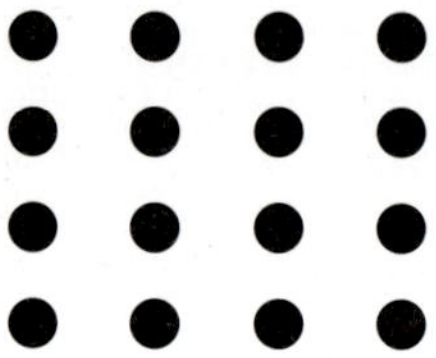

＊문제 2. 1개의 직선으로 16개의 점을 모두 연결하시오.

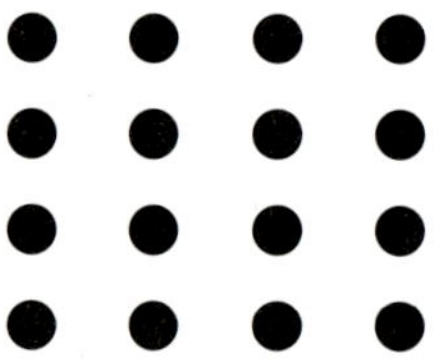

＊문제 3. 바구니에 계란이 6개 있다. 6명이 각자 사과 1개씩을 가져간다. 어떻게 하면 그 바구니에 계란 1개가 여전히 남아 있을 수 있을까?

◈ 고급문제

＊2018년 12월 베트남에서는 축구열풍이 전국을 휩쓸고 있다. 이는 2002년 월드컵에서 우리나라가 4강에 들었을 때의 열풍을 연상하게 하였다. 이렇게 수많은 사람들이 특정 장소에 모였을 때 당신은 어떤 생각이 듭니까? 당신의 생각을 적어 봅시다. 그리고 모 대학원생의 생각도 가능한 해답편에서 읽어 봅시다.

자료: http://hiddinkfoundation.org/kr-gallery-world-cup/

2) 상황중심의 사고 연습: 맨손으로 먹으라고 해놓고…

유치원생 딸이랑 베트남 음식점에 가서 식사를 하게 되었다. 베트남 음식 중에 쌀 종이에 음식을 싸서 먹는 것을 먹게 되었다. 그것은 수저를 사용하지 않고 손으로 음식을 싸서 먹는 것이었다. 딸은 맨손으로 음식을 집어 먹는 게 재미있었는지 자기가 먹기보다는 쌀 종이에 음식을 싸기가 바빴다. 그리고는 자기가 싼 것을 식사하는 사람들에게 주기도 했다.

식사를 같이 하는 사람들이, "예쁘게 살 하네."라며 칭찬도 헤 주었다.

사건은 다음 날 아침에 벌어졌다. 아침을 먹는데 아이가 갑자기 숟가락을 놓더니 손으로 먹기 시작하는 것이다. 김치도, 멸치도, 생선도…….

"더럽게 왜 그렇게 해?"

"엄마, 어제 엄마도 손으로 그냥 막 먹었잖아. 맛있다고 했잖아."

"어제는 그렇게 먹는 음식이었잖아."

"그럼 오늘도 그렇게 먹으면 되지, 뭐! 어제는 맨손으로 먹으라고 해 놓고 오늘은 또 맨손으로 먹는다고 야단치고……."

* 만약 당신의 상황이라면 자녀에게 어떻게 하겠습니까?

* 만약 당신이 자녀라면 어떻게 행동하겠습니까? 또 부모에게 무엇을 요구하겠습니까?

3) If ~, then 사고 연습: 지금이 바로 출발점을 읽고

if에서 주어진 시를 읽고, then 나는 어떤 노력을 할 것인지 적어 보자.

If 다음 시를 읽고 난 뒤

〈지금이 바로 출발점〉

인생이란 하루하루가 훈련이다.
우리 자신을 훈련하는 터전이다.
실패도 할 수 있는 훈련장이다.
살아 있음이 흥겨운 훈련장이다.

지금 이 행복을 기뻐하지 않고,
언제 어디서 행복해지랴
이 기쁨을 발판삼아 온 힘으로 나아가자

나의 미래는
지금 이 순간 이곳에 있다.
지금 여기서 노력하지 않고, 언제 어디서 노력하랴.

(오히라 미쓰요의 '그러니까 당신도 살아' 중에서)

then 나는 ________________________________

제9장 창의적 지식

1. 마음 다지기

1) 내가 만든 명언: 무지

무지에 둘러싸여 있으면서
스스로 현명하고 박식하다고 망상하는 사람은 위험하다.
맹인에게 인도되는 맹인과 다를 바 없다.

- 우파니샤드

◈ 내가 만드는 명언

________에 둘러싸여 있으면서
스스로 ________________ 망상하는 사람은 위험하다.
_________에게 인도되는 _______과 다를 바 없다.

2) 성취인 생각하기: 가장 가치로운 자산

다음 탈무드에 나오는 이야기를 읽어보자.

어떤 배 위에서의 이야기이다. 선객들은 모두 부자였으며, 그중에 랍비가 한 사람 타고 있었다. 부자들은 서로 자기들의 재산을 비교해서 자랑하고 있었다. 그러자 랍비가

"내가 제일 부자라고 생각하고 있지만, 지금은 내 재산을 여러분들에게 보여 줄 수가 없다."

고 말했다. 마침 그때 해적이 배를 습격했다.

부자들은 금은, 보석 등 자기의 모든 재산을 털렸다. 해적이 사라진 뒤 간신히 배는 어떤 알지도 못하는 항구에 도착했다. 랍비는 곧 학식과 교양이 높다는 것이 항구 사람들에게 인정되어 학교에서 학생들을 모아 가르치기 시작했다. 얼마 뒤 이 랍비는 배에서 함께 여행했던 지난날의 부자들과 만났으나 모두 비참하게 가난뱅이가 되어 있었다. 그 사람들은

"확실히 당신의 말이 옳았소. 교양이 있는 자는 모든 것을 갖고 있는 것과 같소."

라고 말했다. 여기서 지식은 빼앗기는 일 없이 항상 가지고 다닐 수 있으므로 교육이 가장 중요한 것이라는 이야기가 생겼다.

자료: 김상기 역 「탈무드」 중에서.

◈ 탈무드 일화에서 생각해 볼 점

이 일화는 지식의 중요성을 말해 준다. 지식은 두뇌 속에 존재하며 항상 나와 함께한다. 지식을 판매하는 사람은 언제나 원래 자산은 두뇌에 존재한다. 오히려 지식을 판매할 때마다 새로운 지식이 추가되어 더 가치로운 지식으로 존재한다. 이에 비해 다른 상품을 판매하는 사람은 판매 후에는 새로이 상품을 구입하든지 만들어야 한다. 이른바 판매와 동시에 떠나간다. 그러나 지식은 항상 나와 함께 하는 중요한 자산이다.

지식은 그냥 자산으로만 존재하는 것이 아니라 나의 모습을 꾸며주는 자산이다. 어떤 옷을 입느냐에 따라 자신의 모습이 달라진다. 사람들은 옷에 힘이 있다고 말한다. 옷이 가지고 있는 에너지가 그 옷을 입은 사람을 돋보이게 하거나 초라하게 보이게 한다. 마찬가지로 지식에도 힘이 있다. 지식이 가지고 있는 에너지가 그 지식을 가지고 있는 사람을 돋보이게 하거나 초라하게 보이게 한다.

◈ 성공을 위한 나의 아이디어: 가장 가치로운 자산

*가장 가치로운 자산을 읽고 자신의 성공을 위한 아이디어를 만들어 보자.

*당신은 평소에 어떤 옷을 잘 입는가 적어 보자. 그리고 그 옷이 가진 힘을 적어 보자. 즉 그 옷을 입었을 때 자신의 활동을 적어 보자.

*당신은 평소에 가장 많이 활용하는 지식은 무엇인지 적어 보자. 그리고 그 지식이 가진 힘을 적어 보자. 즉 그 지식을 활용할 때 스스로 느끼는 자존감에 대해 적어 보자.

2. 기본 이론 이해하기: 창의적 지식

1) 창의성에서의 지식의 중요성

창의성 교육이 처음으로 부각되던 시기에 지식교육은 창의성을 저해하는 요인으로 간주되기도 했다(Rubenson & Runco, 1995). 지식은 많은 장점들이 있지만 새로운 문제에 대한 사고에 있어서 융통성의 희생이 뒤따른다(Schank, 1988). 또 어느 정도의 지식은 도움이 되지만 너무 많은 지식은 기존의 지식체계를 바탕으로 바라보게 되어 오히려 방해가 될 수도 있다. 자기만의 방식으로 생각하는 것을 좋아하거나 세부적인 것에 집중하기보다는 전체적인 윤곽을 그리는 것이 창의성에 유리하다고 할 수 있다(Lubart & Guignard, 2008). 한마디로 말하면 지식이 있음으로 해서 개인은 기존 지식으로 상황을 해석하는 경향을 보인다. 이에 따라 새로운 아이디어 생성에 방해가 되는 것이다.

그러나 이는 다양한 측면으로 사고를 해야 하는 인성의 책임을 지식에 전가한 잘못된 견해이다. 이는 가정에서 사용하는 가스렌지의 불이 화재를 일으킬 수 있으므로 가정에서 활용해서는 안 된다는 말과 같다. 화재의 위험성은 가스렌지의 불에 있는 것이 아니라 이를 이용하는 사람에게 있다. 불은 가정에서 반드시 필요한 것이다. 지식이 창의성 발현에 장애가 된다는 관점도 이와 마찬가지이다.

창의성은 새로운 아이디어를 산출하는 능력이다. 새로운 아이디어를 산출하기 위하여 두뇌 속에 저장된 정보를 다양하게 인출하는 능력과 정보들의 결합능력이 필요하다. 정보의 인출과 결합에 지식이 없으면 이루어질 수 없다. 지식이란 사고의 단서, 자료로서 사고를 가능하게 하는 동시에 사고의 범위를 결정하고 통제한다. 따라서 지식이란 창의성에 있어서 필요한 요인이다(Urban, 1995; Weisberg, 1993).

지식이 창의성에 필요한 이유를 다음 세 가지 관점에서 제시할 수 있다.

첫째, 지식은 특정 영역에서 창의적 아이디어를 생성하는 전문가가 되게 한다. 지식이 창의성의 발현에 장애가 될 수 있다는 것(Rubenson & Runco, 1995)을 인식할 필요가 있다 하더라도, 전문가 수준의 수행을 보이기 위해서는 막대한 지식적 기반이 필요하다(Runco, 2008). 막대한 지식적 기반이 필요하다는 것을 창의성의 영역-일반성(domain-generality)과 영역-특수성(domain-specificity)의 논쟁에서 살펴보자. 창의성의 영역-일반성이란, 창의성은 일반적이며 공통적인 능력으로서 영역과 관계없이 모든 영역에 나타난다는 것을 의미하고, 창의성의 영역특수성이란 창의성은 영역관련 능력으로서 어느 한 영역에서만 나타난다는 것을 의미한다. 영역-일반성에 의하면 창의성에 있어서 지식의 중요성은 크지 않다. 오히려 확산적 사고가 매우 중요시되고 있다. 그러나, 영역 특수성에서는 특정 영역의 지식이 매우 중요해진다. 이 두 관점의 논쟁은 각자 타당한 논리적 근거를 가지고 있다. 그러나 중요한 것은 확산적 사고에 중점을 두는 영역-일반성에 의하더라도 창의성은 지식에 의존한다고 보아야 한다. 창의성이란 무에서 유를 생산하는 것이 아니라 유에서 유를 생산하는 것이기 때문이다. 기존지식을 바탕으로 재구성하여 지식의 구조를 바꿈으로써 창의성이 나타나는 것이므로 관련 지식의 습득은 반드시 필요하다. 그러므로 창의성을 증대하기 위해서는 지식의 습득이 우선이다. 특히, 창의성을 발휘하려고 하는 영역의 지식을 습득하여 전문가가 되는 것이 중요하다. 창의적인 재능이 흔하지 않은 이유 중의 하나는 창의성이 매우 특수화된 지식뿐만 아니라 모든 영역에 걸친 폭넓은 지식도 동시에 요구하기 때문이다(Feist, 2001; Feist, 2008). 예술 영역이든 과학 영역이든 간에 창의성의 발현에 필요한 모든 것은 특정 분야에 적절한 기술과 지식의 획득이다(Perkins, 2000; Weisberg, 1992).

필요한 지식과 기술을 획득하지 않고는 어느 누구도 영역에 기여할 수 없다(Ericsson, 1996). 이를 대개 '10년의 법칙(10-year rule)'이라 부른다(Hayes, 1989). 이 법칙은 한 영역에서 세계적인 수준에 도달하려면 약 10여 년의 연구와 훈련이 요구된다는 것이다(Simonton, 2008). 이 10년의 법칙은 특정영역에서 창의성을 발휘하기 위해서는 지식이 얼마나 중요한지를 시사한다.

둘째, 지식은 창의성 발휘를 도와주는 지능을 높여 준다. 본질적으로 지능은 지식을 의미한다(Gregory, 1987). Piaget도 지능이란 지적능력으로서 지식이 중요한 요소라고 했다. 지능에는 두 가지 의미가 있다. 하나는 지식이고, 다른 하나는 지식을 발견하고 만드는 능력이다(Gregory, 1987). 지능은 문제해결을 위해 필요하다. 만일 기존지식이 현재의 문제나 과제에 적합하다면 해결해야 할 문제는 거의 없다. 그러나 기존 지식으로 해결할 수 없는 문제라고 하더라도 기존 지식을 활용하면서 풀어야 한다. 따라서 지식은 지능의 핵심이요 나아가 창의성을 지원하는 강력한 우군이다.

셋째, 창의성은 언어와 관련되며, 언어는 지식을 기반으로 이루어진다. 만일 지식이 없다면 언어는 아무런 소용이 없다. 지식은 언어를 활성화시켜 주고 언어는 지식에 생명을 주어 증식(breeding)과 이식(transplantation)을 가능하게 한다. 다시 말하면 지식은 언어를 풍성하게 해 주고, 언어는 지식을 확장하고 서로 전달가능하게 해 준다. 호모사피엔스가 세상을 정복한 것은 다른 무엇보다도 고유한 언어 덕분이라고 말한 Macphail(1987)에 의하면 동물들도 새로운 자극조건에 적응할 수 있는 능력 즉 연상 형성(association formation)능력이 있다(조현욱 옮김, 2018). 연상형성은 비자연적 자극들의 임의적 결합이다. 이것이 인과관계 연결을 탐구하도록 하고 미래예측을 하게 한다. 동물의 연상형성은 인간의 연상형성과 큰 차이가 없다. 그러므로 이것으로 동물과 인간의 창의성 차이를 말할 수 없다.

Macphail(1987)에 의하면 인간의 능력이 동물과 다른 것은 언어 때문이다. 언어 학습은 연상 형성보다 더 많은 것을 내포한다. 언어의 소유와 사용은 문제를 매우 다양한 방향으로 상상하는 것을 가능하게 한다. 이에 창의성은 언어의 우연한 부산물에 불과하다(Macphail, 1987). 다음 글을 보면 창의성에서 지식의 중요성을 느낄 수 있다.

> 2백만 년 전 원시인류 조상이 사는 곳을 여행한다고 보자. 당시에 아무도 짐작하지 못한 사실이 있다. 당시에는 아무도 원시인류의 후손이 언젠가 달 위를 걷고, 원자를 쪼개고, 유전자 코드를 해독하며 역사책을 쓰리라고 상상조차 못했다(조현욱 옮김, 2018).

결국 창의성이란 언어를 통해 표현되고 전달되는 지식에 의존한다.

2) 지식의 의미 및 특성

지식의 정의는 하나로 통일되지 못하고 다양하게 나타나고 있다. Oxford영어사전에서 보면 지식은 경험과 교육을 통해 습득된 전문적 능력(expertise)과 기술(skills)이며, 특정 주제에 대한 이론적 또는 실제적 이해라고 했다. Plato는 정당화된 참된 믿음(justified true belief)이라고 지식을 정의했다(http://en.wikipedia.org/wiki/Knowledge). 비록 지식의 정의가 다양할지라도 경험과 교육을 통해 개인에게 습득된 전문적 능력이라는 것은 공통적이다. 전문적 능력이란 그 지식을 통해 주어진 문제를 잘 해결할 수 있다는 것을 의미한다. 문제해결 능력은 개인이 소유한 지식으로 평가된다(Gregory, 1987). 지식이 문제를 해결한다는 것은 지식 그 자체에 힘이 있다는 것을 의미한다. 이에 지식이 가진 힘 즉, 특성을 정리하면 [그림 9-1]과 같다.

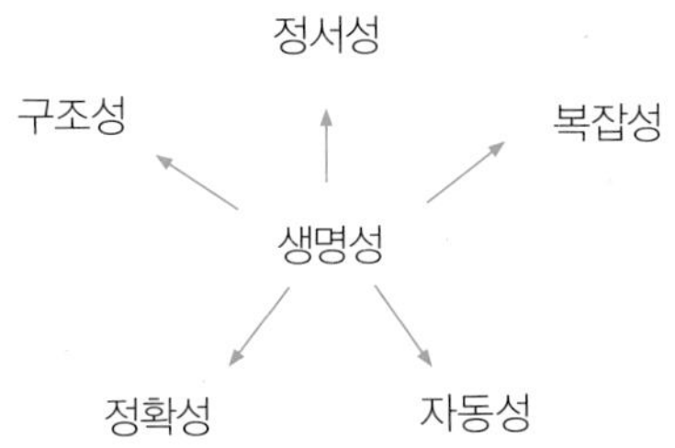

[그림 9-1] **지식의 특성**

첫째, 지식은 단순한 정보덩어리가 아니라 생명력을 가지고 있다. 생명력을 가지고 있다는 것은 일단 학습되어 두뇌 속에 들어오면 개인의 행동을 지배한다는 것이다. 로버트 로드리게스가 감독한 1998년작 미국 호러영화 패컬티(faculty)란 영화가 있다. 이 영화는 외계인에 대한 영화이다. 외계인은 인간의 몸에 들어오기 전에는 하나의 알처럼 웅크리고 굳어 있으나 인간의 몸속에 들어오면 거미처럼 많은 촉수를 뻗어 인간의 두뇌 세포를 장악하여 자신의 뜻대로 지배한다. 지식이 바로 그렇다. 일단 학습되면 그때부터 그 지식은 몸의 주인이 되어 지배하기 시작한다. 그러므로 어떠한 지식을 학습하느냐의 문제는 나의 주인을 어떤 지식으로 모시는가와 같다. 함부로 배운 지식, 목적 없이 배운 지식은 자기를 망가뜨리는 주인이 되기 쉽다.

둘째, 지식은 정서가 포함되어 있다. 지식에 정서가 내포되어 있다는 것은 지식이 가치지향적이라는 것을 의미한다. 박영태(2002b, 2012)는 지식이란 정보+정서라고 하였다. 외부에 존재하는 몰가치적인 정보가 두뇌 속에 들어오면서 한 번 검열을 받는다. 자신에게 위해가 될 수 있는 부정적인 정보에게는 부정적 정서가 부착되고 자신에게 도움이 되는 정보에는 긍정적 정서가 부착된다. 정보에 정서가 부착됨으로써 지식이 되고, 지식은 자기보호기제로서 기능하게 된다. 정보에 부착하는 정서는 크게 불안, 화, 기쁨의 세 가지 기본정서가 있다. 기쁨은 외부에서 들어오는 정보가 나에게 도움이 된다는 의미이고, 불안은 나의 존재를 위협할 가능성이 있다는 것이고, 화는 나의 존재를 현재 위협하고 있다는 것이다. 따라서 부착된 정서에 따라서 행동이 표출된다.

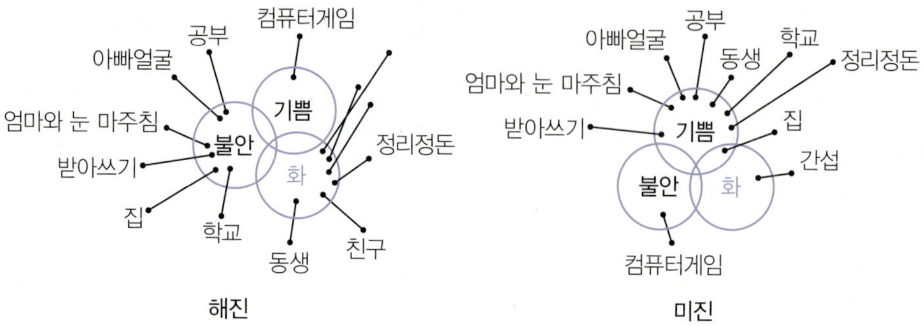

[그림 9-2] **정보와 정서의 결합**

[그림 9-2]에서 해진이를 보면 많은 정보가 부정적 정서와 결합되어 있다. 이에 비해 미진이는 많은 정보가 긍정적 정서와 결합되어 있다. 이때 해진이와 미진이 중 누가 더 삶이 행복하며 정보를 더 많이 활용할 것인가는 명확해진다. 여기서 같은 정보를 학습했지만 부착되는 정보에 따라서 지식은 달라지는 것을 알 수 있다.

셋째, 지식은 구조적이다. 구조는 신경망의 형태로 이루어져 있다. 보는 방향에 따라 위계형, 방사형, 직선형 등의 형태로 보인다. 구조적이라는 것은 단순히 상위범주와 하위범주로 구성되어 있는 것을 의미하는 것만이 아니라 연결망에 포함된 정보에의 접근속도의 차이도 포함된다. 지식구조의 차이는 결국 지식의 질을 결정한다.

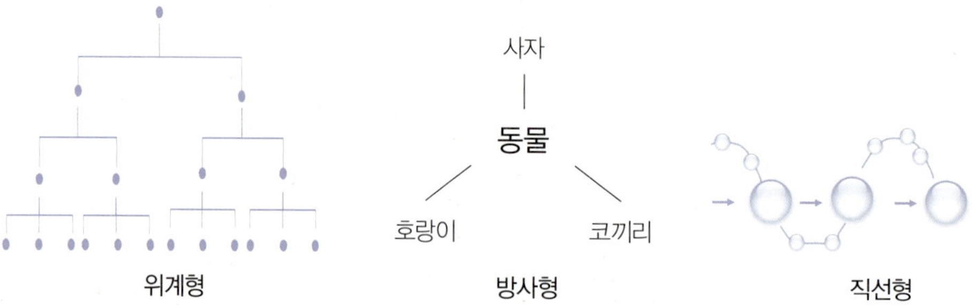

[그림 9-3] **지식구조**

넷째, 지식은 연결되는 지식의 양에 따라 복잡해진다. 다시 말하면 연결된 지식 덩어리가 커지는 것이다. 지식 덩어리가 크면 동시에 탐구할 수 있는 정보의 양이 많다는 것이다. 지식의 구조가 복잡해지는 것은 학습능력의 깊이가 있다는 말과 통한다. [그림 9-4]에서 개념적 지식을 보자. Bruner에 의하면 인간은 범주화하면서 학습한다. 이 범주화의 과정에서 개념이 형성된다. 개념이란 두뇌 속에 한 가지 이상의 유사성을 찾아 사건 사물을 분류하는 것으로 세상을 조직화하는 가장 단순한 방법이다. 개인은 반복적인 사건을 경험하면서 사실을 찾아내고, 사실을 조작하여 개념을 만들고, 개념들 간의 인과관계를 파악하여 법칙을 만들고, 법칙들 간의 관계망을 만들어 원리를 찾아내고, 원리들 간의 망을 만들어 이론화한다. 이 과정에서 지식의 복잡성은 달라진다.

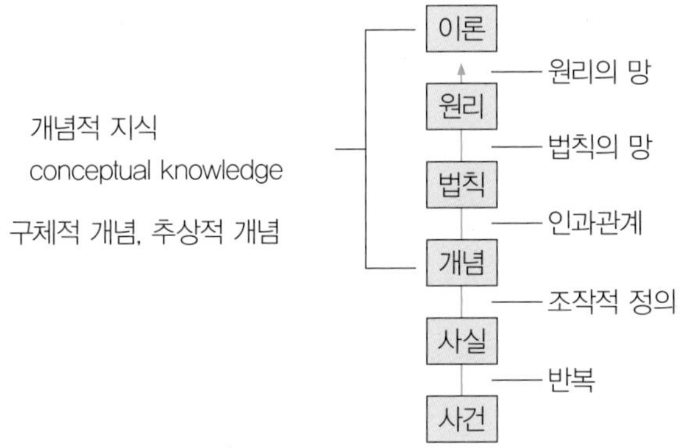

[그림 9-4] **개념적 지식**

* 다음 일화를 보면서 복잡성과 사고 속도에 대해 생각해 보자.

6살된 아들과 4살된 딸을 가진 부모가 있다. 어머니는 두 자녀를 데리고 자주 스무고개를 하였다. 그러나 스무고개를 반복하면서 어머니는 걱정이 생겼다. 스무고개를 할 때마다 6살된 아들보다 4살된 딸이 더 빨리 맞히는 것이다. 이에 어머니는 오빠가 동생보다 못한다는 것에 대해 걱정이 생겨서 친구에게 자문을 구하였다. 만일 당신이 친구라면 무엇이라고 말해 줄 것인지 생각해 보자.

이 스무고개에서 오빠보다 동생이 잘 맞추는 것은 당연하다. 왜냐하면 오빠는 동생보다 지식의 구조가 더 복잡하기 때문이다. 예를 들면 "나는 동물입니다."라고 어머니가 말하면 오빠는 복잡한 상하위의 위계를 탐색하고 있지만 동생은 몇 안되는 동물을 바로 탐색하거나 위계의 구조도 단순한 것이다. 또 두 자녀에게 내는 문제이니 당연히 동생도 알고 있는 동물일 것이니 오빠가 더 시간이 걸릴 수 밖에 없다. 오빠가 더 많은 시간을 요하는 것은 머리가 나쁜 것이 아니라 복잡한 인지구조를 가졌다고 기뻐해야 할 일이다.

[그림 9-5]를 보자. 지식구조의 복잡성은 단순히 인지적 측면만이 아니라 정서적 측면에도 영향을 미친다. 진숙이는 사과에 대한 이미지가 모두 긍정적이므로 사과를 싫어하는 이유를 이해 못한다. 이에 비해 민규는 사과에 대한 부정적 경험도 있으므로 사과를 싫어할 수도 있다. 특히 저녁에는 안 먹으려고 할 것이다.

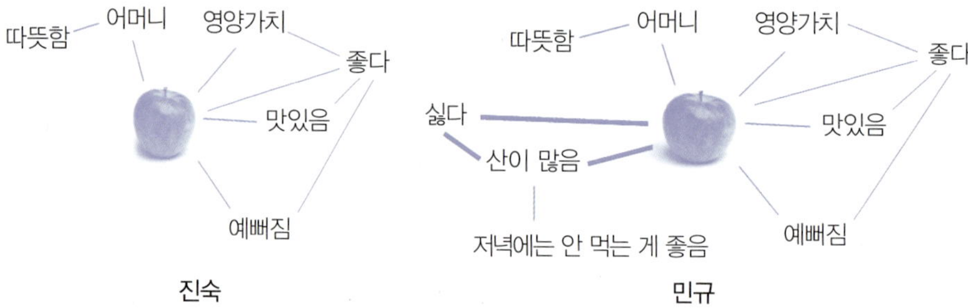

[그림 9-5] **지식구조의 복잡성**

다섯째, 지식은 정확한가 부정확한가의 문제를 안고 있다. 정확한 지식을 가지고 있으면 사물을 정확하게 해석할 수 있으나 정확하지 않게 알고 있으면 상황을 바르게 해석하지 못하므로 적응도 어려워질 것이다. 지식의 정확성과 관련해서 선언적 지식, 절차적 지식, 조건적 지식을 보자. 선언적 지식은 참과 거짓을 판단할 수 있는 최소 단위의 명제로 구성된 지식으로 주어-동사의 관계로 구성된다. 절차적 지식은 어떤 활동이나 과제를 어떻게 실시하는지에 관한 지식으로 '만일

~이면 ~ 하다.'의 관계로 구성된다. 조건적 지식은 특정조건하에서 이루어지는 활동을 기술하는 지식으로 '~인 경우에 ~ 하다'의 관계로 구성된다. 예를 보자.

〈표 9-1〉 **지식의 정확성과 행동**

지식유형	지식	정확성	적응여부
선언적 지식	지구는 평평하며, 태양은 지구를 중심으로 돈다.	부정확	생활공간의 축소
절차적 지식	자전거를 타면서 왼쪽으로 넘어지려고 하면 오른쪽으로 핸들을 돌려라.	부정확	오히려 넘어진다.
조건적 지식	불이 났을 때 기름인 경우에 물을 뿌리면 안 된다.	정확	화재진화에 도움

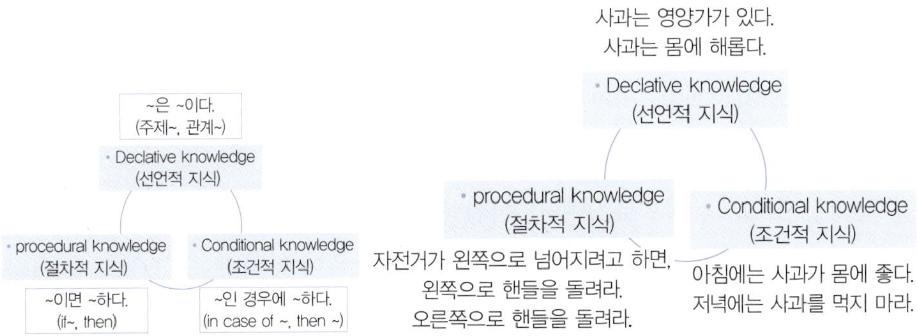

[그림 9-6] **지식의 3유형**

＊다음 우화를 읽어 보고 지식의 정확성에 대해 생각해 보자.

어느 날 멋진 뿔을 가진 사슴이 호수에서 물을 마시다가 말했다.

"내 뿔은 정말 훌륭해. 숲속에 사는 동물들 가운데 나처럼 멋진 뿔을 가진 동물은 없어. 그런데 하나님은 왜 이리 못난 다리를 주셨을까? 너무 불공평해."

그때 뒤쪽에 사자가 나타나서 열심히 도망갔지만 뿔이 가지에 걸려 잡히게 되었다.

"못난 다리는 나를 구해 주려는데 멋진 뿔이 나를 죽게 만드는구나 내가 잘못 생각하고 있었다."

여섯째, 지식은 점차 자동화된다. 자동화된다는 것은 그 지식을 활용하기 위해서 의식을 이용하지 않는다는 것이다. 이른바 무의식적으로 활용하게 된다는 것이다. 습관화는 바로 지식의 자동화를 말한다. 자동화되면 그 지식의 활용속도가 무척 빨라지고 기억용량을 사용하지 않음으로써 동시에 다른 인지적 활동을 할 수 있다. 예를 들면 언어는 지식이 자동화된 전형적 예이다. 제2외국어를 배울 때 자동화가 되지 않으면 대화가 어려워진다. 단어, 문법, 문장 등을 의식하면서 이용한다면 대화가 불가능하다. 자동차를 운전하는 기술에 대한 절차적 지식도 점차 자동화되어 자연스럽게 운전하는 것이다.

3) 지식의 습득

Kelly에 의하면 인간은 환경을 해석할 수 있는 정도까지 환경의 지배로 벗어날 수 있다고 했다(이관용, 이장호 역, 1982). 창의성은 자유로운 마음에서 나온다. 따라서 환경을 해석할 수 있는 힘 즉 지식이 없다면 자유의 폭도 좁아지고 종국에는 창의성에도 부정적으로 영향을 미친다. 그러므로 사고교육의 중요성으로 인해 지식교육을 등한시하는 것은 올바른 창의성 교육이 아니다. 오늘의 교육 패러다임이 학습하는 방법을 중요시한다고 하여 지식교육을 등한시하는 것은 개인의 발달에 장애가 된다. 학습하는 방법을 중시하는 것은 언제, 어디서라도 지식교육을 잘하라는 것을 의미한다는 것을 잊어서는 안 된다. 지식이란 컴퓨터에서 엔터(enter)키를 누르면 파일이 입력되듯이 단순한 것이 아니고 복잡한 과정을 거쳐 이루어진다. 다시 말하면 지각(perception), 학습(learning), 의사소통(communication), 연상(association), 추리(reasoning) 등 복잡한 인지적 과정을 거친다(http://en.wikipedia.org/wiki/Knowledge). 여기서 지식의 습득과정은 창의성의 사고과정과 관련됨을 엿볼 수 있다. 따라서 올바른 지식학습의 과정은 바로 창의적 사고과정이기도 한다. 따라서 지식을 증대시키는 모든 교육방법은 창의성 교육방법이 될 수 있다. 역으로 창의적 사고방법은 지식 습득의 방법이 될 수 있다.

박영태(2002b)는 지식은 인지적 측면과 정서적 측면의 두 측면을 다 가지고 있다고 했다. 정보와 정서의 결합이라는 지식의 성격은 지식의 습득이 이루어지는 학습방법에 대해 중요한 시사점을 제공한다. 지식의 습득은 단순히 복잡한 인지적 과정에 그치는 것이 아니라 정서적 과정도 결부되어 있으므로 즐겁게 학습시켜야 한다는 것을 알 수 있다. 이에 따라 지식교육에서 고려하여야 할 방안을 다음과 같이 제시하고자 한다.

- 항상 목적의식을 가져야 한다. 앞으로 어떠한 영역에서 창의성을 발휘할 것인가에 따라 학습영역을 정하고 그 영역에서의 전문가가 되려는 목적의식이 필요하다.
- 목적 달성을 위한 정보 습득에 항상 긍정적 만족감을 가져야 한다.
- 목적 달성을 위한 정보 습득에서 어려움이 발생하였을 경우에는 도전적 의욕을 가지고 끈기 있게 학습하여야 한다. 이를 위해 내적 동기를 유발할 필요가 있다. 내적 동기란 행동의 원인을 외적 대상에서 찾는 것이 아니라 자신의 내면에서 찾는 것이다. 내적 동기에는 관련성, 흥미, 자아실현, 호기심이 있다(박영태, 2005). 이 내적 동기는 창의성의 중요한 요인이다.

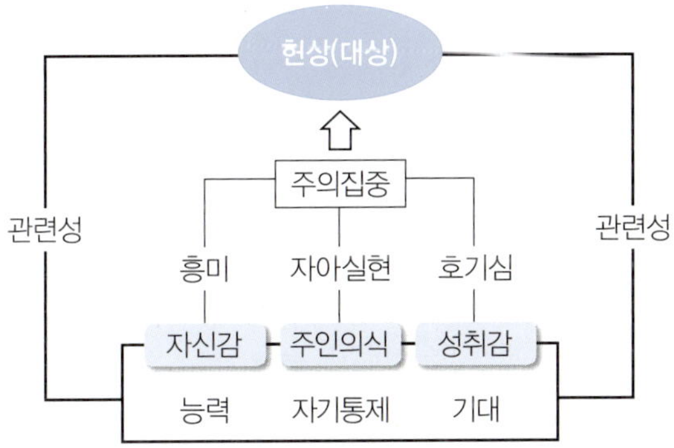

[그림 9-7] **내적 동기**

자료: 박영태(2005). 사랑의 학습지도법. 서울: 학지사. p. 261.

또 어려움을 스스로 극복하기 어려운 경우에는 다른 사람의 조력을 받아 해결하여야 한다. Vygotsky의 ZPD(zone of proximal development)는 아이에게 도와주는 부모의 조력방법으로 중요하다. ZPD는 박영태(2005)가 제시한 눈썹높이 교육과 통한다.

- 정보의 학습에서 발생하는 어려움을 사전에 예방하는 차원에서 기초교육에 관심을 기울여야 한다. 학습위계상에서 하위능력의 습득은 물론이고, Ausubel이 제시하는 선행조직자와 같이 앞으로 학습될 모든 정보가 체계성을 가지도록 만들어 주는 지식의 구조도도 학습하여야 한다. 또한 Gagné가 제시하는 학습능력을 고려하여 보다 하위의 학습능력을 먼저 학습시키는 것이 학습의 효율성 뿐만 아니라 긍정적 정서 함양에도 도움이 된다.
- 지식습득의 기본 방법은 보고, 듣고, 생각하면서 배우는 것이다. Piaget는 지식의 유형을 물리적 지식, 사회적 지식, 논리수학적 지식 3유형으로 구분하였다. 물리적 지식과 사회적 지식은 보고 들으면서 배우고, 논리수학적 지식은 생각하면서 배워야 한다. 물리적 지식은 오감을 통하여 기억흔적으로 남은 지식이고, 사회적 지식은 타인에 의해 전달된 기억흔적으로 남은 지식이고, 논리수학적 지식은 추론적 사고에 의한 기억흔적으로 남은 지식이다. 여기서 지식학습의 기본 방법은 보고 듣고, 생각하는 것이다. 이 생각하는 과정이 결국 학습의 과정이면서 창의적 사고과정이기도 하다.

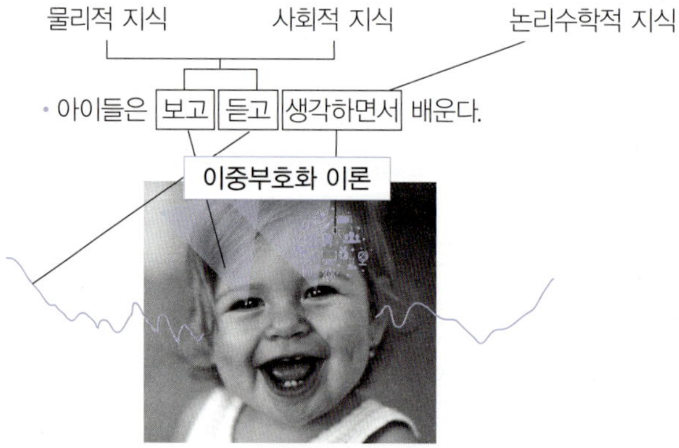

[그림 9-8] **학습의 과정과 지식의 유형**

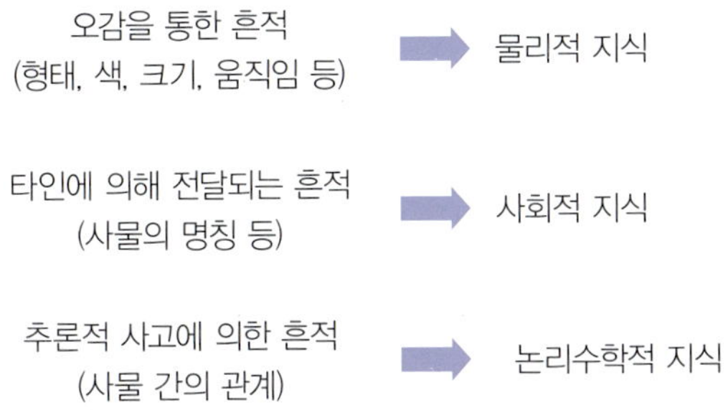

[그림 9-9] **기억흔적과 지식의 유형**

- 지식을 학습하는 방법과 가르치는 방법은 창의성 교육과 직접적으로 관련된다는 믿음을 가져야 한다. 실제로 지식의 습득에 관여하는 감각운동, 조작운동, 가설설정 등의 활동과 이를 통한 관찰, 기억흔적의 명료화를 위한 반복경험, 지식의 구체화를 위한 정교화 등 복잡한 인지적 과정은 바로 창의성 발현과정이기도 하다.

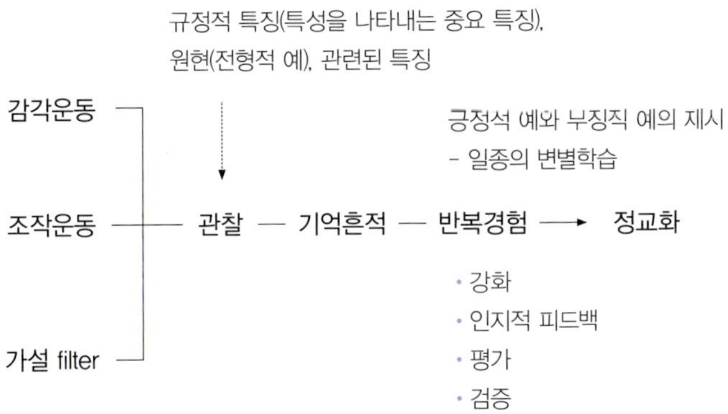

[그림 9-10] **지식의 학습과정**

종합적으로 정리하면 지식학습은 창의성을 저해하는 것이 아니라 창의성을 함양시키는 것이다. 그러나 단지 주입식으로 학습하는 것이 아니라 보고, 듣고, 생각하면서 학습하는 지식교육이 되어야 한다.

3. 창의성 개발활동

1) MeFOT 활동: 나누기 사고하기

나누기 사고에는 추상화 자석이 있다. 추상화 자석이란 사물에 내포된 기본원리를 발견하는 자석이다.

(1) 추상화 자석

◈ 중요성

- 원리를 찾아내는 것은 창의성의 기반이다.
- 복잡한 사물의 기본 속성을 찾아내는 것은 새로운 아이디어 생성의 근본이다.

◈ 방법

- 외형적 형태 분석하기
- 구성 요소 분석하기
- 작용하는 기능 분석하기
- 적용되는 원리 분석하기
- 지향하는 목적 분석하기
- 정서 분석하기
- 사건 분석하기
- 기본 구성요인과 장식요인 분리하기

(2) 추상화 자석 활용연습

Koehler는 천장에 바나나를 걸어 놓고 키가 닿지 않는 침팬지가 바나나를 어떻게 따는지를 실험했다. 키가 작아 손은 닿지 않지만 주변에 상자가 있어 그것을 이용할 수 있게 하였다. 결과적으로 침팬지는 시행착오없이 상자를 옮겨서 바나나를 따 먹었다. 이러한 침팬지의 행동을 통찰이라고 하며 지능이 높다는 것을 보여 주었다고 한다. 또 이러한 침팬지의 통찰적 행동을 비둘기는 할 수 없다고 하여 우리는 새들의 지능이 낮다고 본다. 그러나 Macphail(1987)는 모든 비인간 척추동물은 지적 능력을 가지며, 금붕어도 침팬지 만큼 지적이고, 비둘기도 돌고래처럼 영리하다고 했다. Macphail(1987)는 비둘기가 침팬지처럼 바나나를 따 먹는 통찰적 행동을 하지 않은 이유를 무엇이라고 보았을까? 우리도 한번 그 이유를 생각해 보자.

2) 일상활동: 스무고개(twenty questions)

스무고개는 놀이의 하나이다. 한 사람이 어떤 물건을 마음속으로 생각하면, 다른 사람이 스무 번까지 질문을 해서 그것을 알아맞히는 것이다. 질문은 원칙적으로는 예·아니오로 대답할 수 있는 것이어야 하지만, 규칙에 따라 첫 번째 질문은 동물성·식물성·광물성을 물어보는 것으로 할 수도 있다(위키백과, 2018. 12. 13.). 스무 번 만에 답을 맞히지 못하면 놀이에 지는 것이며 답을 알려 준다. 스무고개는 수수께끼와는 다르다. 수수께끼는 단문식 형태로 질문을 하여 한 번의 상상을 요구한다면 스무고개는 단계적으로 힌트를 주면서 점진적으로 상상하도록 만든다. 스무고개의 장점은 답을 맞히는 사람이 스무 번까지는 질문을 할 수 있다는 것이다. 이는 최근에 중시하는 질문하는 습관의 형성과도 관련된다.

4. 창의성 개발연습

1) Problem Solving: 금화주머니

◈ 기초문제

*문제 1. 다음 그림 중 종류가 다른 하나는?

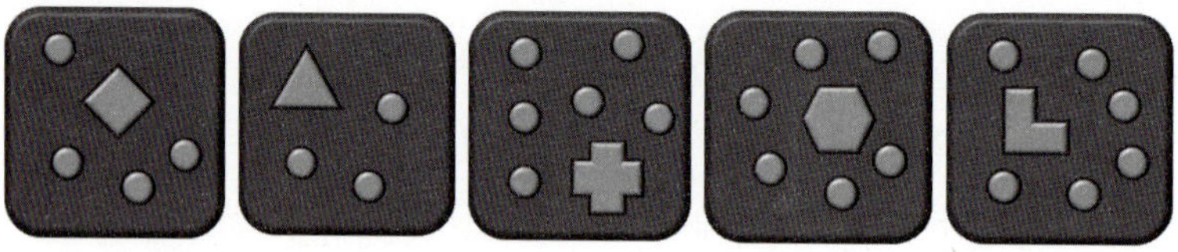

*문제 2. 네 번째 시계는 몇 시를 가리킬까? 시간을 그려 보자.

◈ 중급문제

*문제 1. 다음 사람들을 비슷한 특징을 가진 사람들끼리 두 팀으로 나누고 싶다. 어떻게 나눌 수 있을까?

여자 경찰, 남자 경찰, 남자 군인, 여자 화가, 여자 군인, 남자 음악가, 여자 음악가, 남자 화가

*문제 2. 1942년 미국의 한 나이트클럽에서 불이나 약 400명 정도의 사람이 죽었다. 건물의 아주 단순한 설계 결함이 이렇게 많은 사람을 희생하게 만들었다. 그 이후 이 설계를 하지 못하도록 조항을 바꾸었다. 도대체 이 조항은

무엇일까?

◈ 고급문제

어느 조그마한 왕국의 임금이 빛이 반짝이는 금화 100달러를 매우 귀히 여겼다. 왕은 금화를 무게 5g짜리 돈 주머니 10개에 담아서 보관하고 있었다. 각 주머니에는 1달러 짜리가 10개씩 모두 10달러가 들어 있다. 1달러의 무게는 10g이며, 한 주머니에 100g의 금화가 들어 있다. 주머니의 무게는 5g이므로 각 돈주머니는 105g이다. 왕은 어느 날 왕비에게 이 금화들을 보관하라고 명령하였다. 그런데 도둑이 들어 한 돈주머니의 금화를 9g짜리 9개로 바꿔치기해 버렸다. 이 가짜 금화는 무게만 다를 뿐 모든 것은 진짜 금화와 완전히 동일하였다. 뒤늦게 이를 안 왕은 노발대발하여 왕비를 문책하다가 다음과 같은 하나의 제안을 했다.

"이 10개의 돈 주머니 중에서 가짜 돈주머니를 찾아내면 없었던 일로 용서해 줄 수 있소. 그러나 어느 돈주머니가 가짜인지도 모르면 그만큼 짐의 말을 무시했다는 것이니 엄벌에 처할 것이요. 이를 해결하기 위해 궁중에 있는 어떠한 저울을 사용해도 좋소. 만일 다른 사람의 도움을 받거나 증명되지 않는 방법은 용납되지 않을 것이오. 내일 아침 기상시간까지 시간을 줄 터이니 내일 봅시다."

이 말을 들은 왕비는 난감해졌다. 지금은 이미 밤 늦은 시각이라 밤새 시간은 금방 지나갈 것이고, 그보다 더 난감한 것은 궁중에 있는 모든 저울은 고장난 저울이라는 것이었다. 이 저울은 한 번만 무게를 달고 나면 못쓰게 되는 저울이었다. 따라서 시행착오는 물론 몇 번씩이나 무게를 달 수가 없다. 딱 한번 무게를 달 수 있을 뿐이다. 그렇다고 하여 남에게 도움을 청할 수도 없고, 궁중 밖에서 새 저울을 구할 수는 더욱 없었다.

2) 상황중심의 사고: 식사준비

가족을 위해 오늘 따라 더욱 더 정성 들여 저녁 식사를 준비했다. 저녁 식사 준비가 다 되고 가족들을 행복한 마음으로 기다리고 있었다. 그때 두 통의 전화를 거의 동시에 받게 되었다. 먼저 전화는 남편에게서 걸려 온 것이었다.

"회사 일이 많아서 저녁을 먹고 일을 해야 해요. 기다리지 말고 먼저 식사해요."라는 전화였다. 두 번째 전화는 아들의 전화였다.

"엄마, 나 친구 생일에 초대받아서 저녁 먹고 들어갈 것 같아요. 기다리지 마세요."

행복한 마음이 깨어지면서 맥이 풀렸다. 그러나 다들 일이 있어 그러니 딸과 함께라도 맛있게 먹어야겠다고 딸에게 저녁을 먹자고 방문을 두드렸다. 딸의 말,

"엄마, 나 오늘부터 다이어트하기로 했어요. 저녁 안 먹어요."

* 만약 당신의 상황이라면 어떻게 하겠습니까?

3) If ~, then 사고 연습: 미인대회

if에서 주어진 조건에 따라 then 당신의 행동을 적어 보십시오.

If 만일 내가 미인(미남) 대회에서 1등을 하고 싶다면

then 나는 무엇을 하여야 할까? ____

____

- 1등 미인(미남)이 되기 위한 요인을 분석하고 그 요인을 달성하기 위해 자신이 해야 할 일을 적어 보시오.

제10장 시간적 사고

1. 마음 다지기

1) 내가 만든 명언: 불가능한 일

이도 저도 생각할 수 없다고 생각하는 한,
그것을 하지 않기로 마음먹는 한,
결과적으로 그것을 하기란 불가능하다.

- 바뤼흐 스피노자

◈ 내가 만드는 명언

_______________ 생각할 수 없다고 생각하는 한

_______________을 하지 않기로 마음먹는 한

결과적으로 _______________ 불가능하다.

2) 성취인 생각하기: 스티브 잡스

애플(Apple)과 넥스트(NeXT)의 공동 설립자인 스티브 잡스(Steve P. Jobs, 1955~2011). 그는 혁신적인 컴퓨팅 테크놀로지를 확산시키는 데 큰 역할을 했지만 정작 자신이 직접 발명해 낸 것은 없다고 한다. 그는 기술과 컴퓨터에 대한 새로운 시각을 제시하고, 필요하다는 것조차 인식하지 못하던 세상 사람들로 하여금 필요한 것을 향해 나아가도록 이끌어 간 기술적 비전의 전도사였다. 잡스의 일생을 보자.

잡스는 어려서 생물학적 부모에게 버림받고 입양되었다. 잡스는 초등학교 시절에 학교를 자주 빠지는 문제학생이었다. 그러다 4학년 때 아마추어 전자공학 키트를 접하면서 컴퓨터에 심취하게 되었고, 고등학교 시절, 나중에 애플을 함께 창업하는 스티브 워즈니악(Steve Wozniak)과 함께 휴렛패커드에서 임시로 일하기도 했다. 1972년엔 리드대학교에 입학했지만 1학기만 수강한 후 중퇴했다. 잡스의 오랜 친구인 스티브 워즈니악이 애플 I이라는 기기를 만들었을 때 그를 설득하여 애플컴퓨터(Apple Computer)를 설립했고, 곧 애플II라 불리는 마이크로컴퓨터를 생산 판매하여 대성공을 거두었다. 성공의 비결은 디자인과 사용성(usability)이었다고 한다. 그 후 잡스는 애플의 CEO 존 스컬리(John Scullcry)와 이사회 회의 중 싸움을 하게 되고 잡스는 자신이 설립한 회사를 떠났다.

이후 잡스는 넥스트라는 새 회사를 출범시켜 고성능 컴퓨터를 만들었다. 제품 판매는 부진했지만 넥스트는 계속해서 기술적으로 혁신적인 운영체제(Operating System, OS)인 넥스트스텝(NeXTStep)을 만들어내기도 했다.

한편 애플은 잡스가 떠난 후 어려운 상황에 빠졌으며, 새로운 운영체계가 필요해진 애플은 넥스트스텝을 사들였다. 이때 잡스는 다시 애플에 들어가고 얼마 후 애플의 CEO로 임명되었고, 빠르게 수익성과 신뢰를 회복해 나갔다. 이후 아이맥(iMac)을 출시하면서 애플은 다시 확고한 기술적, 재정적 기반을 확보하게 되었다. 이후 잡스는 아이폰(iPhone)을 개발하면서 일약 IT 계의 거장이 되었다.

자료: 네이버 지식백과. 스티브 잡스(디제라티, 2013. 2. 25., 커뮤니케이션북스).

◈ 스티브잡스의 일화에서 생각해 볼 점

스티브 잡스는 그야말로 역경의 삶을 살고 있었다는 것을 알 수 있다. 친부모에게서 버림받고 양부모의 손에서 자랐으며, 초등학교 시기에 문제아이기도 했다. 그나마 양부모에게 폐를 끼치지 않으려고 했는지 대학도 중도 포기했다. 게다가 자신이 설립한 회사에서 쫓겨나기도 했다. 이러한 삶의 과정은 결코 순탄한 삶이 아니며 어려움의 연속이라고 볼 수 있다.

이 와중에 잡스는 자신이 흥미를 가진 것이 무엇인지 발견했으며, 대학을 중퇴하였으면서도 대학의 강좌를 모두 청강하여 자신의 미래기반이 되는 지식을 쌓았다. 더욱 놀라운 것은 새로운 것에 대한 갈망과 이에 대한 도전감이 컸다는 것이다. 그는 애플회사설립에 도전하였고, 회사에서 쫓겨난 뒤에도 넥스트라는 회사 설립에 도전하였다. 결국에는 다시 애플에 입사하여 도전하였다. 이 도전들은 결국 뜻을 이루게 하였다. 게다가 새로움에 대한 갈망이 새로운 제품을 개발하여 성공의 기반을 다지게 되었다. 위 글에서 애플 I 이라는 컴퓨터를 스티브 워즈니악이 발명했지만 애플하면 잡스를 더 떠올리는 것은 왜일까?

스티브 잡스는 새로움에 대한 갈망과 도전심으로 포장된 인물이다.

◈ 성공을 위한 나의 아이디어

스티브잡스를 읽고 자신의 성공을 위한 아이디어를 만들어 보자.

*다음 중앙선을 경계로 왼쪽에는 평소에 새로운 것을 추구하는 것이 있었다면 무엇이든 생각나는 대로 적으십시오. 오른쪽에는 그중에서 무엇인가 성취하기 위해 도전한 것이 있으면 적으십시오. 만일 없다면 비워 두어도 됩니다.

새로운 것에 대해 갈망했던 것	성취를 위해 도전했던 것

* 다음 중앙선을 경계로 왼쪽에는 미래에 나타날 새로운 것을 무엇이든 생각나는 대로 적으십시오. 오른쪽에는 그 새로운 것들 중에서 꼭 도전하고 싶은 것이 있으면 적으십시오. 만일 없다면 비워두어도 됩니다.

미래에 나타날 새로운 것	도전해 보고 싶은 새로운 것

* 위 두 그림을 비교하여 자신에게 변화된 것이 있는지 살펴보십시오.

2. 기본 이론 이해하기: 시간적 사고

1) 시간적 사고와 공간적 사고

박영태(2002b, 2012)는 사고활동을 크게 사고의 흐름에 따른 사고와 아이디어 산출에 중점을 두는 사고로 구분하고 있다. 앞에서 기술한 바와 같이 사고의 흐름에 따른 사고를 시간적 사고라 하고, 아이디어 산출에 중점을 둔 사고를 공간적 사고라고 한다. 1장에서 부분을 보기 전에 전체를 보자고 했다. 전체라고 하면 일반적으로 공간적 전체를 말하나 엄격히 말하면 시간과 공간의 총화를 말한다. 즉 시간적으로는 과거, 현재, 미래의 모습과 공간적으로는 위 아래, 좌, 우 등 모든 모습을 말한다. 따라서 시간적 사고와 공간적 사고는 시공간 전체를 파악하는 사고 방법이다.

시간적 사고는 일반적으로 문제해결적 사고를 말한다. 문제는 시간의 흐름에 따라 해결되므로 시간적 사고는 사고의 흐름에 따른 사고이다. 시간적 사고로 범주화되는 사고로는 Osborn의 7단계, Stein의 3단계, Rossman의 7단계, Wallas의 4단계, Fabun의 7단계, Dewey의 반성적 사고 등을 들 수 있다.

Wallas의 사고단계를 보자(김현재 외 5인 역, 1996).

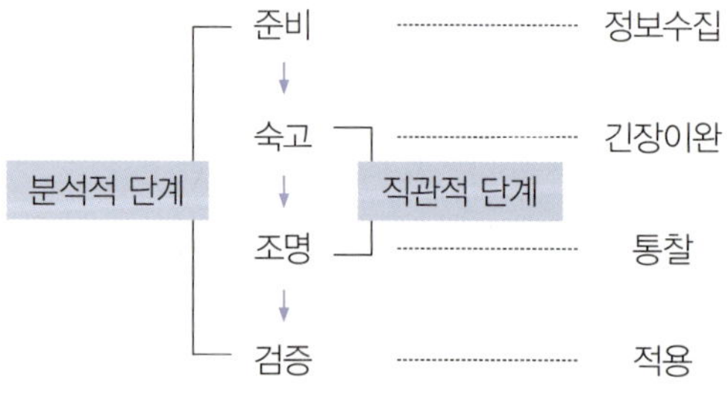

[그림 10-1] **Wallas의 사고단계**

Wallas(1926)는 창의적 과정에 있어서 4가지 기본 요소를 기술하고 있다. 제1단계는 준비(preparation)이며, 이 단계에서는 문제나 프로젝트에 관련된 정보를 수집한다. 제2단계의 숙고(incubation)에서는 그냥 힘을 빼고 긴장을 이완시켜 그 문제에 의식적으로 달려들려고 노력하지 않는다. 그 대신 무엇인가 다른 것에 의식적으로 관심을 돌리고 있을 때에 개인 안에서 이미지 스스로가 재조정해 간다. 제3단계의 조명(illumination) 상태에서는 흔히 해결책이 자연발생적으로 예기치 않게 찾아온다. 제4단계는 검증(verification) 또는 수정(revision)의 단계이며, 거기서는 아이디어를 적용하고 보다 섬세하게 의식적으로 그 아이디어에 달려든다. 따라서 이 중에 제2와 제3단계가 직관적 단계이며, 제1과 제4의 단계가 분석적 단계이다.

사고의 흐름에 관한 방법들을 〈표 10-1〉과 같이 정리해 볼 수 있다.

〈표 10-1〉 **시간적 사고방법 비교**

<table>
<tr><th>Osborn</th><th>Stein</th><th>Rossman</th><th>Fabun</th><th>Dewey</th><th>박영태</th></tr>
<tr><td rowspan="2">전망</td><td rowspan="4">가설 형성</td><td>요구 또는 난관 봉착</td><td rowspan="2">욕망</td><td>어려움 지각</td><td rowspan="2">질문생성</td></tr>
<tr><td>문제정의</td><td>문제정의</td></tr>
<tr><td>준비기</td><td>정보탐색</td><td>준비단계</td><td rowspan="2">가능한 해결책 제안</td><td rowspan="2">정보생성</td></tr>
<tr><td>분석기</td><td>가능한 해결책 형성</td><td>조작단계</td></tr>
<tr><td>착상기</td><td rowspan="2">가설검증</td><td rowspan="2">제안된 해결책 형성</td><td>부화단계</td><td rowspan="2">추리를 통해 해결책분석</td><td rowspan="2">정보연상</td></tr>
<tr><td>부화기</td><td>암시단계</td></tr>
<tr><td>통합기</td><td rowspan="2">결과에 대한 의사소통</td><td>새로운 아이디어 고안, 해결방안 형성</td><td>조명단계</td><td rowspan="2">추측적 해결책을 경험적으로 확증</td><td>정보정교화</td></tr>
<tr><td>평가기</td><td>유망한 해결책 평가와 강화</td><td>검증단계</td><td>정보수용</td></tr>
</table>

2) MeFOT에서의 시간적 사고 방법

박영태(2012)는 MeFOT 모형에서 시간적 사고를 [그림 10-2]와 같이 제시하고 있다. 각 단계별로 소개하면 다음과 같다.

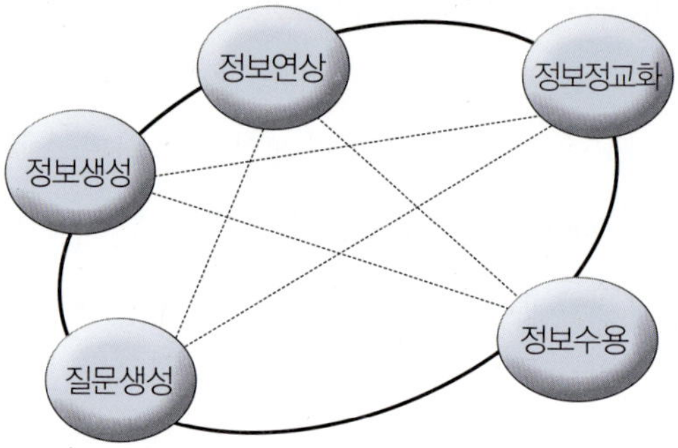

[그림 10-2] **시간적 사고**

(1) 질문생성하기

모든 인간은 어떤 구체적 환경에서 생존한다. 이 구체적 환경은 개인이 지각하는 데 따라 문제가 있을 수도 있고, 문제가 없을 수도 있다. 문제란 개인이 지각하는 데 따라 나타난다. 문제 없음은 행복을 의미할 수도 있으나 발전의 기회를 얻지 못하는 경우가 된다. 창의성을 발휘하기 위해서는 주어진 상황을 문제 상황으로 인식할 수 있어야 한다. 사실 Frankl에 의하면 환경은 개인에게 끊임없이 질문하고 있다(김충선 역, 1984). 이는 바로 삶의 과정 자체가 문제의 연속이라는 것이다.

개인은 주어진 상황에서 문제를 인식하면 그 문제와 관련된 질문을 하게 된다. 인간을 한걸음 더 나아가게 하는 원동력은 정해진 답이 아니라 기발한 질문에서 비롯된다(장윤경 역, 2017). 질문을 생성하면 창의적 사고의 단계에 들어간다. 그러나 질문이 없으면 다시 문제 상황으로 돌아가야 한다. 질문은 창의적 사고를 시작하는 출발점이다. 창의성은 사고에서 나오는 것이 아니라 질문에서 나오는 것이다. 창의적 아이는 더 많은 문제를 보고 좀 더 새롭고 영리한 질문을 생각한다(Getzels, & Jackson, 1962).

질문생성하기 연습은 문제해결을 위한 것만이 아니다. 질문생성은 인성특성인 사고 특성의 함양에 절대적으로 필요하다. 질문은 사고특성의 민감성과 도전성에서 생성된다. 역으로 질문하는 습관의 형성은 민감성과 도전성을 증대시켜 줄 것이다(박영태, 2012). 따라서 성인이 유아들에게 질문하여 답을 찾도록 하기보다는 스스로 질문하도록 하여 지식의 증대와 함께 창의적 인성을 함양하도록 하는 것이 중요하다. 그럼에도 불구하고 일반적으로 수업에서는 교사가 질문하고, 일상생활에서는 부모 또는 성인이 질문한다. 그러나 자연스런 상황에서는 항상 유아가 질문한다. 따라서 교육적 장면에서도 유아 스스로 질문하도록 유도하여야 한다. 이를 위해 Torrance(1977)가 어린이들의 창의적 행동에 보상을 주기 위해 제시한 다섯 가지 원리는 유아의 질문습관 형성에 도움을 줄 것이다.

① 엉뚱한 질문을 존중할 것
② 상상적, 창의적 아이디어를 존중할 것
③ 학생들로 하여금 교사가 그들의 아이디어를 가치 있다고 생각한다는 느낌을 갖도록 태도를 보여줄 것
④ 가끔 학생들이 결과에 대한 평가의 두려움 없이 실행해 볼 수 있게 분위기를 가꿀 것
⑤ 평가는 원인과 결과를 함께 고려할 것

좋은 질문은 정답이 없기 때문에 도저히 예측할 수가 없다. 하지만 그러한 질문에 답을 찾다가 보면 세상을 향한 새로운 가능성이 열리게 된다(장윤경 역, 2017)는 관점이 있다. 그러나 어떤 질문에도 정답이 있다. 단지 다양한 조건에 맞추어서 찾아내기 어려울 뿐이다. 인간의 능력 한계로 정답에 가까운 것을 찾아 갈 뿐이다. 질문은 단지 궁금한 점에 대한 물음이라고만 할 수 없다. 질문을 할 때, 이미 질문을 가진 사람의 두뇌 속에는 무수한 지식의 전개 과정이 동시에 이루어지고 있다. 질문은 타인뿐 아니라 자신에게도 설명을 이끌어 내며, 이러한 설명은 언어적으로뿐만 아니라 두뇌 속에서 지식의 전개, 통합 과정을 통해 새롭게 재구성된다. 질문은 자신의 물음에 타인이 대답할 수도 있고, 자신이 묻고 자신이 답하는 자기 질문을 할 수도 있다. 자기 질문은 자신의 생각을 통찰하고, 동시에

잘 이해하고 있는지, 논리적인지를 스스로 점검하도록 도와주는 초인지 기능을 포함하고 있다.

창의성을 발현하는 질문은 어떠한 질문이라도 무방하다. 질문은 하면 할수록 질문습관이 형성된다. 그리고 질문의 내용은 개인이 가지고 있는 지식수준에 따라 차이가 있다(박영태, 2012). 그러므로 어떤 내용을 질문할 것인가에 대해서는 유아들에게 요구할 필요는 없다. 단지 그들이 하는 질문을 존중하여 질문습관을 형성시켜 주면 된다.

그러나 질문의 내용에서 근본적으로 생각해 볼 것은 있다. 질문들 중에는 많은 부분이 상대방에 대한 간섭을 하기 위한 질문이 있고, 관심의 결과로 나타나는 질문이 있다(박영태, 2012). 예를 들면 "너 그것 했나?", "엄마가 지시한 것 했어?" "너 저녁에 몇시에 잤어?" 등의 질문은 정보를 얻기 위한 것보다 다음 단계에 간섭을 하기 위한 질문들이다. 질문은 간섭을 위해서가 아니고 관심의 결과로 나타나야 한다. 간섭은 상대방에게 자신의 생각을 강요하는 것이므로 간섭을 목적으로 하는 질문은 새로운 아이디어를 도출하기 위한 것이 아니다. 이에 비해 관심은 상대방의 발전을 위해 무엇이 필요한지를 알아보는 호기심이므로 관심에 의한 질문은 새로운 정보를 찾기 위한 노력을 한다(박영태, 2005). 그러므로 유아들에게 관심에 의한 질문을 하도록 유도하는 것이 필요하다.

(2) 정보생성하기

정보생성은 자칫하면 정답을 추구하는 것으로 연상되어 창의성을 저해하는 것으로 인식되기 쉽다. 그러나 창의성은 기존의 지식들을 조합시켜 가능한 해답들을 만들어 내며 이러한 해답들을 통해 실제로 적응해 나가는 정신적 과정(Torrance, 1972)이므로 창의성을 위해 관련 정보를 인출하는 것은 매우 중요하다.

질문을 생성하면 먼저 그 질문과 관련된 정보가 떠오른다. 정보의 생성은 두 방향으로 일어난다. 하나는 직관적으로 떠오르고, 다른 하나는 의식적 탐색을 통하여 떠오른다. 직관적 정보생성은 질문과 동시에 떠오르는 무의식적 정보 생성이며 의식적 탐색은 그 질문과 관련된 정보를 의도적으로 찾는 것이다. 그러므로 창의성을 위해서는 무의식적이든 의식적이든 관련정보를 탐색하여야 한다. 이러한 의미에서 창의성은 고도의 학습방법이 된다. 박영태(2013b)는 어린이들이 지식학습을 하도록 교사에게서 자극받지 못하면 학습을 통해 얻게 되는 가장 중요한 보상인 지식력을 계속해서 약탈당하게 될 것이라고 하면서 정보생성을 중시했다.

정보생성이란 의문이나 호기심이 나는 것에 대해 스스로 알고 있는 지식을 탐색하거나, 스스로 알고 있지 않다고 생각되는 경우에 외부에서 관련 지식을 얻기 위해 노력하는 과정이다(박영태, 2013b). 정보생성이 결여된 창의성 교육은 자칫 자기중심적 사고에서 벗어나지 못하는 불량 창의성 교육이 될 위험이 있다. 자신의 두뇌 속에 들어 있는 정보만으로 새로운 아이디어를 생성하도록 훈련시키는 교육은 잘못된 창의성 교육이 될 수 있다(박영태, 2013b). 창의성에서의 정보생성은 자기주도적인 지식학습방법으로 이루어진다.

박영태(2013b)는 정보생성을 위한 학습의 눈으로 육체의 눈, 심리의 눈, 정신의 눈, 도구의 눈을 제시했다.

첫째, 육체의 눈이란 오감을 통하여 이루어지는 학습을 말한다. 오감은 환경적 자극을 있는 그대로 두뇌로 전달하는 기능을 담당한다.

둘째, 심리의 눈이란 학습된 지식을 바탕으로 환경을 해석하고 상호작용하는 학습을 말한다. 지식은 환경을 주관적으로 해석하여 나와 환경을 교류하는 기능을 담당한다.

셋째, 정신의 눈은 자신이 가지고 있는 지식이나 관찰되는 환경적 조건을 초월하여 새로운 의미를 창조하는 학습을 말한다. 다시 말하면 기존 주관적 지식에서 벗어나 객관적 새로운 지식을 만드는 변용의 기능을 담당한다.

넷째, 도구의 눈이란 인간이 가진 한계 특히 신체적 한계를 극복하여 환경과 상호작용하도록 만들어 주는 기능 즉 주변의 도구를 사용하는 기능을 담당한다.

박영태(2013b)는 이러한 학습의 눈은 환경과 상호작용하는 통로인 감각과 통한다고 보아 '팔감'을 제시하고 있다. 박영태(2013b)는 육체의 눈과 관련되는 오감, 심리의 눈과 관련되는 육감과 칠감, 정신의 눈과 관련되는 팔감으로 정리하면서 정보생성을 위한 감각의 활용을 다음과 같이 설명하고 있다.

오감은 외부 정보를 수용하고 받아들이는 통로이다. 보고, 듣고, 느끼고, 냄새 맡고, 맛보면서 정보는 두뇌 속에 축적된다. 따라서 오감(시·청·미·후·촉각)은 보는 것만큼 받아들인다. 육감은 외부 정보를 해석하는 것이다. 다시 말하면 자신이 가지고 있는 지식을 근거로 하여 사물에 의미를 부여하는 것이다. 따라서 육감은 아는 것만큼 받아들인다. 칠감은 다양한 아이디어를 만들기 위해 사고기제를 활용한다. 따라서 칠감은 생각하는 것만큼 받아들인다. 팔감은 사물의 근본을 파악하여 존중하는 것이다. 따라서 팔감은 사랑하는 것만큼 받아들인다(박영태, 2013b).

(3) 정보연상하기

정보연상은 떠오른 정보 간의 연결망을 만들거나 정보 그 자체를 확장적으로 생각하는 것으로 정보를 다양한 각도로 분석하고 결합하여, 새로운 아이디어를 생성한다(박영태, 2013b). 정보연상은 시각화 사고이며, 확산적 사고와도 관련된다. 이 정보연상을 통하여 통찰이 일어난다. 정보연상은 의식적으로 이루어지기도 하나 무의식적으로 이루어진다. 의식은 잊고 있어도 무의식은 계속해서 관련 정보 간 연결을 행하고 있다. 통찰이란 무의식에서 이루어진 새로운 전체구조가 의식으로 떠오르는 아이디어이다. 정보생성과 정보연상은 순환적, 동시적으로 이루어진다. 이른바 정보의 조정, 지식의 재구조화가 일어난다.

정보연상은 자기집착에 빠져 있으면 다양하게 하기 어렵다. 따라서 자기집착에서 벗어나기 위해서 세 가지 방법을 제시한다.

첫째, 생각자석을 이용하여 의도적으로 다양한 방향으로 생각해 본다. 생각자석은 11장에서 소개한다.

둘째, 신체를 이완하여 심리를 안정시킨다. 앞에서 언급한 마음-몸 가교

(mind-body bridging) 기법을 활용한다(Block & Block, 2010). 정보연상에 들어가기 전에 몸의 모든 감각기관에 주의를 집중하여 현재 자신의 생각을 잡고 있는 I-system에서 벗어난다. 정보연상에 들어가기 전에 다음과 같은 감각활동을 한 후 연상에 들어간다.

- 손에 닿는 감각을 느낀다.
- 발바닥의 감촉을 느낀다.
- 온몸에 다가오는 온도의 변화를 느낀다.
- 손에 닿고 있는 사물의 촉감을 느낀다.

셋째, 주어진 주제에 대하여 깊이 생각한 후 그 과제를 생각하지 않고 휴식을 취한다. 편안히 의자에 기대어 쉬거나, 산보를 하거나, 목욕을 하기도 한다. 이때 주어진 주제가 떠오르면 자연스럽게 생각도 해 본다. 의식이 특정 주제에서 벗어나더라도 무의식은 여전히 그 주제에 대하여 생각한다(박영태, 2002b).

정보연상은 하나의 상상활동으로서 공간적 사고의 방법이므로 11장에서 설명하고자 한다.

(4) 정보정교화하기

새로운 아이디어가 정보연상에서 떠오르면 즉각 메모하고 구체화한다. 이 작업은 정보정교화에서 이루어진다. 정보정교화에서 아이디어는 보다 논리적이고 의식화된다. 통찰은 무의식에서 이루어진 사고결과를 의식에 순간적으로 보고하는 것이므로 이를 빠르게 메모해서 다듬어야 한다. 정보정교화는 통찰에 의한 아이디어를 완전히 의식화하여 다듬는 것이다. 정보정교화는 아이디어를 실용적으로 다듬는 과정이다.

정보정교화는 기존 지식과 연결하여 구체화시키거나 현실에 접목함으로써 실용성을 증대시키는 활동이다. 정교화되지 않은 아이디어는 글자 그대로 아이디어로 남는다. 정교화를 위해서 실제 몸으로 움직여 보거나, 편지를 써 보거나, 그림을 그려 보거나, 만들어 보는 활동도 필요하다. 실제 실천해 봄으로써 부족한 것, 빠진 것을 찾을 수 있다.

(5) 정보수용하기

정보수용은 만들어진 가능한 정답들을 스스로 선택하거나 표현하는 것, 그리고 이에 긍정적 정서를 결합시킨 것이다. 시간적 사고에서 정보수용이 필요한 이유는 두 가지이다. 하나는 시간적 사고의 모든 과정이 인정받음으로써 보상의 역할을 해 주는 것이다. 상호칭찬과 격려, 그리고 자기만족 등은 새로운 아이디어를 만들고 있는 자신의 노력과정을 가치 있게 만들어 준다. 원래 창의성을 발휘하는 것은 힘든 과정이다. 박영태(2002b)는 창의성(創意性)의미를 한자로 다음과 같이 풀이하고 있다. 창(創)의 의미는 비로소 창, 아픈 창이다. 창에 '비로소'라는 의미는 새롭다는 의미로서 우리가 생각하는 창의성의 의미와 일치한다. 그러나 창에 아픈이란 의미가 있는 것은 창의성의 의미에 대해 다시 생각해 보게 만든다. 창(創)을 다시 나누어 보면 곳간 창(倉)과 도끼 도(刀)의 결합이다. 여기서 창(創)은 곳간을 도끼로 파괴한다는 의미가 내포되어 있으며 이는 기존 생각을 파괴한다는 의미로 유추해 볼 수 있다. 일반적으로 기존 생각은 개인의 존재와 관련되므로 기존 생각의 파괴는 개인의 존재 가치의 붕괴와 연결된다. 여기서 창이 비로소라는 의미와 함께 아프다는 의미가 존재하는 이유를 생각해 볼 수 있다. 의(意)는 마음(心)에 소리(音)를 내는 것 또는 마음(心)에 빛(日)을 세우는(立) 것으로 볼 수 있다. 따라서 창의란 기존의 것을 파괴하고 마음에 새로운 것을 만드는 것으로서 동시에 아픔이 수반되는 것이라고 볼 수 있다(박영태, 2002b). 이 창의라는 한자풀이에서 아픈 과정을 거치는 사고활동을 격려하여 마음속에 빛을 세워 주는 것이 필요하다. 이것이 시간적 사고에서 정보수용이 필요한 한 가지 이유이다. 다른 하나는 생성된 아이디어의 활용도를 증대시키기 위해서이다. 박영태(2002b)에 의하면 지식=정보+정서이다. 그러므로 바람직한 정보는 항상 긍정적 정서와 결부되어야 한다. 긍정적 정서와 결부되어야 그 정보의 활용도가 높아지기 때문이다.

3. 창의성 개발활동

1) MeFOT 활동: 곱하기 사고하기

(1) 형상화해 보기

형상화란 요소들간의 결합, 정신적 이미지 그리기, 구체물 만들기, 행동으로 표현하기 등을 말한다. 이른바 새로운 생각을 만들어 내는 생각창조이다. 다른 생각도구들은 자신에 내재된 생각을 떠올리거나 분석하는 데 중점을 두고 있다면 형상화는 새로운 생각을 창조하는 데 중점이 있다. 오계명 만들기, 계획하기, 모형만들기, 놀이하기, 역할극하기 등을 통해 창조된 생각이 구체화된다.

◈ 중요성

- 모든 사고활동의 총합으로서 새로운 아이디어를 만든다.

◈ 방법

형상화는 새로운 생각을 구조화하는 것이다. 아이디어를 통합하고, 정교화하는 과정이다. 오계명 만들기, 계획하기, 모형만들기, 놀이하기, 역할극하기 등을 통해 창조된 생각이 구체화된다.

- 요소들 간의 관계를 이해하여 공통요소를 중심으로 결합한다.
- 요소들의 특징을 추려서 특징 중심으로 재구성한다.
- 주어진 요소에 변형을 가해 본다.
- 어떤 목적을 위해 만들 것인가를 생각하고 목적과 관련된 것을 결합한다.

(2) 곱하기 사고의 연습

SF 영화를 보면 땅 위에서 달리는 자동차보다 공중에서 달리는 비행기가 더 많다. 인간의 생활공간이 땅 위에서 공중으로 변한 것으로 보인다. 이러한 영화 속 상상은 점차 현실이 되고 있다. 오늘날 발달되고 있는 드론은 사람을 태우고 언제나 어디서든 쉽게 조종해서 날아다닐 수 있을 것으로 보인다. 즉 자동차를 운전하듯 드론을 운전하여 하늘을 날아다닐 수 있게 될 것으로 보인다. 생활공간이 땅에서 공중으로 바뀌면 우리 삶의 많은 것이 바뀔 것이다. 그중 하나가 주거공간이다. 지금까지는 땅에서만 개방되었다면 이제는 공중에까지 개방되게 된다. 평면적 삶에서 입체적 삶으로 변화된다. 그러면 교통편의와 동시에 개인생활의 안전이 위협받을 수 있다. 이를 위해서 미래의 집은 어떤 형태가 되어야 할까? 자신의 집을 만든다는 생각으로 한번 디자인해 보자.

2) 일상활동: 수수께끼(riddle)

수수께끼에는 인간의 지혜와 슬기, 웃음이 담겨져 옛날부터 입으로 전해져 내려오고 있다. 사람들은 언어적 놀이로 수수께끼를 접하면서 말의 의미, 표현, 활용, 예술성을 익혀왔다.

수수께끼가 창의성 계발과 관련된다고 할 수 있는 것은 정보의 전달을 방해하여 듣는 사람으로 하여금 충분히 연상활동을 하게 하도록 만들기 때문이다. 다시 말하면, 문제를 내는 사람은 정답이 될 수 있는 부분을 고의로 달리 표현함으로써, 대답하는 사람으로 하여금 관심을 다른 곳으로 돌리게 한다. 따라서, 수수께끼를 해결하고자 할 때는 두뇌의 충분한 연상 활동을 통해 해결의 실마리를 얻어야 한다. 이러한 과정의 사고 훈련은 판단력과, 연상을 통한 사고력, 창의성을 기르는 데 도움을 준다.

수수께끼를 풀어보자.

- 파리(Paris)의 한가운데는 뭐가 있지?

- 웃으면 이빨이 쏟아지는 것은?

수수께끼를 만들어 보자.

4. 창의성 개발연습

1) Problem Solving 연습: 계산하기

◈ 기초문제

문제 1. 다음 케이크의 일부가 사라졌다. 그 사라진 케이크는 그림의 어디에 숨겨 있을까?

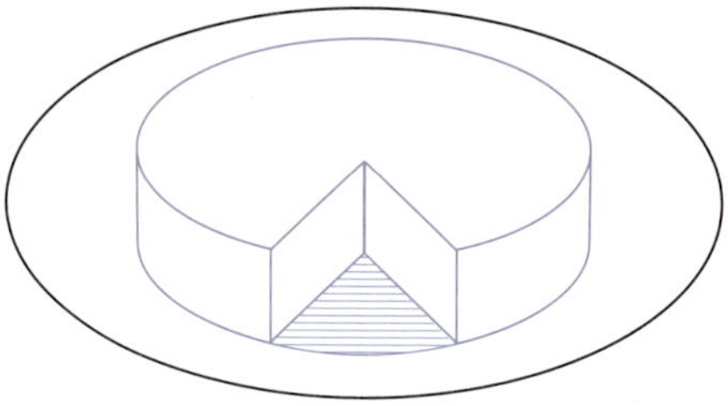

문제 2. 다음 세 개의 도형을 이용해서 그림을 그려 보세요.

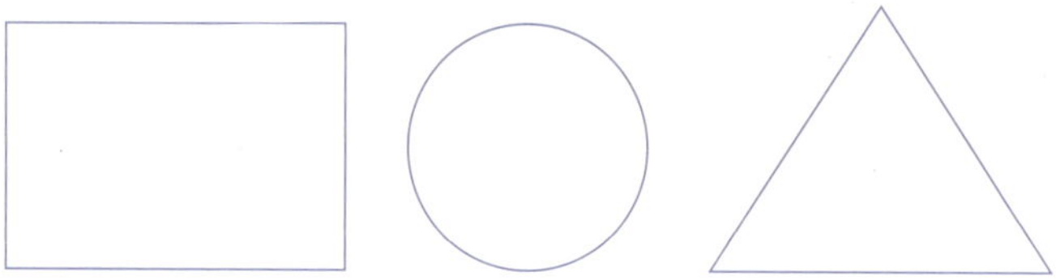

◈ 중급문제

이번에는 간디와 피터스 교수 간의 일화에서 간디가 되어 피터스 교수의 말에 대답해 보자. 그리고 실제 간디가 한 말과 비교해 보자.

무저항 비폭력 운동으로 유명한 인도의 정치적 지도자 마하트마 간디(Mahatma Gandhi)가 영국 유학 시절에 있었던 일이다. 영국의 식민지였던 인도에서 유학 온 간디를 평소 못마땅하게 여긴 피터스 교수가 있었다. 어느 날 간디가 대학 식당에서 점심을 먹고 있는데, 피터스 교수가 일부러 간디 옆에 앉으면서,

"여보게, 돼지와 새가 같이 식사하는 경우는 없다네."

이에 간디가 말했다.

문제 1. "____"

하고, 식판을 들고 다른 자리로 갔다.

식당에서 창피를 당한 피터스 교수는 간디에게 더욱 화가 났고, 시험에서 불이익을 주려 하였으나, 간디는 거의 완벽한 답안을 작성해 제출하였다. 교수는 분을 삭이며,

"길에서 두 개의 자루를 발견했네. 한 자루에는 돈이 가득 있었고, 다른 자루에는 지혜가 들어 있었네. 하나만 선택해야 한다면, 어느 것을 택하겠는가?"

간디는 망설이지 않고 대답했다.

문제 2. "____"

라고 대답하자, 교수는 한심하다는 듯이,

문제 3. "____"

이에 간디는 말했다.

문제 4. "교수님, ____"

하고 말했다. 더욱 화가 난 교수는 간디의 시험지에 'idiot(멍청이, 바보)'라고 적어 주었다.

이를 본 간디는 다음과 같이 말했다.

문제 5. "교수님, ____"

◈ 고급문제

〈칼큘레이터〉라는 영화의 내용 중에서 나온 문제이다.

"두 아이가 초콜릿을 사고 싶어했는데 한아이는 100원짜리 동전 10개가 부족하고, 다른 아이는 100원짜리 동전 1개가 부족했다. 두 아이의 돈을 모두 합쳐도 초콜릿 1개 반을 사기에는 좀 부족했다. 두 아이가 각자 가진 돈은 얼마일까? 가진 돈은 100원 단위로 생각하자.

2) 상황중심의 사고: 아이의 놀이

유치원에 다니는 아들에게 엄마가 물었다.

"오늘 유치원에서 누구하고 놀았어?"

"혼자 놀았어." 아이의 대답에 엄마는 걱정이 되었다. 벌써 며칠 전부터 계속 혼자서 놀았다고 하니 유치원에서 친구없이 따돌림을 당하고 있는 것 아닌지 걱정되었다.

아이의 대답에 걱정이 되어 담임선생님에게 전화를 걸어 물어보니 아이는 친구들과 잘 어울리며 놀고 있다고 한다.

아이의 말과 선생님의 말에 차이가 있어 더욱 걱정이 되어 아들 친구엄마에게 전화를 했다. 그랬더니 그 엄마도 같은 걱정을 하고 있었다.

아이는 혼자 논다고 하고, 선생님은 함께 잘 논다고 하였다.

엄마는 어떻게 해야 할지 망설였다.

* 만약 당신의 상황이라면 어떻게 하겠습니까? 그리고 비슷한 상황을 만들어 보십시오.

3) If ~, then 사고 연습: 동·식물과 대화를 나눌 수 있다면

if에서 주어진 조건에 따라 then 당신의 행동을 적어 보십시오.

If 만일 내가 초능력이 있어 동·식물과 대화를 나눌 수 있다면

then 나는 ____.

제11장 공간적 사고와 생각자석

1. 마음 다지기

1) 내가 만든 명언: 생각의 힘

생각이 얼마나 강력한지 깨닫는다면
부정적인 생각을 결코 하지 않을 것이다.

- 피스 필그림

◈ 내가 만드는 명언

________이 얼마나 강력한지 깨닫는다면
____________을 결코 하지 않을 것이다.

2) 성취인 생각하기: 파커 만년필

'생각이 삶을 바꾼다.'는 말은 너무 자주 듣고 있지만 우리는 생각도 잘 하지 않지만 생각해도 삶을 바꾸기 위해 노력하지 않는다. 그러나 생각을 하고, 생각을 행동으로 바꾼 성공인이 있다.

14살 때부터 만년필 가게 수리공이었던 파커는 단지 각진 만년필 대를 유선형 디자인으로 바꾼 것으로 혁신을 불어왔다. 초등학교를 졸업하고 돈을 벌어야 했던 파커는 열심히 일하였고, 4년 뒤에는 경쟁자가 없을 정도로 돋보이는 숙련 기술자가 되었다. 당연히 월급도 많이 받게 되었고, 자신의 직업에 대한 긍지도 대단했다. 그러나, 여자 친구의 말 한마디에 파커는 깊은 회의에 빠지게 되었다.

"네가 아무리 만년필 수리를 잘해도 높은 사람이나 부자가 될 수는 없을 거야."

파커는 이날부터 출근조차 하지 않고 방황하였다. 파커의 결근으로 가장 큰 손해를 본 사람은 만년필가게 주인이었고, 그는 즉시 파커를 찾아가 워터맨의 펜촉 발명 이야기를 들려주었다.

순간 파커의 얼굴에 활기가 넘쳤다. 주인을 따라 가벼운 발걸음으로 다시 출근한 그의 하루하루는 또 다시 즐거움으로 가득 채워졌다. 이때 파커의 머리 속에는 이미 '유선형 만년필대'라는 아이디어가 자리 잡고 있었다. 그 무렵은 자동차도 비행기도 모두 유선형이었고 각종 생활용품도 유선형으로 바뀌는 '유선형의 전성시대'였다.

'만년필대도 유선형으로 만들면 틀림없이 성공할 수 있을거야.'

서둘러 의장출원을 마친 그는 밤마다 날렵한 유선형 만년필대를 만들었다. 파커의 생각은 적중했다. 밤새워 생산해 내면 낮에는 한 시간도 못 돼 동이 났다. 이에 따라 파커는 이내 만년필가게를 그만두고 독립해 자신의 회사를 차렸다. 오로지 유선형이라는 한 가지 특징 밖에 없었으나 파커의 만년필은 대기업의 제품들을 제치고 그해 시장점유율 1위에 올라섰다.

파커 만년필의 등장에 당황한 대기업들이 이를 모방해 만들려 해도 의장권에 묶여 전혀 손을 쓸 수가 없었다. 파커 만년필의 매상고는 매년 두 배 이상 쑥쑥 늘어났고, 세계 각 국으로 수출하기에 이르렀다.

자료:한국발명진흥회(http://www.kipa.org).

◈ 파커의 만년필 일화에서 생각해 볼 점

파커는 왜 성공할 수 있었는지 그 조건을 생각해 보자.

- 파커는 열심히 노력하며 그 분야의 숙련자가 되었다.
- 현재에 만족하지 않고 자기가 하는 일에 항상 새로운 것을 생각하고 있었다.
- 생각한 것을 실천에 옮기는 추진력이 있었다.
- 자신의 아이디어를 특허를 받아 자기 것으로 만들었다.
- 시대의 요구를 항상 고려하였다.

위 특징을 보면 열심히 한다고만 해서 성공하는 것은 아니라는 것을 알 수 있다. 열정+전문가+도전+시대 흐름 수용+자기 아이디어로 선언 등이 성공의 지름길이란 것을 생각해 볼 수 있다.

오늘도 이성 친구의 말에 반성하고, 수업에서 던져 주는 선생님의 조언에 자극을 받는 사람이 많다. 그러나 그것으로 끝나면 성공과는 거리가 멀다.

◈ 성공을 위한 나의 아이디어: 파커 만년필

파커의 일화를 읽고 자신의 성공을 위한 아이디어를 만들어 보자.

*다음에 내가 간절하게 바라는 것을 생각해 보자. 타원 주변에 지금, 또는 미래에 간절히 갖고 싶은 것을 생각나는 대로 모두 적어 보자.

내가 간절히
바라는 것

* 간절히 바라는 것을 적고 난 뒤 이미 시중에 나와 있는 것은 ×를 하고 시중에 없는 것이라면 ○를 쳐 보자. 다음에 그 물건을 만든다면 얼마나 수익을 올릴 수 있을지 상상하고 수익이 큰 순서로 번호를 매겨보자. 내가 간절히 바라는 것이 이미 시중에 다 나와 있다면 나는 창조의 꿈은 사라진 것이다.

2. 기본 이론 이해하기: 공간적 사고와 생각자석

1) 공간적 사고와 상상

창의성이란 독창성, 실험, 상상, 탐구 정신을 반영하는 행동 측면이다. Piaget와 Vygotsky에 의하면 창의성은 상상적 놀이에서 나온다. 그들은 상상(imagination)과 공상(fantasy)이 유아들에게 나타나는 두 개의 창의적 요소라고 보았다. 상상은 현재 나타나지 않은 사람, 장소, 사물, 상황 등에 대해 풍부하고 다양한 심상 또는 개념을 형성하는 능력이다. 공상은 현실적이지 못하거나 실현될 가망이 없는 것을 상상하는 것이다(https://namu.wiki/w/공상. 나무위키, 2018. 12. 25.). 상상은 하나의 시각화이다. 상상은 지식의 학습과 활용에 도움을 준다. 상상은 지식의 부족한 부분을 메꾸어 준다. 또 상상은 부분 부분의 토막난 지식을 전체적 지식으로 통합시켜준다(박영태, 2013a). 상상은 우뇌를 사용함으로써 우뇌사고와 같다.

인간은 불행히도 사물의 전체를 보면서 부분 부분의 움직임을 동시에 보지 못한다. 역으로 말하면 부분, 부분의 움직임을 보면서 전체의 구조를 동시에 바라보지 못한다. 이에 사람들은 전체를 보면서 주장하는 사람과 부분을 보면서 주장하는 사람들로 양분되기도 한다. 여기서 인간은 부분 부분의 구체적 장면을 보면서 전체를 파악하기 위해서는 상상력을 이용할 수밖에 없다. 상상이란 부분에서 전체를 보는 힘이라고 말할 수 있다. 여기서 상상력은 창의성의 중요 부분이 되고 있다(박영태, 2013b).

2) 창의성 발휘기제와 공간적 사고

창의성은 문제해결을 통한 새로운 적응이다. 이른바 문제해결을 위한 새로운 아이디어의 생성이다. 이 새로운 아이디어 생성에 관여하는 기제가 창의성발휘기제이다. 창의성 발휘기제는 크게 주의집중, 직관, 시각화이다.

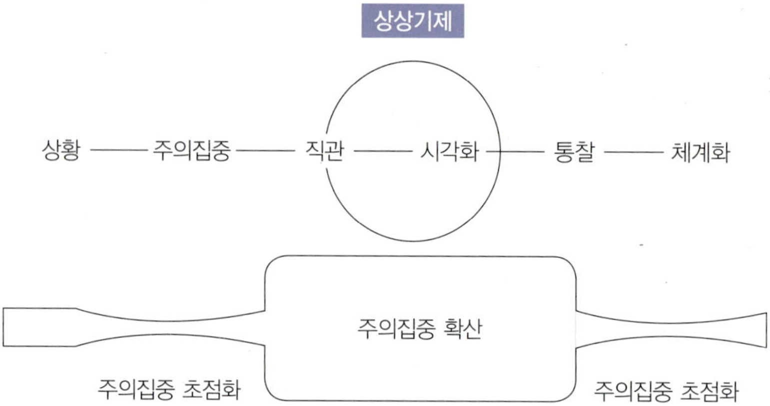

[그림 11-1] **상상기제와 주의집중**

주의집중은 환경적 자극이나 내적 자극을 선택하는 기제로서 문제 상황을 조성하는 출발점이다. 다시 말하면 주의집중은 창의성이 나타나는 영역을 선택하는 것이다. 주의집중기제를 어떻게 활용하느냐에 따라 다음 창의성발휘기제의 활용도가 영향을 받는다. 상황을 이해하고 문제를 지각하기 위해서는 강한 주의집중이 필요하다.

직관은 주의집중에 의해 인식된 문제 상황에 무의식적으로 정보를 투입하는 기제이다. 직관은 안경을 쓰지 않고 보는 것, 필터를 통하지 않고 듣는 것, 장갑을 끼지 않고 만지는 것이다(Noddings & Shore, 1984). 따라서 직관은 꾸밈이나 의식의 조작이 없이 관련되는 정보로 사물을 해석하는 것이다. 이른바 직접적 앎이다(Miller, 김현재 외 5인 역, 1996에서 재인용). 직관이란 일종의 습관화된 반응이므로 의식의 도움없이 무의식적으로 사물을 해석할 수 있다. 따라서 문제 상황이 조성되면 이 문제를 해결하기 위해 그와 관련된 정보들이 직관에 의해 자동적으로 투입된다. 이에 따라 문제 상황을 기본적으로 인식하고 해석하게 된다. 직관과 달리 의식은 의도적으로 정보를 투입한다. 그러나 의식은 주의집중의 상태로서 동시에 생각할 수 있는 정보의 양이 적다. 이는 단기기억의 용량이 7±2로 제한되어 있는 것과 같다. 그러므로 동시에 다양한 정보를 활용하기 위해서는 주의집중을 확산할 필요가 있다. 주의집중의 확산이란 초점화된 주의집중을 분산시키는 것이다. 이 시기에는 직관을 중심으로 정보의 확산이 일어난다. 주의집중의 확산은 주의산만과는 다르다. 주의집중의 확산은 관련 정보를 담는 생각의 그릇이 커진다는 것을 의미할 뿐 생각의 내용은 동일하다. 그에 비해 주의산만은 생각의 그릇을 통일하며, 그에 담는 내용이 달라지는 것이다. 주의집중에서 벗어난다는 것은 각성수준이 낮아진다는 것이지 주의를 산만하게 흩뜨리는 것은 아니다(박영태, 2002b). 주의집중이 확산되면 의식은 약화되고 무의식이 작동한다. 그러므로 주의집중에서 벗어나는 것이 창의적 아이디어 생성에 도움을 준다.

무의식적 해석은 동일 시간에 생각해 낼 수 있는 정보의 양을 증대시켜 준다. 직관이 무의식적이라 하여 사고의 방향이 없는 것은 아니다. 직관은 의지에 결부되어 있고, 의지는 직관에 방향을 제시한다. 여기서 직관은 의식보다 더 직접적으로 더 풍부하게 관련정보가 생성되게 해 준다. 마지막으로 직관은 무의식의 정보를 불러와 의식으로 인식할 수 있는 바탕을 만들어 준다. 의식으로 인식하는 것이 통찰이다.

시각화(visualization)는 부분과 부분 간의 관계를 이용하여 전체로서 구조화하는 것이다. 다시 말하면 이미지(image)로서 자료를 표상하는 것이다. “구슬이 서 말이라도 꿰어야 보배”라는 속담은 바로 시각화의 중요성을 말해 주고 있다. 시각화는 의식적으로, 무의식적으로 이루어진다. 특히, 무의식적 시각화는 통찰의 기반이다. 시각화는 지시적 또는 비지시적인 일련의 이미지를 활용한다. 때로 시각화는 유도이미지(guided imagery)라고 부른다. 지시적 시각화에서는 마음의 눈을 사용해서 특정한 일련의 이미지를 떠올린다. 비지시적 시각화에서는 일반적인 순서를 조금 듣고 나서 시작하며, 이미지가 나타나는 것을 기다린다. 비지시적 시각화는 문제해결에 이용된다(김현재 외 5인 역, 1996에서 재인용). 특히 비지시적인 이미지는 창의적 과정에 도움이 된다. Ainsworth-Land(1982)는 시각화와 창의성의 관계를 단계적으로 그리고 있다. 제1단계의 이미지는 감각에 관련을 둔 신체적 욕구에서 생기는 것이라고 한다. 이 수준에서 생기는 것은 통상적이고, 일상적이고 구체적인 것이다. 제2단계의 이미지는 예측 가능한 것으로서 기존의 개념이나 예술적 작품의 개선을 가져오는 것이 많다. 분석과 가치 평가는 흔히 제2단계의 이미지 과정에 속하고 있다. 제3단계의 이미지는 자기통합이다. 이 단계에서 생기는 것은 제2단계와 같은 단순한 수정이나 향상이 아니고 무엇인가 새로운 계기를 포함하고 있는 것이다. 따라서 새로운 수준으로의 약진이 일어나는 것은 이 단계이다. 이미지와 창조성의 제4단계는 '궁극적인 관계의 양식'을 가지고 있다. Ainsworth-Land는 이렇게 말하고 있다. "사람의 존재 전체가 의식적 마음과 무의식적 마음을 가지며, 이성과 직관을 가지고, 또 안과 밖을 가지고 활동하기 시작해서 일종의 초의식에 들어가게 된다(김현재 외 5인 역, 1996에서 재인용)." 이러한 시각화의 4단계는 직관의 수준과도 연관된다.

상상을 통하여 통찰이 나타난다. 통찰이란 상황의 본질이나 핵심으로 들여다보는 것(Gick & Lockhart, 1995)으로 직관적으로 문제장면의 전체적 구조를 파악하는 것이다. 통찰은 단계적 추리가 내포되지 않는 자동적인 무의식적 처리(an automatic nonconscious process)라고 말해지나(Gick & Lockhart, 1995) 이러한 무의식적 처리를 하도록 만들어 주는 전제적 힘은 상상이다. 이른바 시각화 사고이다. 왜냐하면 상상은 지식을 다양한 형태로 재구성할 수 있기 때문이다. 지식을 모아놓은 구슬이라고 한다면 상상은 그 구슬을 꿰어 특정 형태를 만드는 것이다. 이른바 구슬이 서말이라도 꿰어야 보물이라는 말은 상상의 중요성을 강조하고 있다. 결국 통찰이란 직관을 중심으로 한 무의식이 만든 꿰어진 구슬 모양을 의식으로 보고하는 것이다.

상상과 공상은 문제해결을 위한 시간적 사고이기보다 아이디어 산출을 위한 공간적 사고이다. 아이디어 산출에 중점을 두는 사고로 Brainstorming, Eberle의 SCAMPER, Busan의 마인드 맵, de Bono의 여섯 가지 색깔의 사고모, de Bono의 수직적 사고와 수평적 사고 등을 들수 있다. 이 중 브레인스토밍은 단순히 상상하라고 지시하는 것이고, 나머지는 상상의 방향을 제시해 주고 있다. SCAMPER는 주로 인지적 측면의 사고방향을 제시하고 있다면 여섯 가지 색깔의 사고모는 인지적 측면과 정서적 측면의 사고방향을 모두 제시하고 있다. 이를 설명하면 다음과 같다.

■ brainstorming

첫째, 부정적인 비판을 가하지 않는다.

둘째, 규칙에 얽매이지 않는 자유로운 분위기를 유지한다.

셋째, 대안의 수는 질보다 양적으로 많을수록 좋다.

넷째, 대안들을 결합하고 대안들을 이용하여 새로운 대안들을 산출한다.

■ De Bono의 PNI

- 상황의 긍정적(Positive) 측면
- 상황의 부정적(Negative) 측면
- 상황의 흥미 있는(Interesting) 측면

■ Eberle의 SCAMPER

SCAMPER는 1971년에 밥 에벌(Bob Eberle)이 알렉스 오스본(Alex Osborn)의 체크리스트 기법을 발전시킨 창의적 사고법이다.

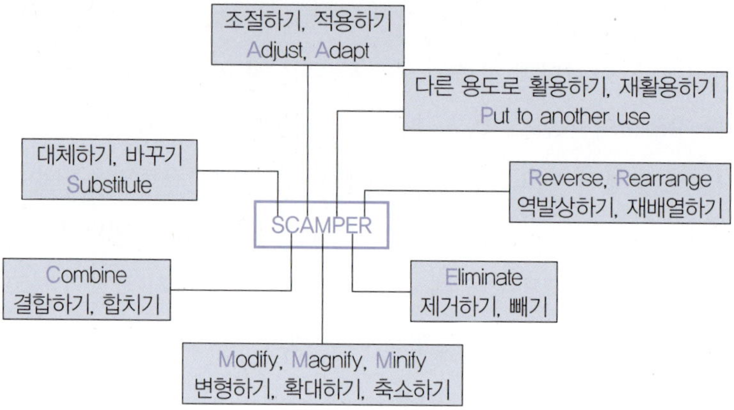

[그림 11-2] SCAMPER

- Substitute 대체하기, 바꾸기: 스마트폰에서 액정대신 프로젝트를 단다면?
- Combine 결합하기, 합치기: 공기청정기에 태양전지 패널을 결합한다면?
- Adjust, Adapt 조절하기, 적용하기: 거북이 알의 부화 온도를 낮추어본다면?
- Modify, Magnify, Minify 변형하기, 확대하기, 축소하기: 스마트폰을 예전처럼 작게 만들어 본다면?
- Put to another use 다른 용도로 활용하기, 재활용하기: 자전거를 가정용 발전기로 이용한다면?
- Eliminate 제거하기, 빼기: 스마트 폰에서 액정을 없앤다면?
- Reverse, Rearrange 역발상하기, 재배열하기: 내가 출근하는 것이 아니라 직장이 나에게 출근한다면?

■ de Bono의 여섯 가지 색깔의 사고모

de Bono의 여섯 가지 색깔의 사고모(박권생, 손기준 역, 1991) 방법은 여섯 가지 색깔의 사고 모자를 중심으로 6가지 방향으로의 구체적 사고를 유도한다. 그 방법은 [그림 11-3]과 같다.

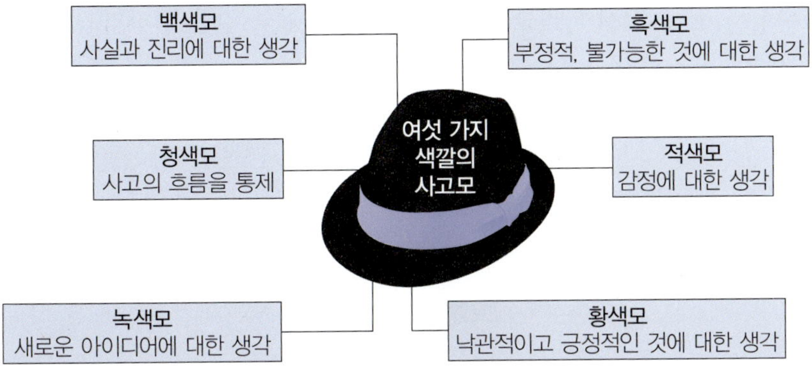

[그림 11-3] **여섯 가지 색깔의 사고모**

사과를 주제로 한 여섯 가지 색깔의 사고모 방법을 예로 제시해 본다.

- 백색모: 과일속에 포함된 산 성분이 치아의 법랑질을 부식시켜서 충치를 유발할 수 있기 때문에 먹고 난뒤 양치질을 하는 것이 좋다.
- 적색모: 저녁에 먹는 사과는 독사과라고 하니 나는 절대 저녁에 안 먹는다.
- 흑색모: 사과는 차가운 성질을 가지고 있기 때문에 목감기나 기침에 좋지 않다고 한다.
- 황색모: 사과는 탄수화물과 비타민C, 무기염류가 풍부하므로 감기에도 좋다.
- 청색모: 저녁 사과가 몸에 나쁘다고 하는데 정말 그럴까? 적색모를 벗고 백색모를 써보자.
- 녹색모: 뉴턴이 사과가 떨어지는 것을 보고 만유인력을 발견했다고 한다.

이상에서 보듯이 구체적 사고 방향을 제시하는 사고 방법은 일반적 사고 방법보다 의도적 사고를 유도하고 있다.

3) 루트번스타인의 생각의 도구

Root-Bernstein은 창의성은 생각의 도구를 통해서 발휘된다고 보았다. 그는 생각의 도구는 진정으로 창조를 가능하게 해 주는 정신적 도구이며 문제를 정확하게 정의하고 풀 수 있게 도와준다고 했다. 그는 다음과 같은 13가지 생각의 도구를 제시했다(박종성 역, 2007).

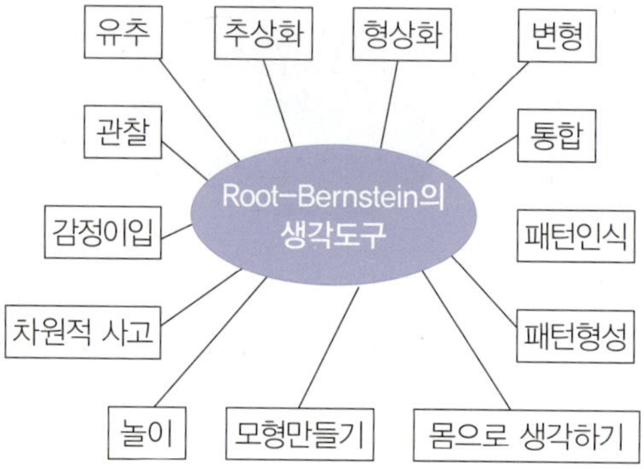

[그림 11-4] Root-Bernstein의 생각의 도구

첫째, 관찰은 모든 지식의 출발점이다. 관찰은 생각의 한 형태이고, 생각은 관찰의 한 형태이다.

둘째, 형상화란 마음의 눈으로 기본 모양을 그려 보는 것이다. 이른바 형태를 상상하는 것이다. 형상화는 시각적인 것만 있는 것이 아니고 청각적인 것도 있다.

셋째, 추상화란 복잡한 세계에서 모든 변수를 제거함으로써 '하나의' 핵심적 의미를 발견하는 프로세스이다. 추상화를 통해 사물이나 현상에 담긴 불필요한 것을 제거하고 오로지 필요한 것만 남김으로써 문제를 단순화한다. 이 단순화를 통해 다른 사물과의 관련성을 용이하게 이해할 수 있다.

넷째, 패턴인식이란 구조물이나 특성 혹은 서로 다른 종류의 배열로부터 유사성을 인식하는 것이다.

다섯째, 패턴형성이란 여러 가지 조합이나 배열을 통해 더욱 많은 새로운 패턴들을 고안해내는 것이다. 새로운 패턴들은 사물이나 프로세스를 반복함으로 창조되거나 두 개 이상의 사물이나 프로세스를 조합해서 형성한다. 여기서 패턴을 만들면 만들수록 더욱 많은 패턴들을 더 만들 수 있다.

여섯째, 유추란 둘 혹은 그 이상의 현상이나 복잡한 현상들 사이에서 기능적 유사성이나 일치하는 내적 관련성을 알아내는 것이다. 유추는 새로운 것을 발명하기 전에 기능적으로 동일한 점을 적용해 보는 것으로, 유추는 한 가지 사건에서 문제를 만들어 다른 사건의 해답을 만들어 가는 과정을 이끌어낸다.

일곱째, 몸으로 생각하기란 근육의 기억, 육체적 감각, 직관적 반응들, 인지의 조합, 문제를 처리하는 감각적 상태이다. 문제를 느끼는 것이 중요하다. 우리가 불편함을 느낄 때 문제를 인식하게 된다. 그 불편함을 이용해서 문제를 정의한다.

여덟째, 감정이입이란 선불교의 철학과 같이 다른 사람, 동물, 식물, 기계, 세포 등이 되는 것을 이해하거나 느끼기 위해서 '그것 자체가 되는 것'을 이야기한다. 사람은 어떤 사물에 대해서 느낄 수 있어야 이해할 수 있다.

아홉째, 차원적 사고란 2차원에서 3차원으로(혹은 그 이상으로) 전환할 수 있는 능력을 가리킨다. 예를 들면, 계획에서 발견으로, 스케치에서 조각으로, 혹은 방정식에서 물리적 프로세스로 혹은 차원을 줄이거나 늘리는 것(크기, 기간, 시점 등)이다.

열째, 모형 만들기란 보는 사람이 즉각 인식할 수 있도록 실제를 축약하고 차원을 달리 해서 표현하는 것이다. 실제, 혹은 가정적 실제상황을 염두에 두고 필요한 규칙과 자료, 절차를 이용하는 시뮬레이션이다.

열한째, 놀이란 재미나 즐거움을 위한 분명한 목적이나 동기가 존재하지 않는 행위 혹은 과거에 우연히 습득한 기술, 직관을 통한 지식과 이해를 이야기하는 것이다.

열두째, 변형이란 하나의 생각도구와 다른 생각도구 사이, 그리고 생각의 도구들과 공식적인 의사전달 언어 사이에서 일어나는 변환과정이다. 다시 말하면, 동시에 여러 가지 방법을 동원해서 인식하는 것이다.

열셋째, 통합이란 공감각(synaesthesia: 여러 감각을 결합하는 것)과 그노시스(gnosis: knowledge)를 합한 것으로 사물을 결합해서 주제를 이해하는 것이다. 통합은 변형처럼 순차적으로 이루어지는 것이 아니라 동시다발적으로 이루어지며, 기억, 지식, 상상, 느낌 등이 전체로 이해된다.

4) 생각자석

박영태(2013a)는 MeFOT(Metacognitive Four Operations Thinking) 모형에서 시간적 사고와 공간적 사고를 제시하고 있으며 공간적 사고는 생각자석으로 이루어진다고 보았다. 상상은 인간이 태어날 때부터 가지고 나온 능력이다. 상상을 하는 도구가 바로 생각기제로서 가지고 태어난다. 이 생각기제는 찾아서 이용하는 것이 아니라 생각하면 저절로 그 방향으로 상상활동이 일어난다. 마치 전자석과 같다. 우리가 비슷한 말을 연상하면 자연스럽게 비슷한 말이 떠오르고 반대말을 연상하면 반대말이 떠오른다. 이와 같이 상상은 자석처럼 작동하므로 상상의 도구를 생각자석(think magnet)이라고 부른다. 전자석이 작동하면 관련 쇠붙이가 달라붙는 것처럼 생각자석이 작동하면 관련 아이디어가 이끌려 떠오르게 된다. 생각자석 자체가 아이디어는 아니다. 다양한 아이디어를 떠오르게 만들 뿐이다. 다양한 생각자석들이 상호작용하여 여러 아이디어가 만들어진다(박영태, 2013a).

생각자석은 타고난 능력이다. 그러나 타고난 능력이라고 하더라도 활용하지 않으면 이러한 기제는 녹이 슬고 활용하지 못하게 된다. 경험기반가소성(experience dependent plasticity)에 의하면 인간의 뇌는 경험에 따라 반응패턴이 달라진다(김정오 외 역, 2008). 이에 의하면 인간의 뇌는 활용방법과 정도에 따라 그 발달이 좌우된다. 동물은 딱 살아갈 만큼만 똑똑하다는 Cross의 말이나 뇌는 환경적인 자극이 그렇게 요구할 때에만 더 똑똑하게 성장한다는 Diamond(1998; 김명숙 외 역, 2010 재인용)의 말은 유전적으로 가지고 태어난 능력도 환경 속에서의 활용을 통하여 지속적으로 발달시켜야 한다는 것을 알 수 있다(박영태, 2013a).

박영태(2013a)는 공간적 사고의 형태에 따라 생각유형을 구분하고 그에 상응하는 생각자석을 [그림 11-5]와 같이 제시하고 있다. 첫째, 더하기 사고에는 생각의 확산을 하는 유추자석과 생각의 변환 즉 생각치료를 하는 역발상 자석이 있다. 둘째, 빼기 사고에는 생각의 결정을 하는 선택 자석이 있다. 셋째, 나누기 사고에는 생각분석을 하는 추상화 자석이 있다. 넷째, 곱하기 사고에는 생각을 창조하는 형상화 자석이 있다. 다섯째, 초인지 사고는 생각을 집중시켜 주는 목적성 자석과 생각을 초월하도록 해 주는 탈자아 자석이 있다.

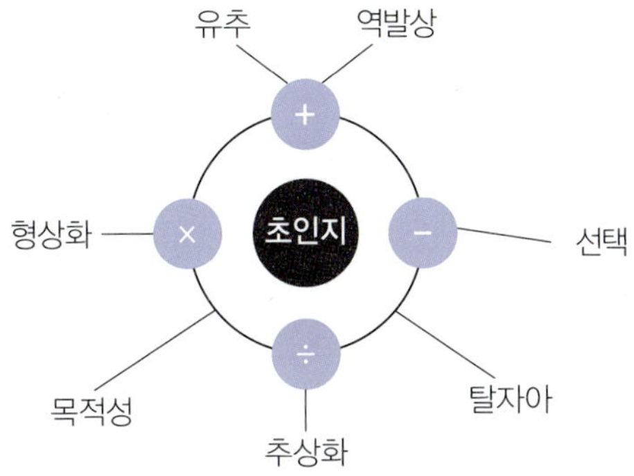

[그림 11-5] **생각자석의 유형**

유추자석이란 주어진 자극을 중심으로 인접된 정보를 떠올리는 것이다. 개인의 인지구조 내에서 연결망을 따라 생각이 떠오르는 것이라고 보면 된다. 이른바 생각을 점진적으로 확산시키는 것이다. 생각할 때 가장 많이 활용되는 방법이다. 유추자석의 유형으로 열차유추, 그물유추, 나무유추, 방사유추 등 네 가지 방법이 있다. 각 유추방법을 그림으로 살펴보면 다음과 같다.

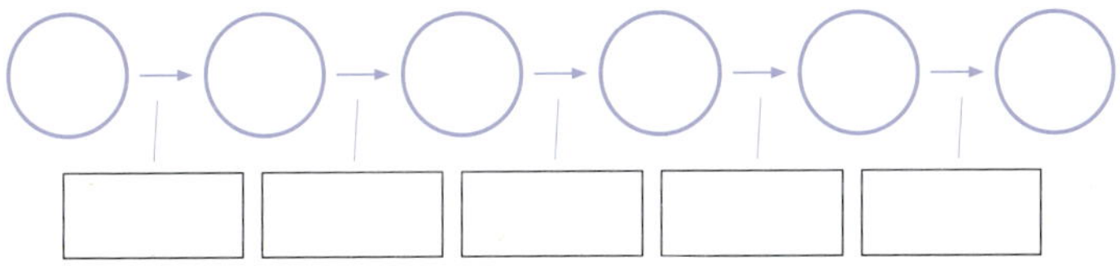

[그림 11-6] **열차유추**

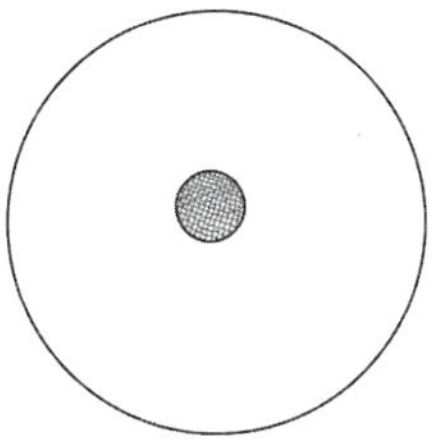

[그림 11-7] **그물유추**

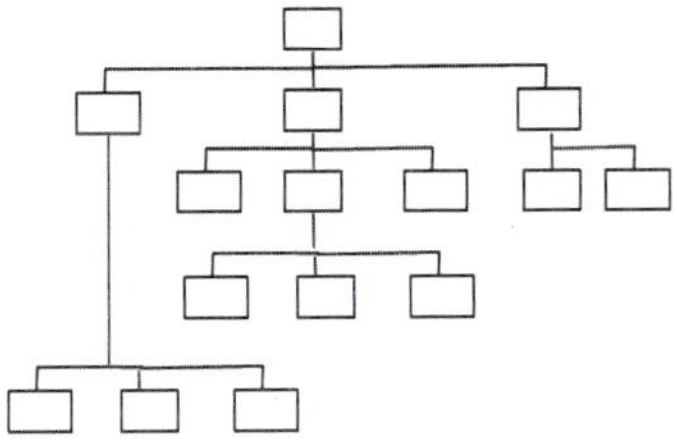

[그림 11-8] **나무유추**

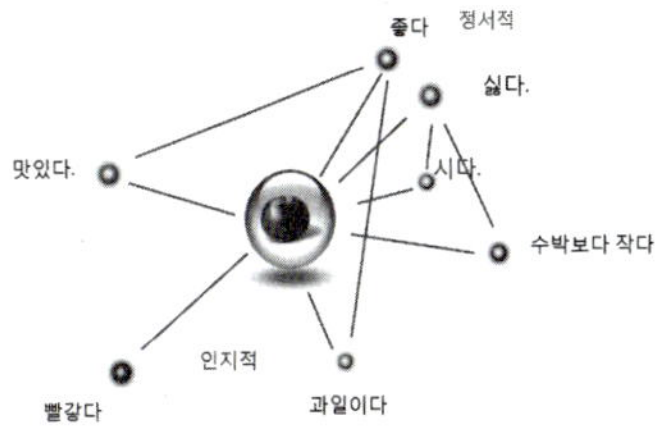

[그림 11-9] **방사유추**

역발상이란 유추의 보완으로 활용되는 것이다. 유추는 주로 인접된 내용을 생각하는 것이다. 그러므로 그 끝에 있는 상반된 내용은 생각하기 어렵다. 따라서 처음부터 생각의 끝인 상반된 생각을 떠올리는 것을 역발상이라고 한다. 이른바 역으로 되짚어 생각하는 것이다. 동전으로 비유하면 동전의 앞 뒷면을 동시에 뒤집어 생각해 보는 것이다. 이에 따라 기존 생각을 완전히 변환시켜버리므로 생각치료라고 볼 수 있다. 이는 유아들에게 조망수용능력을 길러 주는 데 도움을 줄 것이다. 이에는 공간적 역발상, 시간적 역발상, 인지적 역발상, 정서적 역발상이 있다.

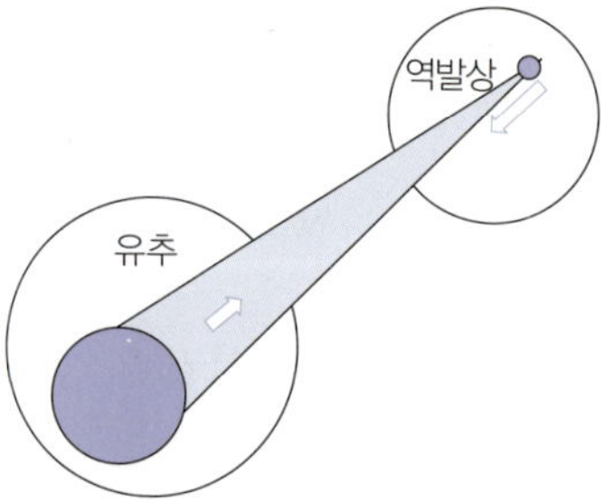

[그림 11-10] **역발상 자석**

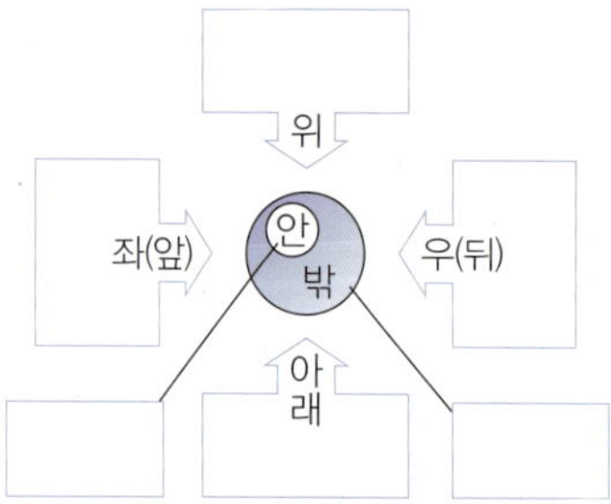

[그림 11-11] **공간적 역발상**

[그림 11-12] **시간적 역발상**

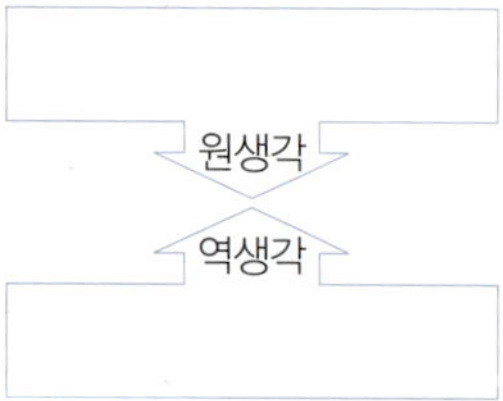

[그림 11-13] **인지적 역발상**

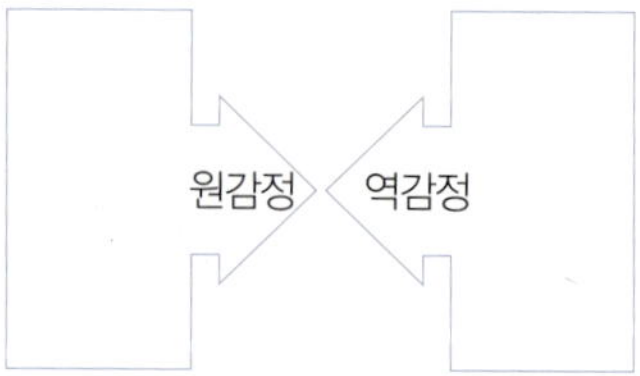

[그림 11-14] **정서적 역발상**

선택이란 다양한 아이디어 중에서 목적과 관련된 아이디어를 선별하는 것이다. 생각은 짧은 시간에 이루어지므로 다양하게 할 수 있지만 행동을 위해서는 하나의 생각으로 선택되어야 한다. 따라서 선택은 행동을 위하여 다양한 아이디어 중에서 하나를 판단하는 것이다. 이른바 생각을 결정하는 것이다. 선택자석에는 신기성, 독창성, 정교성, 유용성 등 4 유형의 자석이 있다. 신기성은 이전과 다른 생각이고, 독창성은 남과 다른 생각이며, 정교성은 행동으로 옮길 수 있는 구체적 생각이며, 유용성은 모두가 함께 공존하며 발달할 수 있는 생각이다. 그러나 선택은 하나의 아이디어를 결정하여야 하므로 이러한 4 유형의 자석이 하나로 통합되어 나타나야 한다. 선택자석이 다른 생각자석과 다른 점은 선택자석은 하나의 생각을 선택하여 행동으로 옮겨야 하기 때문이다. 그러므로 선택자석은 이러한 4 자석이 통합되어 처음에 생각한 목적을 달성하도록 하는 하나의 정답을 찾아야 한다. 선택자석은 의사결정을 하는 사고이다.

추상화란 복잡한 요소를 제거함으로써 핵심 요소를 찾는 것이다. 이른바 변죽을 제거하고 핵심을 파악하는 것이다. 핵심요소는 무엇이며, 변죽은 무엇인가? 왜 변죽이 부가되었을까? 등을 생각한다. 추상화는 범주화 및 핵심요소를 찾는 기준 중심으로 생각한다. Werner Heisenberg는 추상을 "사물의 다른 모든 속성들을 무시하고 하나의 관점에서만 그 사물을 생각하는 것이다. 추상의 핵심은 다른 속성과 대비되는 특별한 중요성을 갖는다고 판단되는 하나의 특징을 집어내는 것이다(Root-Bernstein & Root-Bernstein, 1999: 72-73)."라고 정의한다. 이른바 생각을 분석하여 같은 것은 같게 다른 것은 다르게 구분하는 자석이다. 이에는 오감기반 추상화, 인지기반 추상화, 정서기반 추상화, 정신기반 추상화 등이 있다.

형상화란 요소들 간의 결합, 정신적 이미지 그리기, 구체물 만들기, 행동으로 표현하기 등을 말한다. 이른바 새로운 생각을 만들어 내는 생각창조이다. 다른 생각도구들은 자신에 내재된 생각을 떠올리거나 분석하는 데 중점을 두고 있다면 형상화는 새로운 생각을 창조하는 데 중점이 있다. 오계명 만들기, 계획하기, 모형만들기, 놀이하기, 역할극하기 등을 통해 창조된 생각이 구체화된다. 이에는 공통요소 중심 형상화, 특징중심 형상화, 변형중심 형상화, 목적지향 형상화 등이 있다.

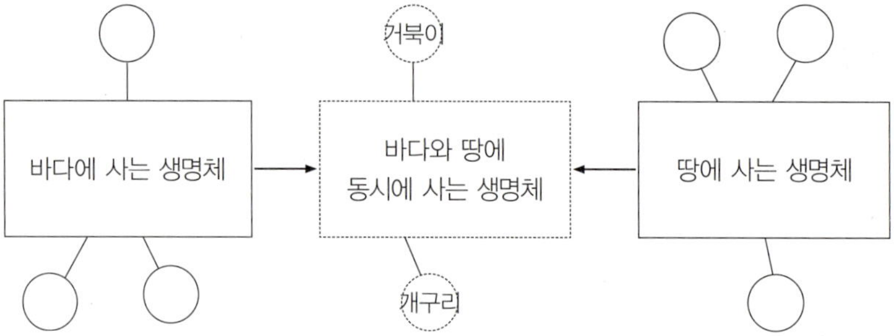

[그림 11-15] 공통 형상화

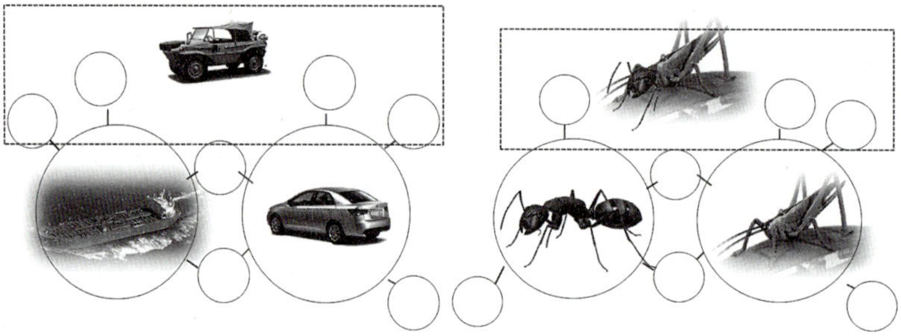

[그림 11-16] 특징 형상화

[그림 11-17] 목적지향 형상화

탈자아란 자기중심적 사고에서 벗어나는 것을 말한다. 박영태(2002)에 의하면 지식은 정보+정서이다. 따라서 자신에게 불리한 정보는 활용되기 어렵다. 비록 자신의 두뇌 속에 존재하고 있다고 하더라도 그 정보를 적용하면 나에게 불리하다는 생각이 들면 그 정보를 활용하지 않고 의식적으로든 무의식적으로든 배제하게 된다. 따라서 자신의 정서를 배제하도록 하는 생각자석이 탈자아 자석이다. 이른바 매미가 번데기의 껍질을 벗고 새로운 생명체로서 거듭나듯이 자아라는 껍질을 벗고 다른 입장의 생명체로 태어나 보는 것이다. 이른바 기존 생각을 초월하여 생각하는 것이다. 이에는 타인중심 탈자아, 대상중심 탈자아, 상황중심 탈자아, 무념탈자아 등이 있다.

목적성이란 사고의 흐름을 조정 통제하도록 항상 목적 중심으로 생각하는 것이다. 목적성은 어떠한 생각자석에도 동반된다. 때로 목적성을 망각하기도 하지만 이내 목적성을 회복하여야 한다. 즉 목적성 자석은 주어진 생각에 주의집중을 하도록 한다. 이에는 탐색 목적성, 유혹억제 목적성, 방향설정 목적성 등이 있다.

3. 창의성 개발활동

1) MeFOT 활동: 빼기사고하기

생각해 낸 아이디어 또는 작품을 다음 네 가지 기준에 맞추어 확인해 본다. 만일 체크가 안 된 기준이 있으면 그 방향을 보완할 필요가 있다.

	신기성	독창성	정교성	유용성
생각 1	○	○		
생각 2	○	○	○	○

◈ 빼기사고 연습

스마트 폰을 자신이 만든다면 어떤 형태로 만들고 싶은가? 아이디어 세 가지를 적어 보자. 그리고 난 뒤 각 아이디어를 신기성, 독창성, 정교성, 유용성 기준에 적합한지 체크해 보자.

		신기성	독창성	정교성	유용성
생각 1					
생각 2					
생각 3					

* 어느 아이디어가 모두를 충족하고 있는가?

2) 일상활동: mind-map

마인드맵은 계층 구조이며 조각들 간 관계를 표시하여 전체 구조를 보여 준다. 영국의 전직 언론인 토니 부잔이 주장하여 유럽에서 선풍을 일으킨 이론이다. 성공의 비결로 기록하는 습관을 가져야 한다는 이론이 유럽의 여러 기업에서 각광을 받았다.

기록하면 시야가 넓어진다는 것이고, 적는 습관은 인간 두뇌의 종합적 사고를 키워준다는 것이다. 읽고 생각하고 분석하고 기억하는 그 모든 것들을 마음속에 지도를 그리듯해야 한다는 독특한 방법이다.

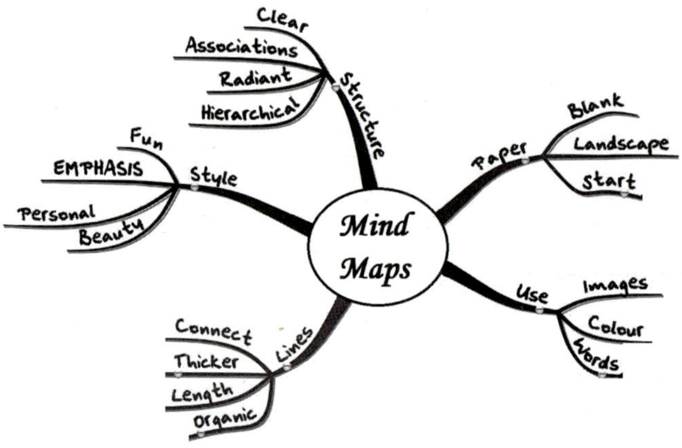

mind-map 작성의 일곱 가지 원칙은 다음과 같다.(https://ko.wikipedia.org/wiki/).

- 종이의 중심에서 시작한다.
- 중심 생각을 나타내기 위해 이미지나 사진을 이용한다.
- 전체적으로 색깔(3가지 이상의 색깔)을 사용한다.
- 중심이미지에서 주가지로 연결한다. 주 가지의 끝에서 부터 부 가지로 연결한다. 그리고 부가지의 끝에서 세부가지를 연결한다.
- 구부리고 흐름 있게 가지를 만들어라.
- 각 가지당 하나의 키워드만을 사용하라.
- 전체적으로 이미지를 사용하라.

4. 창의성 개발연습

1) Problem Solving: Zenon의 궤변

◈ 기초문제

＊아이와 신발을 바르게 이어보세요.

◈ 중급문제

＊제시된 막대로 정사각형 두 개를 만들어 보십시오.

◈ 고급문제

＊문제 1. Zenon의 궤변을 보면 짧은 직선과 보다 긴 직선을 그어 놓고 그 두 직선은 같다고 말하면서 증명해 보이고 있다. 당신도 두 직선이 같다라는 것을 검증해 보자.

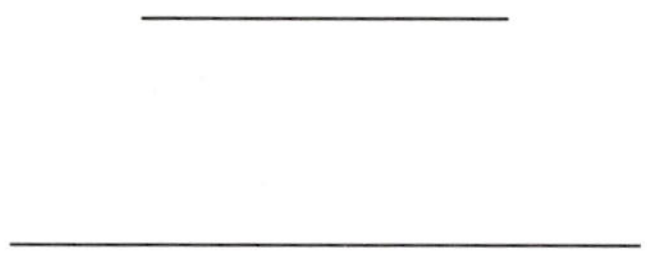

• 검증하고 난 뒤 이러한 검증에서 어떤 조건이 결여되어 있는지 생각해 보자.

＊문제 2. Zenon의 궤변 중에 날아가는 화살을 보고 이건 움직이는 것처럼 보이지만 사실은 정지한 것이라고 했다. 왜 그렇게 말했을까?

＊문제 3. Zenon의 궤변 중에 앞서가는 거북이를 뒤따라 가는 토끼가 영원히 추월할 수 없다고 했다. 어떻게 이를 증명했으며, 그 증명에서 무엇을 빠뜨리고 있는지 생각해 보자.

2) 상황중심의 사고 연습: 백화점에서 떼쓰는 아이

백화점에서 5살 된 아이가 엄마에게 총알이 나가는 총을 사달라고 조르고 있다. 총은 아이가 가지고 놀기에는 위험할 뿐더러 값이 비싸기도 했다. 이에 엄마는 아이에게,

"다음에 사주마."라고 말했다.

"다음에 언제? 전에도 다음에 사준다고 해놓고 아무것도 안 사주었잖아. 지금 사줘."

"아냐, 엄마 지금 돈이 없다. 다음에 사주마."

"돈이 없기는 엄마 화장품은 사면서……."

아이는 끈질기게 떼를 썼다. 엄마는 난감해지면서 점차 화가 났다. 이를 참으면서 다른 장소로 옮기려는데 아이가 엄마의 치마를 잡고 끄는 바람에 치마의 일부가 벗겨졌다. 엄마는 당혹스러움과 수치스러움과 화가 동시에 일어났다. 과연 이 아이의 운명은?

* 만약 당신의 상황이라면 자녀에게 어떻게 하겠습니까?

* 아이에게 해 줄 이야기를 적어 봅시다.

3) If ~, then 사고 연습

if에서 주어진 조건에 따라 then 당신의 행동을 적어 보십시오.

If 만일 집단에서 마음을 나누는 친구는 하나도 없고, 적으로 가득찬 동료를 보았다면

then 나는 ______________________________

제12장 창의성 산물

1. 마음 다지기

1) 내가 만든 명언: 이십년 후

지금으로부터 이십 년 후에
당신은 했던 일보다 하지 않았던 일 때문에 많이 실망할 것이다.
그러니 닻줄을 던져라.
안전한 항구를 떠나 항해하라.

- 마크 트웨인

◈ 내가 만드는 명언

지금으로부터 ________ 후에

당신은 ________________________ 많이 실망할 것이다.

그러니 ____________________.

________________________ 항해하라.

2) 성취인 생각하기: 유아의 창의성

이전에 유치원 선생님과의 대화 하나를 소개하겠다.

어느날 유아교사가 수업에 들어오면서 아주 자랑스럽게 말했다.

"오늘 우리 아이 중에 너무나 창의적인 애를 봤어요?"

나는 엄청난 궁금증을 가지고 어떤 아이냐고 물었다. 그 선생님은 다음과 같이 말했다.

"오늘 달걀에서 병아리가 부화되는 영상을 보여 주었는데, 다른 아이들은 모두 신기한 듯이 보고 있었는데 한 아이가 유독 다르게 질문했어요."

"뭐라고 했는데요?"

"'선생님 있잖아요. 병아리가 왜 캄캄한 달걀에 들어갔을까요?' 하고 질문하잖아요."

그렇게 말하는 그 선생님은 아직도 감동의 여운이 남아있는 표정을 지었다.

그러나 나는 그 말을 듣는 순간 다음과 같이 말했다.

"선생님 그게 창의적인 것입니까? 무지의 소산이지. 어른이 그 말을 했다면 정신 나갔다는 소리를 들을 게 아닙니까?"

그 말을 들은 선생님은 아무 말 못 했다.

나는 무의식적으로 그 말을 뱉은 후 가만히 생각해 보았다.

'내가 너무 성급하게 말한 것은 아닌가?'

"정말 그 아이는 창의적이 아니고 무식한 것인가? 아니면 창의적인데 어른의 잣대로 무식하다고 본 것인가?"

◈ 유아 창의성 일화에서 생각해 볼점

이 일화를 읽고 당신은 어떤 생각이 드는가? 계속해서 읽기 전에 자신의 생각을 먼저 말해 보자.

그 당시는 그 의문으로 끝났지만 지금 생각해 보니 창의성을 과정으로 볼 것인가 결과물로 볼 것인가의 문제가 내포되어 있다. 아이는 창의적 산물은 내세우지 못했지만 사고는 다른 아이와 달리 역발상을 하였고, 새로운 질문을 만들었다. 이는 오늘날 창의적 사고에서 중시하는 사고방법이 아닌가? 또 결과물이라고 하는 것이 도대체 무엇인가? '왜 병아리가 캄캄한 달걀에 들어갔을까요?' 하는 질문 그 자체는 결과물이라고 볼 수 없는가? 하는 질문이 생겼다. 또 이어서 그 질문은 정말 무지의 소산인가? 하는 질문도 생겼다.

닭은 원래 또 다른 닭(병아리)을 낳기 위해 유전자로 달걀을 만드는 것 아닌가?

만일 로봇이 또 다른 로봇을 스스로 생산하기 위해서는 로봇도 달걀 형태든 아니든 어딘가에 들어가야 하는 것 아닌가? 그렇다면 그 아이의 질문을 무지의 소산이라고 돌려버리는 것이 더 무지한 것이 아닌가? 그 아이는 한 생명체(또는 사물)를 만들기 위해 가장 원천적인 질문을 던진 것이 아닌가?

여기까지 생각이 미치자 그 당시 나의 말이 얼마나 성급했는지 부끄러워진다.

과정은 무엇이고 결과는 무엇인가? 과정은 결국 단계적인 결과물 아닌가? 우리가 흔히 말하는 결과란 최종 산물에 불과한 것 아닌가? 그리고 최종 산물은 도대체 무엇인가 계속해서 수정 변경하면 결과는 계속 미루어지는 것이 아닌가?

◈ 성공을 위한 나의 아이디어

유아의 창의성을 읽고 자신의 성공을 위한 아이디어를 만들어 보자.

*다음 왼쪽 간에 자신의 현재 모습을 구체적으로 다섯 가지 적어 보자 그리고 오른쪽 간 중에서 해당되는 곳에 O표를 하자.

	현재의 나의 모습	변화를 바라는가?		변화를 바라면 어떤 모습으로 변화될 것인가?
		예	아니오	
1				
2				
3				
4				
5				

*위 표를 보고 나의 현재의 모습이 만드는 과정에 있는지 그렇다면 어떻게 변하기를 바라는지 적어 보자. 변화를 바라지 않으면 현재 모습에 만족하는지도 체크해 보자.

2. 기본 이론 이해하기: 창의성 산물

1) 창의성 산물의 의미

창의성 산물이란 무엇을 의미하는가? 창의성이 있다고 말하기 위해서는 판단할 근거가 있어야 하고 그 근거가 바로 창의성 산물이다.

가장 높은 수준의 창의성이란 궁극적으로 반드시 창의적인 산물을 만들어 낼 수 있어야 한다. 발명가가 아무것도 발명하지 않는다거나 혹은 시인이 전혀 시를 쓰지 않는다면, 그들이 '창의성 검사'에서 어떤 점수를 받든지 간에 창의적이라고 보기는 어렵다(Simonton, 2000b). 실제로 창의적 천재를 확인할 수 있는 최고의 안면타당도는 창의적 결과물을 근거로 판단된다(Albert, 1975; Galton, 1869; Simonton, 2002).

그러므로 창의성은 판단할 근거인 창의성 산물을 반드시 필요로 한다. 그러나 판단할 근거를 무엇으로 보느냐에 따라 창의성 산물은 복잡해진다. 창의성 산물의 조건을 설명하기 전에 다음 세 가지 질문을 먼저 던져 본다.

첫째, 창의성의 산물을 과정으로 볼 것이냐 결과로 볼 것이냐의 문제이다. 과정과 결과 중 어느 것이 더 중요한가에 대해서 생각이 다른 경우가 있다. 도덕적 행동에서는 결과보다 과정이 더 중요하다고 보는 경우가 많다. 물론 결과를 보긴 하지만 의도가 무엇인지 행동의 과정이 어떠한지를 더 참조하여 결과를 판단한다. 그렇다면 창의성에서는 어떠할까? 초기의 의도와 과정이 중요할까? 아니면 결과가 더 중요할까? 유아기를 창의적 사고가 가장 활발한 시기라고 보는 관점은 결과보다 과정을 더 중요시하는 것이다. 그러나 많은 학자들은 과정보다 결과를 중요시 여긴다.

과정과 결과의 논쟁에서 또 하나 생각해 볼 점은 과정과 결과가 명확히 구분되는가의 문제이다. Dewey는 수단과 목적의 관계를 말하였다. 과정은 수단이고 목적은 결과이다. 그러나 목적은 또한 다른 목적의 수단이 된다. 수단-목적은 명확히 정해져 있는 것이 아니라 계속해서 변화되어 가는 과정에서 수단이 목적을 달성하고, 목적이 다시 수단이 되어 다른 목적 달성에 도움을 주는 것이다. 여기서 창의성 산물을 과정과 수단으로 구분하는 것은 무의미하다고 보여진다.

둘째, 창의성 산물을 생산된 물건으로 볼 것인가? 아니면 비가시적인 아이디어도 포함할 것인가의 문제이다. 이는 위 유아 창의성의 일화에서도 보여진다. 창의성은 확산적 사고(divergent production)에 기반을 둔 것으로 인간이 주어진 상황에서 벗어나 기존의 공식과 개념을 깨고 새로운 조합을 시도하면서 색다른 여러 가지 가능성들을 상상해 보는 사고 경향(Guilford, 1967), 기존의 지식들을 조합시켜 가능한 해답들을 만들어 내며 이러한 해답들을 통해 실제로 적응해 나가는 정신적 과정(Torrance, 1972) 등으로 정의되고 있다. 여기서 창의성은 새로움과 정답을 동시에 내포하는 개념(박영태, 하수연, 2012)이므로 아이디어가 창의성에 포함되지 않는다고 볼 이유가 없다.

셋째, 창의성이 선천적인가? 학습된 것인가의 문제이다. 만일 선천적이라면 누구나 창의적이므로 창의성 산물로 창의성이 있다 없다로 판단할 필요가 없는 것이다. 오히려 판단함으로써 창의적인 사람을 비창의적 사람으로 낙인을 찍을 위험이 있다. Thurston은 창의성은 새로움을 만드는 것으로 인간의 보편적 자질이며, 자기실현과 자기표현의 하나일 뿐이라고 했고, 인본주의자들도 인간은 선천적으로 유기체가 분화, 자기 책임감, 협동과 성숙의 방향으로 나아가는 능동적이면서도 적극적인 경향인 자아실현욕구를 가지고 있으며, 이 자아실현 욕구와 창의성도 관련이 있다고 보았다(박영태, 2002). 창의성이 선천적인 능력이라는 데는 학자들 간에 이견이 없는 것으로 보인다. 그러나 인간이 세상을 살아가는 데 필요한 모든 지식은 가지고 태어나는 것이 아니라 살아가면서 학습한다. 지식을 학습하지 않으면 인간은 환경을 해석하지 못하고, 갑자기 닥치는 환경의 자극에 수동적으로 당하면서 살아야 한다. 그러나 인간은 학습된 지식에 의해 환경을 해석하고, 이 해석을 바탕으로 미래의 사실을 예측하면서 살아간다. 학습력은 새로운 지식을 습득하는 힘이라면 창의성은 새로운 지식이 없는 경우에 스스로 새로운 지식을 생성하는 힘이다(박영태, 2012). 그러나 타고난 능력이라고 하여 누구나 발휘하는 것은 아니다. 활용하지 않음으로써 스스로 녹슬게 만드는 경우도 많이 있다. 또 환경적 조건이 창의성을 발휘하는 것을 방해할 수도 있다. Runco(2008)는 잠재성과 실제적 수행(즉, 생산성)은 서로 배타적이라고 했다. 어떤 사람이 생산적이라면 그들의 잠재성을 고려할 필요가 없고, 역으로 아직 생산적이지 않다면 그들은 잠재성을 지니고 있을 수도 있다. 그 두 가지 상태를 모두 지니고 있을 수는 없다(Runco, 2008). 여기서 창의성이 선천적 능력이므로 누구나 창의적이라는 관점에서 벗어나 이를 활용하여 창의성을 발휘하는 사람을 구분할 필요가 있다. 따라서 창의성의 선천성 여부를 떠나 창의적인 사람과 비창의적인 사람은 존재한다.

이상에서 창의성 산물은 과정이든 결과이든 가시적 산물이든 비가시적 아이디어이든 상관없이 그 특성으로 판단되어야 한다는 것을 알 수 있다. 또한 창의적 인물은 산물로써 창의성을 발휘하고 있는 사람이라는 것을 확인할 필요가 있다.

2) 창의성 산물의 요인

창의성이라는 관점에서 관찰 가능한 과정 혹은 산출물 없이는 개인(혹은 집단)이 창의적인지의 여부를 결정할 수 없다(Plucker & Beghetto, 2008). 창의적인가? 비창의적인가? 하는 질문에 대한 답은 사고결과에 있다(박영태, 2012). 즉 사고결과가 독창성, 신기성, 정교성, 유용성을 충족하면 창의적이다(박영태, 2012). 이는 많은 학자들이 중점적으로 제시하는 독창성과 유용성에 신기성과 정교성을 포함시키고 있다. [그림 12-1]에서 창의성의 요인을 보면 다음과 같다.

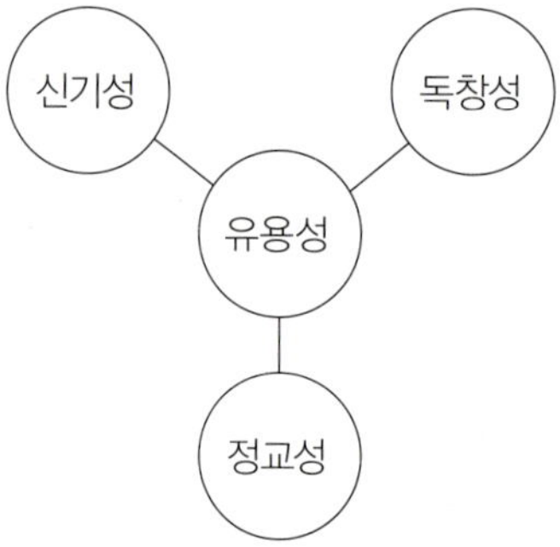

[그림 12-1] **창의성 산물의 요인**

첫째, 창의성은 신기성을 갖추어야 한다. 신기성은 새롭고 참신한 것이다. 아이들이 만들어 내는 산출물들은 사회적으로 보아 중요하지 않은 것이다. 그러나 아동들이 창의적이라고 말하는 이유는 그들의 생각에 새로움이 있기 때문이다. 어른들이 생각하지 못하는 기발한 생각을 하기 때문이다. 신기성이란 흔히 독창성과 혼용되어 사용되고 있다. 그러나 독창성이란 남과 다른 생각이라는 의미가 강하고 새로움이란 기존 생각과 다르다는 것을 강조한다. 산물이 새로워야 한다는 것은 이미 존재하는 것의 반복이나 복제를 넘어서야 한다는 의미이다(Lubart & Guignard, 2008).

둘째, 창의성은 독창성을 갖추어야 한다. 독창성은 다른 사람과 차별화되는 생각이다. 독창성은 결과적으로 새로울 수 있으나 독창성은 남과 다른 생각을 하려는 노력에서 나오고 새로움이란 기존 생각과 다른 생각을 하려는 데서 나오므로 구분할 필요가 있다. 독창성은 통계적 희소성이라고 정의될 수 있다. 독창적인 것들은 일반적이지 않다. 독창성이란 아주 독특한(unique) 것을 의미할 수도 있고, 단순히 드문(unusual) 것을 의미할 수도 있다. 또한 독창성이란 새로운 것을 의미할 수도 있다(Runco, 2008).

셋째, 창의성은 정교성을 갖추어야 한다. 정교성은 생각해낸 아이디어가 타당한 근거가 있고 체계적이고 다듬어져 있는 것을 의미한다. 정교화되었다는 것은 부분이 아니라 전체로서의 틀을 갖춘다는 것이다. 부분은 아직 과정에 있으므로 최종 산물로 보기 어렵다. 정교화됨으로써 최종산물이 된다. 따라서 정교성이란 현실 적용가능하도록 준비되어 있는 것을 말한다. 단순한 추상적 아이디어는 창의성 산물로 보기 어렵다.

넷째, 창의성은 유용성을 갖추어야 한다. 유용성은 현실화될 수 있고, 생활에 도움이 될 수 있는 정도를 말한다. 생활에 도움이 되지 못하고 해롭게 하는 것이라면 아무리 신기하고 독창적이라고 하더라도 창의성의 범주에 넣어서는 안 된다. 창의성은 이 사회와 자연을 더욱 번창하게 하는 것인데도 불구하고 해로운 아이디어는 결국 사회와 자연을 파괴할 것이기 때문이다. 창의적인 아이디어란 이상한 아이디어와도 구별되어야 한다. 물론 이상한 아이디어 역시 새로울 수는 있지만, 창의적인 아이디어란 상황에 따르는 제약 조건들을 고려해야만 성립한다. Lubart(1994) 일반적으로 창의성이란 과제의 제약을 만족시키는 새롭고 독창적인 산물을 만들어 내는 능력이라고 했다. 과제의 제약을 만족시키는 것은 결국 유용성을 의미한다. 새롭다 하더라도 유용성이나 가치 혹은 의미가 없는 것은 단지 새로운 것일 뿐 창의적인 것이 아니다. 마찬가지로 유용하지만 새로움이나 독특성 혹은 독창성이 없는 것은 단순히 유용한 것일 뿐 창의적이라고 인정되지 않는다(Plucker & Beghetto, 2008). 결국 창의성에서 독창성과 유용성은 핵심 요인으로 제시되고 있다.

독창성, 신기성, 정교성, 유용성을 충족하는 사고결과는 결국 변화하는 사회에서 개인을 자유롭게 만들어 줄 것이다. 자유를 누리는 사람은 막힘이 없으므로 방어기제를 사용할 필요가 없어 건강한 인성을 형성하게 된다. 따라서 사랑의 마음을 표출하기도 쉬울 것이다.

3. 창의성 개발활동

1) MeFOT 활동: 잠재적 창의성 점검하기

잠재적 창의성 점검이란 개인이 창의성을 발휘하고 있는 것을 판단하기 위해서가 아니라 창의성을 발휘할 가능성이 있는지를 점검하는 것이다. 다시 말하면 창의성 산물을 생성할 수 있는 가능성을 보는 것이다. 잠재적 창의성은 태어날 때 누구나 가지고 있지만 적합하지 않은 환경을 만남으로써 퇴화되거나 사용할 수 없을 정도로 깊숙이 숨어버릴 수 있다. 그러므로 잠재적 창의성을 점검함으로써 다시 불러 일으켜 활성화시킬 필요가 있다.

(1) 잠재적 창의성 점검해 보기

◈ 중요성

- 주변 사람들이 창의적인지를 알기 위해서는 내가 창의적인지를 생각해 보면 된다. 초록은 동색, 유유상종, 끼리끼리 모인다고 하는 말은 주변 사람들의 창의성은 바로 나의 창의성이라는 말과 통한다. 따라서 나에게 잠재적 창의

성이 있다면 주변 환경은 걱정할 필요가 없다. 그렇지 않다면 주변 환경부터 점검해 보아야 한다.

◈ 방법

- 잠재적 창의성 자기점검 도구를 작성한다. 유아의 경우에는 교사 또는 부모가 유아의 행동을 관찰하여 체크한다.
- 각 문항의 내용과 일치하는 정도에 따라 1~5 까지의 점수를 선택한다. 1번은 가장 일치하지 않을 때, 5는 가장 일치할 때이다. 따라서 점수가 높을수록 문항내용과 일치성이 높은 것이다. 작성 시 의식적으로 깊이 생각하여서는 안 된다. 짧은 시간에 즉각적으로 직관적으로 반응하여야 한다. 깊은 생각을 하게 되면 결과는 생각의 결과이지 자신의 것이라고 보기 어렵다.

◈ 결과 활용

- 각 문항은 자신의 잠재적 창의성과 관련 있으므로 부족한 문항은 스스로 반성하여 앞으로 그러한 방향으로 노력할 필요가 있다. 그러나 잠재적 창의성이 높다고 하여 바로 창의성이 높다는 의미는 아니다. 단지 높을 가능성이 있을 뿐이다. 앞에서 말한 바와 같이 신기성, 독창성, 정교성, 유용성을 충족하는 산물을 만들어 내어야 창의성이 높은 것이다.

◈ 문항

잠재적 창의성 점검 (성인용)

문항	점수				
01. 사물을 바라볼 때 자주 감탄한다.	1	2	3	4	5
02. 어떤 일을 처리할 때 항상 최선의 해답이 있다.	1	2	3	4	5
03. 나의 생각과 나의 자존심은 깊이 연결되어 있다.	1	2	3	4	5
04. 어떤 아이디어가 떠오르면 메모하려고 한다.	1	2	3	4	5

문항	점수				
05. 사물을 바라보면 그와 관련되는 다른 사물이 비유적으로 잘 떠오른다.	1	2	3	4	5
06. 사물을 바라보면 그 사물 속에 내포된 원리가 무엇인지 잘 떠오른다.	1	2	3	4	5
07. 사물을 바라보면 그것이 의미하는 바가 무엇인지 즉각 떠오른다.	1	2	3	4	5
08. 여러 사물을 조합하여 하나로 만들기를 좋아한다.	1	2	3	4	5
09. 사물을 바라볼 때 집중적으로 보는 경향이 있다.	1	2	3	4	5
10. 사물에서 중요한 것과 중요하지 않은 것을 구분한다.	1	2	3	4	5
11. 나의 아이디어는 매우 새롭다는 말을 많이 듣는다.	1	2	3	4	5
12. 나는 다른 사람과는 다른 방향에서 의견을 제시하는 경우가 많다.	1	2	3	4	5
13. 나는 항상 논리적으로 의견을 제시한다.	1	2	3	4	5
14. 나의 아이디어는 항상 현실에 적용 가능하다.	1	2	3	4	5
15. 사물을 바라볼 때 항상 의문이 떠오른다.	1	2	3	4	5
16. 어떤 일이든 할 만한 가치가 있다.	1	2	3	4	5
17. 항상 나보다 대상(상대방) 중심으로 생각한다.	1	2	3	4	5
18. 더 많은 생각을 하기 위해 최종 판단을 미루는 경향이 있다.	1	2	3	4	5
19. 사물을 바라보면 기능적으로 유사하거나 내적 연관성이 있는 다른 사물이 떠오른다.	1	2	3	4	5
20. 사물 간의 유사점과 차이점을 잘 말한다.	1	2	3	4	5
21. 어떤 단어를 연상하면 관련 단어가 연이어 떠오른다.	1	2	3	4	5
22. 친구들의 의견을 종합하여 하나의 아이디어로 만들기를 좋아한다.	1	2	3	4	5
23. 사물을 바라볼 때 남들이 보지 못하는 것을 보는 경향이 있다.	1	2	3	4	5
24. 사물에서 필요한 것과 필요하지 않은 것을 구분한다.	1	2	3	4	5
25. 내가 말할 때 사람들이 미소를 잘 짓는다.	1	2	3	4	5
26. 나는 때로 엉뚱하다는 말을 듣는다.	1	2	3	4	5
27. 그림을 그리는 경우 매우 섬세하게 그린다.	1	2	3	4	5
28. 나는 항상 현실을 고려하여 의견을 제시한다.	1	2	3	4	5
29. 사물을 바라볼 때 그 사물의 눈으로(입장에서) 주변을 생각한다.	1	2	3	4	5
30. 사물을 바라볼 때 그 사물이 느끼는 바를 나도 느낀다.	1	2	3	4	5
31. 처음과는 순서를 뒤집어서 생각한다.	1	2	3	4	5
32. 사물을 바라볼 때 반대로(거꾸로) 생각해 본다.	1	2	3	4	5

창의성 점검(유아용)

문항	점수				
01. 아이는 사물을 바라볼 때 자주 감탄한다.	1	2	3	4	5
02. 아이는 어떤 일을 처리할 때 항상 최상의 해결책을 찾으려고 한다.	1	2	3	4	5
03. 아이는 자신의 생각을 무시하면 기분 나빠한다.	1	2	3	4	5
04. 아이는 어떤 생각이 떠오르면 반드시 말을 한다.	1	2	3	4	5
05. 아이는 사물을 바라보면 그와 관련되는 다른 사물을 잘 말한다.	1	2	3	4	5
06. 아이는 사물을 바라보면 그 사물이 왜 그러한지 그 이유를 곧잘 말하거나 물어본다.	1	2	3	4	5
07. 아이는 사물을 바라보면 그것의 의미를 바로 말한다.	1	2	3	4	5
08. 아이는 여러 사물을 조합하여 하나로 만들기를 좋아한다.	1	2	3	4	5
09. 아이는 사물을 바라볼 때 집중적으로 보는 경향이 있다.	1	2	3	4	5
10. 아이는 사물에서 중요한 것과 중요하지 않은 것을 구분한다.	1	2	3	4	5
11. 아이는 새로운 생각을 많이 한다.	1	2	3	4	5
12. 아이는 다른 사람과는 다른 방향에서 의견을 제시하는 경우가 많다.	1	2	3	4	5
13. 아이의 말 표현은 제법 논리적이다.	1	2	3	4	5
14. 아이의 새로운 생각은 현실에 적용 가능한 편이다.	1	2	3	4	5
15. 아이는 사물을 바라볼 때 항상 호기심 투성이다.	1	2	3	4	5
16. 아이는 어떤 일이든 할 만한 가치가 있다는 듯이 적극적이다.	1	2	3	4	5
17. 아이는 항상 자신보다 대상(상대방) 중심으로 생각한다.	1	2	3	4	5
18. 아이는 성급하지 않고 생각이 깊은 편이다.	1	2	3	4	5
19. 아이는 사물을 바라보면 그것과 관련 있는 다른 사물을 자주 말한다.	1	2	3	4	5
20. 아이는 사물 간의 유사점과 차이점을 잘 말한다.	1	2	3	4	5
21. 아이는 하나를 생각하면 여러 가지가 줄줄이 나오는 편이다.	1	2	3	4	5
22. 아이는 다른 사람의 생각을 종합하여 하나의 생각으로 만들기를 좋아한다.	1	2	3	4	5
23. 아이는 남들이 보지 못하는 것을 보는 경향이 있다.	1	2	3	4	5
24. 아이는 사물에서 필요한 것과 필요하지 않은 것을 구분한다.	1	2	3	4	5
25. 아이가 말할 때 은근히 다른 사람을 웃긴다.	1	2	3	4	5
26. 아이는 때로 엉뚱하다는 말을 듣는다.	1	2	3	4	5
27. 아이는 그림을 그리는 경우 매우 섬세하게 그린다.	1	2	3	4	5

문항	점수				
28. 아이의 새로운 생각은 항상 그럴듯하다.	1	2	3	4	5
29. 아이는 사물을 바라볼 때 그 사물의 눈으로(입장에서) 주변을 생각한다.	1	2	3	4	5
30. 아이는 사물을 바라볼 때 그 사물이 느끼는 바를 함께 느낀다.	1	2	3	4	5
31. 아이는 사물을 바라볼 때 그 이전에 일어난 것과 미래에 일어날 것에 대해 생각을 말하기도 한다.	1	2	3	4	5
32. 아이는 사물을 바라볼 때 반대로(거꾸로) 생각해 본다.	1	2	3	4	5

◈ 채점

도구의 점수 계산표

하위요인		문항	점수계산	
큰 범주	세부범주		세부범주(만점 10점)	큰범주(만점 10점)
창의적 인성	민감성	1, 9, 15, 23	문항합/2	세부점수합/4
	도전성	2, 16	문항합	
	융통성	3*, 17	문항합	
	유창성	4, 18	문항합	
창의적 사고결과	신기성	11, 25	문항합	세부점수합/4
	독창성	12, 26	문항합	
	정교성	13, 27	문항합	
	유용성	14, 28	문항합	
창의적 사고방법	유추	5, 7, 21	문항합×2/3	세부점수합×1/6
	역발상	31, 32	문항합	
	목적성(선택)	10, 24	문항합	
	탈자아	29, 30	문항합	
	추상화	6, 19, 20	문항합×2/3	
	형상화	8, 22	문항합	
창의성(전체)	10점 만점			큰범주점수합×1/3

역채점

- 위 점수를 계산하여 다음 도표에 그림을 작성한다.
- 모든 점수는 10점 만점으로 환산한다. 10점 만점으로 환산함으로써 자신의

정도를 쉽게 알 수 있다.

- 원의 줄 하나가 1점을 표시하므로 위 큰 범주의 점수를 해당되는 곳에 표시하고 각 점을 연결하여 삼각형을 그린다.

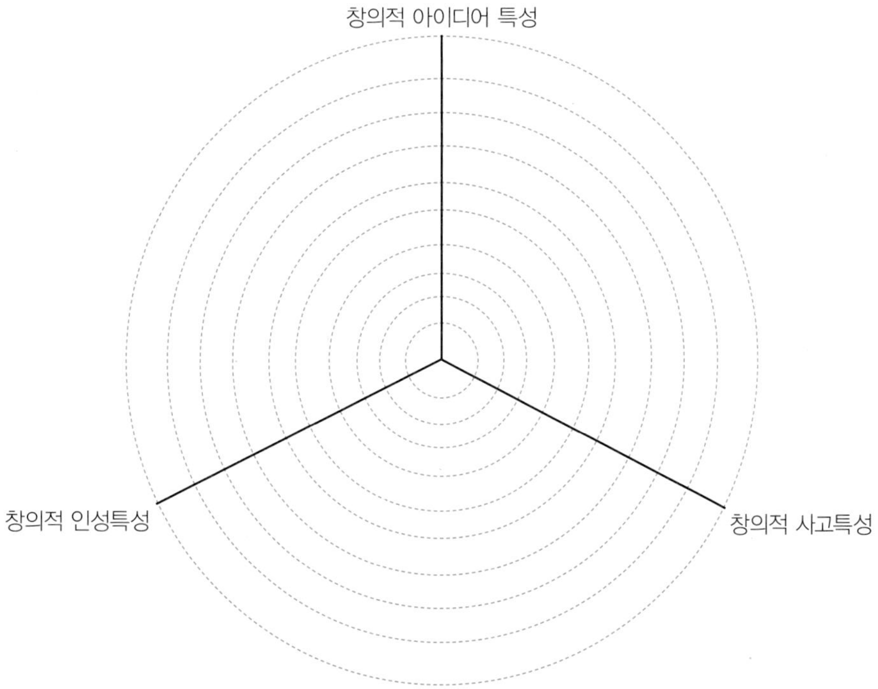

[그림 12-2] **창의적 인성, 창의적 사고결과, 창의적 사고방법의 정도**

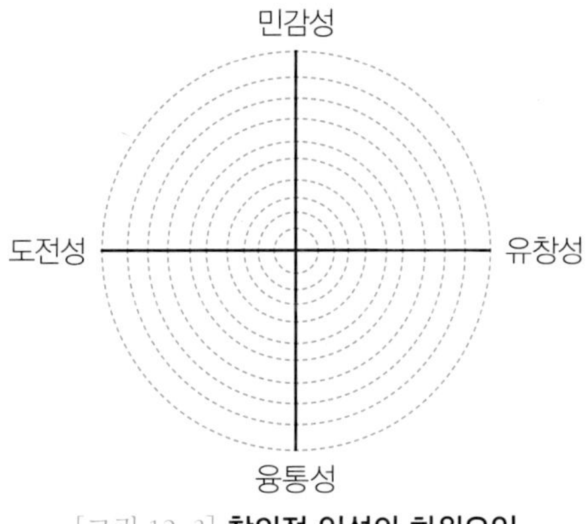

[그림 12-3] **창의적 인성의 하위요인**

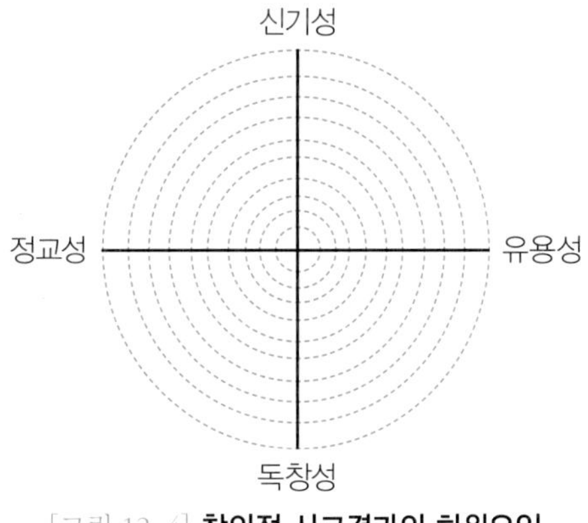

[그림 12-4] **창의적 사고결과의 하위요인**

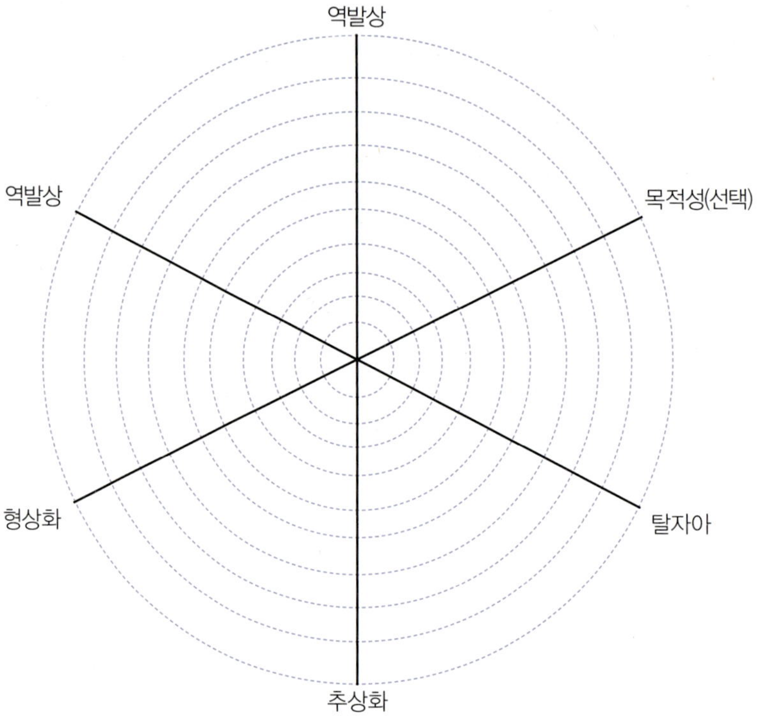

[그림 12-5] **창의적 사고방법의 하위요인(생각자석의 활용)**

◈ 〈표〉 및 [그림]의 해석

- 삼각형의 크기와 모양을 보고 자신의 창의성 전반에 대한 해석을 한다.
- 먼저 [그림 12-2]를 보고 자신의 인성, 사고, 아이디어의 창의성 정도를 확인한다. 모두 10점 만점으로 되어 있으므로 자신의 정도를 파악할 수 있다. 삼각형을 그리면 자신의 어느 부분이 부족한지 생각해 볼 수 있다.
- [그림 12-3]을 보고 자신의 인성특성에서 어느 부분이 부족한지 점검할 수 있다.
- [그림 12-4]를 보고 자신의 사고결과에서 어느 부분이 부족한지 알 수 있다.
- [그림 12-5]에서 자신의 사고활동(생각자석의 활용)에서 어떤 사고가 부족한지 알 수 있다.

각 세부 하위요인의 설명은 MeFOT 모형 및 본 책자의 내용을 참고하면 된다.

2) 일상활동: 콜라주(collage)

콜라주는 불어의 'Coller(풀로 붙이다)'에서 유래한 말이다. 종이나 헝겊을 잘라내어 붙이는 방법으로 최근에는 우표, 신문, 벽지, 상표, 나무 등 실물을 그대로 붙여서 표현하기도 한다.

종이나 헝겊을 자신이 생각한 모양대로 오려서 새로운 모양을 창출하거나, 기존 사진이나 그림의 일부분을 오려 다른 부분과 결합하여 새로운 모양을 탄생시킬 수 있다. 콜라주는 가위와 풀을 이용하여 기존의 이미지를 분해하고 결합하여 재통합하는 과정을 통해 심미감뿐 아니라, 민감성, 도전성, 융통성, 유창성 등을 기를 수 있다.

자료: https://ecopark.bucheon.go.kr/site/homepage/menu/viewMenu?menuid=149004003001

- 콜라주로 자신의 생각을 표현해 보자.

4. 창의성 개발연습

1) Problem Solving 연습: 종이 찢기

◈ 기초문제

문제 1. 다음 그림은 중기의 집과 유치원이 표시된 지도입니다. 중기는 항상 어머니와 같이 유치원에 걸어 다닙니다. 어느 길로 가는 것이 가장 빨리 갈 수 있나요? 지도에 표시해 봅시다. 폭이 넓은 곳은 차들이 많이 다니는 큰 길입니다. 폭이 중간 쯤 되는 길은 가끔 차가 다니는 길입니다. 폭이 좁은 길은 차가 다니지 않는 인도입니다.

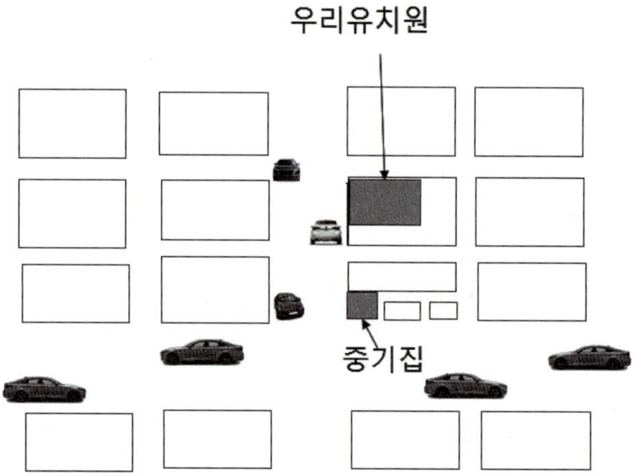

문제 2. 그런데 어머니는 가장 빠른 길을 두고 항상 지도에 표시된 곳으로 다닙니다. 중기는 그 길이 빨리 가는 길인가 보다 하고 의심을 하지 않았습니다. 그러다 가장 빠른 길을 알고 난 후에는 이상했습니다. 어머니는 왜 먼 길로 돌아서 갈까요?

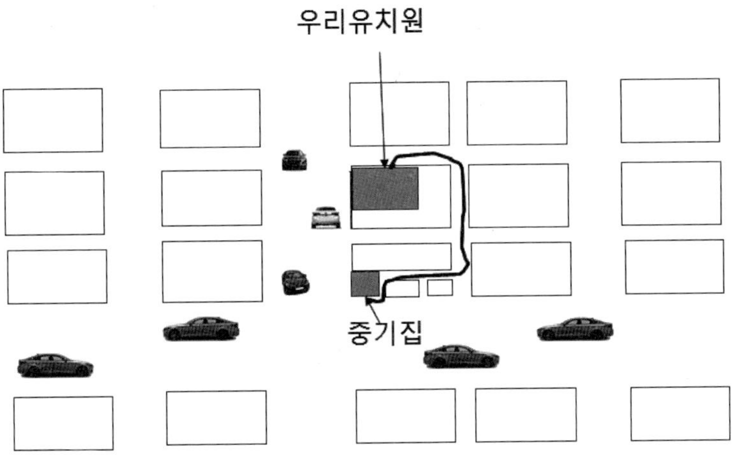

◈ 중급문제

＊다음 연필을 떼지 않고 그리고자 한다. 어떻게 하면 될까?

◈ 고급문제

＊색종이 1장을 끝이 잘라지지 않게 찢어서 그 구멍을 통해 몸을 통과 시켜 보시오.

2) 상황중심의 사고: 에너지 절약

다음 이야기를 읽어보세요. 당신은 어떻게 해결하겠습니까?

1784년 벤저민 프랭클린이 파리에서 미국대사로 근무할 때였다. 당시 파리의 상인들과 시민들은 저녁시간에 불을 밝히는 양초 값으로 어마어마한 돈을 지출하고 있었는데, 이것이 사람들의 생계를 위협할 정도로 큰 문제가 되었다.

특히 상인들에게는 여름보다 겨울이 더 힘들었다. 겨울에는 해가 일찍 져서 저녁시간에는 가게에 양초를 켜고 장사를 해야 했기 때문이다. 늘어나는 양초 값으로 인해 먹고 살기 힘들어진 사람들은 세금마저 낼 수 없는 상황에 이르렀다.

결국 파리의 공무원들은 상인들과 시민들이 양초 값으로 많은 돈을 지불하고 있는 문제를 재빨리 해결해야만 했다.

* 만약 당신의 상황이라면 어떻게 해결하겠습니까?

3) If ~, then 사고 연습

if에서 주어진 조건에 따라 then 당신의 행동을 적어 보십시오.

If 내가 유치원 교사가 되었다면

then 나는 ______________________________

*미래의 꿈이 유치원 교사가 아니라면 그 꿈을 달성하여 사회의 첫 출발을 디뎠을 때의 다짐을 생각해 봅시다.

- 직장을 가져 사회인으로 첫 출발하는 마음을 현재, 미래, 등과 연결하여 어떻게 할 것인지 적어 봅시다.

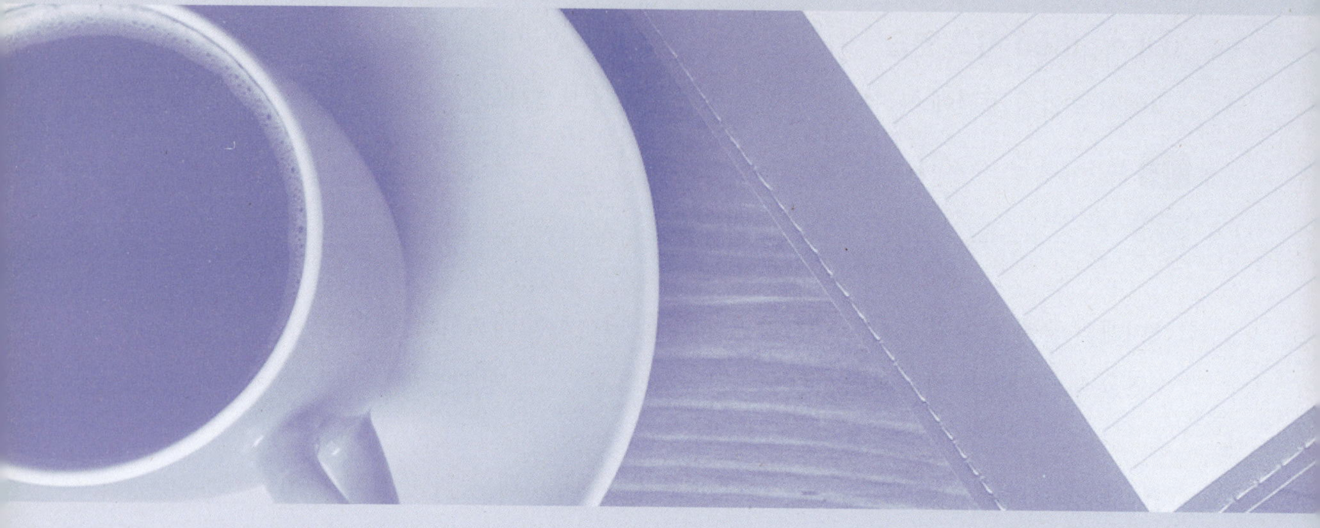

부록

가능한 해답

여기에 나와 있는 답은 모두 가능한 해답이다. 문제에 따라서 완전한 해답도 있다.

가능한 해답은 새로운 조건을 탐색하여 또 다른 해답을 찾을 수 있는 것이고, 완전한 해답은 이미 주어진 조건에 적합한 하나의 해답이다. 그러나 중요한 것은 자신의 창의적 생각이다.

제1장 문제에 대한 가능한 정답

◈ 내가 만드는 명언의 가능한 예_10p

환경을 신뢰하라.
평생 만족할 만한 종류의 환경을 만들어라.
내면에 있는 성취동기를
창조의 불꽃으로 살려냄으로써
환경을 최대한 활용하라.

1) Problem Solving 연습: 무엇이 느껴지나?_22p

◈ 기초문제

동공이 확장되어 있는 사진을 더 선호한다. 생각이 깊을 때 동공이 커진다고 한다.

◈ 중급문제

복숭아 4개이다.

2번 저울에서 보면 사과 1개=멜론 1개+복숭아 1개
1번 저울에 대입해 보면 사과 1개를 멜론 1개+복숭아 1개로 바꾸어,
멜론 1개+복숭아 3개=멜론 5개, 따라서, 멜론 4개=복숭아 3개
3번 저울에서 사과 1개를 멜론 1개+복숭아 1개로 바꾸면,
멜론 4개+복숭아 1개

멜론 4개=복숭아 3개이므로, 멜론 4개를 복숭아 3개로 바꾸면 들어간 복숭아 수는 4개이다.

◈ 고급문제

장님과 코끼리의 일부이다.

2) 상황중심의 사고 연습: 아이의 장난_23p

다음 답변은 어머니들에게 실제 인터뷰한 내용을 수록하였다. (　　)안의 숫자는 답변한 사람들의 숫자이다. 숫자가 많을수록 일반적으로 해결하는 방법이다. 그러나, 숫자가 적다고 해서 (반드시) 창의적인 경우라고는 할 수 없다. 읽어 본 후 창의적인 문제해결과 그렇지 않은 내용을 판단하길 바란다. 그리고 자신의 생각과 비교해 보자.

1) 다른 사람에게 피해를 준 것에 대해 사과한다. (36)

- 다른 사람에게는 사과를 해야 한다.
- 내 아이가 공공장소에서 다른 사람들에게 불편을 끼쳤다면 사과를 하고 아이에게 주의를 줄 것이다.
- 미안하다는 인사를 하고 아이와 함께 이야기한다.

2) 아이를 야단친다. (24)

- 모르는 사람에게 내 아이가 야단을 맞았을 경우 기분은 나쁘겠지만 그 상황은 아이가 잘못한 경우이므로 주의를 주겠다. 물론 아이의 입장에서 무척 힘든 상황이라 생각이 된다.
- 아이의 그런 행동을 야단친다. 식당은 공공장소이므로 당연히 아이에게 주의를 줄 것이다.

3) 아이에게 공공장소에서 지켜야 할 예절을 가르쳐준다. (12)

- 아이에게 공공장소의 지켜야 할 예절을 얘기해 주겠다.

4) 아이를 데려가지 않는다. (12)

- 아이가 동창회 모임을 싫어한다면 아빠에게 아이를 맡기고 모임에 가거나 주위에 부탁을 하고 혼자 가겠다.

5) 아이가 놀 공간이 있으면 데려간다. (12)

- 먼저 아이가 놀 수 있는 공간이 있는지 놀잇감은 있는지 알아보고 아이를 데려갈 것이다.

6) 아이가 놀 수 있는 곳으로 자리를 옮긴다. (12)

- 친구들에게 양해를 구해 아이도 놀 수 있는 편안한 장소로 옮긴다.

7) 주위 사람이 너와 엄마를 나쁘게 본다. (12)

- 주위 사람이 너와 엄마를 나쁘게 본다.

8) 아이에게 참도록 교육한다. (12)

- 요즈음 아이들은 잘 못 참는다. 엄마들은 아이에게 시련을 안 주려고 하는데, 이럴 때는 아이에게 참도록 교육한다. 칼을 만들 때도 쇠를 달구는 등의 담근질을 해야 한다. 그래야만 쇠가 강해진다. 요즈음 아이들에게도 시련을 주면서 그 과정에서 강하게 만들어야 한다.

9) 아이의 놀이 도구를 가지고 간다. (4)

- 모임에 아이가 할 수 있는 놀이 도구를 가지고 가서 놀 수 있게 한다.

10) 다음 만남을 약속하고 일찍 돌아온다. (4)

- 다음 만남을 약속하고 일찍 돌아온다.

3) If ~, then 사고 연습: 내가 왕이라면_25p

가치관에 따라 다양한 답이 나올 수 있다. 자신의 생각과 비교하여 멋진 왕이 되시기 바랍니다.

예 1: 자신의 모든 것을 준 셋째와 결혼시킨다. 왜냐하면 사랑은 자신의 모든 것을 주는 것이므로

예 2: 탐구정신으로 아픈 공주를 처음 발견한 첫째와 결혼시킨다. 왜냐하면 공주가 병이 낫게 된 것은 첫째의 호기심과 관찰적 태도 때문이니까

예 3: 직접 갈 수 있도록 한 둘째와 결혼시킨다. 왜냐하면 둘째는 실천적 행동을 보였다. 둘째의 실천이 없었다면 문제에 접근할 수 없었다.

예 4: 우선 셋째는 배제하고 생각하여야 한다. 왜냐하면 셋째는 지속적 사랑을 할 수 없기 때문이다. 한번 모든 것을 주고 끝나버렸다는 것은 능력이 부족한 것이다.

제2장 문제에 대한 가능한 정답

◈ 내가 만드는 명언의 가능한 예_26p

세상에는 세 종류의 사람이 있다.
첫째는, 시간을 황금처럼 활용하는 사람이요.
둘째는, 시간을 쓰레기처럼 버리는 사람이요.
셋째는, 시간이 무엇인지도 모르는 사람이다.
우리에게는 시간을 생명이라는 것을 인식하는 것이 필요하다.

◈ 성공을 위한 아이디어: 나폴레옹의 도전_28p

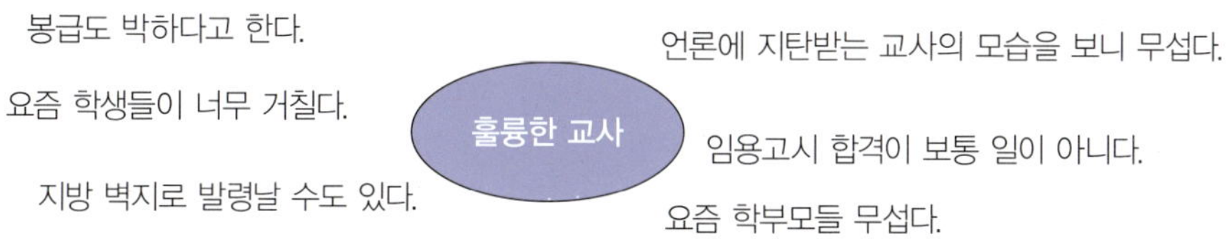

[그림 2-1] 불가능한 이유들에 둘러싸인 나의 꿈

마음 상태: 저런 상황에서 훌륭한 교사가 되기도 어렵지만 되어서도 힘들다.

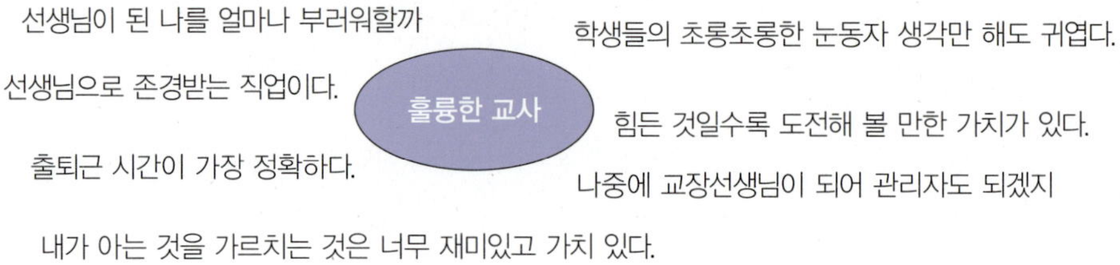

[그림 2-2] **가능한 이유들에 둘러싸인 나의 꿈**

마음상태: 정말 교사가 되고 싶다. 도전할 만하다. 할 수 있다.

◈ 질문하기 연습: 가능한 질문_40p

예 1: 하마는 아무것도 모르는 것일까?

예 2: 하마 혼자서 사자 두 마리를 당할 수 있을까?

예 3: 사자는 언제까지 기다릴까?

예 4: 사자가 노리는 것을 모르고 있는 하마처럼 나도 나의 삶에서 누군가가 노리고 있는 것을 모르는 것은 아닌가?

예 5: 하마가 시간이라면 나의 시간을 노리는 불량 생각이 있는 건 아닌가?

참고로 http://news.jtbc.joins.com/article/ArticlePrint.aspx?news_id=NB10110749의 추가사진과 내용을 소개한다.

“원래 강한 턱과 이빨을 가진 하마에게 사자는 대적하지 못한다. 하지만 현재의 상황은 다르다. 새끼 하마 한 마리가 어미 사자 세 마리를 당해낸다는 것은 아무래도 역부족이다. 새끼 하마가 먹잇감이라고 생각한 사자들은 물러나지 않고 물 밖에서 시간 끌기에 들어간다. 밤새 괴롭힘을 당한 새끼 하마가 물 밖으로 나오자 바위 뒤에 숨어 있던 사자가 급습을 한다. 사자들이 새끼 하마의 등에 올라타 날카로운 이빨로 하마를 공격한다. 위기를 느낀 하마는 다시 물속으로 도망치지만 때는 이미 늦었다. 기력은 쇠해졌고 수심이 얕아 사자들의 공격을 막을 수 없는 지경에 이른다. 결국 1박 2일 동안 이어진 치열한 생존 게임은 사자들의 승리로 끝이 났다.”

앞에서 던진 질문 예 5번과 같이 새끼하마가 당신의 시간이라면 자신의 인생 목적(어미 하마)과 함께 있지 못하고 잡념과 부정적 생각(사자)에 쉽게 파멸되고 있지 않은지 깊이 생각해 봅시다. 창의성이 발현되는 데 있어 해석만이 중요한 요소는 아닙니다. 창의성이 나타나기 위해서는 시간과 노력의 투자도 필요합니다(Runco, 2009, 임웅역 2009 재인용).

1) Problem Solving 연습: 에스컬레이터_42p

◈ 기초문제

①번이 다르다. 이유는 다른 것은 복수인데 단수이다.

③번이 다르다. 이유는 방향이 다르다.

◈ 중급문제

②번이 다르다. 이유는 다른 것은 한 줄인데 ②번은 두 줄로 표시되어 있다.

③번이 다르다. 이유는 다른 것은 짝수인데 ③번은 홀수이다.

④번이 다르다. 이유는 방향이 다르다.

◈ 고급문제

걸어가는 사람보다 뛰어가는 사람이 더 많은 계단을 밟는다. 단, 뛰어가는 속도가 에스컬레이터 속도보다 빠르면 달라진다. 실제로 해 보기 바란다. (실험할 때는 조심해서, 사람이 없을 때 하시기 바랍니다.)

2) 상황중심의 사고 연습: 땅에 떨어진 돈_44p

다음 답변은 어머니들에게 실제 인터뷰한 내용을 수록하였다. (　　)안의 숫자는 답변한 사람들의 숫자이다. 숫자가 많을수록 일반적으로 해결하는 방법이다. 그러나, 숫자가 적다고 해서 (반드시) 창의적인 경우라고는 할 수 없다. 읽어 본 후 창의적인 문제해결과 그렇지 않은 내용을 판단하길 바란다. 그리고 자신의 생각과 비교해 보자.

1) 돈은 주인을 찾아 주자. (96)

- 경찰서에 갖다 주어서 주인을 찾아 주면 좋지 않을까. 돈도 중요한 것이니까.
- 주인을 찾아 줄 수 있으면 더 좋겠다.
- 500원을 주웠을 때 버리지 말고 그 돈을 잃어버린 친구를 찾아주지 그랬니?
- 엄마한테 말해도 되고 선생님께 드려도 된다. 알겠지?
- 자기 물건이 아닌 것은 그 자리에 두고 가자. 주인이 다시 찾으러 올 수 있으니까.

2) 돈은 소중한 것이다. (84)

- 돈의 가치는 화폐에 표시되어 있는 숫자보다 훨씬 가치가 높단다.
- 돈은 물론 많은 사람들이 만지기 때문에 더럽기도 하지만 아주 중요한 거란다. 돈이 있어야 먹을 것도 사고 입을 것도 살 수 있어.
- 소중한 것은 비록 더럽더라도 그 가치는 변하지 않는단다.
- 아빠도 열심히 일하시고 월급을 받는단다. 그래서 우리 가족 모두 생활할 수 있게 하는 소중한 것이란다.

3) 돈은 주워라. (65)

- 네게 '돈'이라는 개념이 서 있다면 주워라.
- 이건 돈이잖아. 돈은 무조건 주워라.
- 네가 좋아하는 과자랑 아이스크림을 사 먹을 수 있는 돈이 떨어져 있을 때도 있거든. 그래서 돈은 주워라.
- (기가 막힌 표정을 지으면서) 그럼 내가 주울게.

4) 더러운 것의 의미 알려 준다. (60)

- 돈도 정말 더러운 경우도 있다. 훔친 돈이라든지, 남에게 뺏은 돈은 정말 더

러운 돈이겠지?

- 엄마가 땅에 떨어진 것은 더러우니까 줍지 말라고 한 것은 음식물 같은 것을 말한단다. 음식물은 깨끗하게 보관하지 않으면 쉽게 상하기 때문에 병균이 생겨서 먹으면 우리 몸이 아프게 된단다.
- 네가 흙이 묻으면 엄마가 더럽다고 길에다 버리진 않잖니?
- 더러운 것을 가만히 생각해 보면 좀 다른 점이 있단다. 예를 들면 음식이 더러워졌다는 것은 상해서 먹지 못하기 때문이지, 그 음식을 먹으면 건강을 버리기 때문이다.
- 네가 땅에 넘어졌거나 웅덩이에 빠져서 더러워졌다고 해서 네가 아니라고 할 수 없듯이 비록 돈에 흙은 묻었지만 그건 깨끗한 돈과 마찬가지의 가치가 있는 돈이란다.

5) 돈은 더러워도 씻으면 된다. (48)

- 그러나 돈은 더러워도 씻으면 되겠지.
- 길에 떨어진 동전은 깨끗이 씻어서 다시 사용하는 게 어때?
- 흙은 씻으면 금방 없어지는 거고 그러니까 더러워도 깨끗이 닦아서 다시 사용해야 한다.

6) 더러운 것은 줍지 마라. (36)

- 물론 더러운 물건이라면 줍지 말아라.
- 항상 남의 물건에는 탐내지 말고 거리에서도 뭐든 줍지 말아라.

7) 돈은 더러워도 주워라. (36)

- 그래. 네 말처럼 돈에 흙이 묻어서 더러웠겠구나. 그래도 돈은 더러워도 주워라.
- 그랬어? 그런데 있잖아. 길에 떨어진 것 중에는 더러운 것이나 사람들이 쓸 수 없는 물건들도 있지만 돈이니깐 더러워도 주워라.
- 더러운 물건은 줍지 말라고 엄마가 말했지만, 돈은 더러워도 주워라.

8) 네가 알아서 해라. (24)

- 그래 엄마도 모르겠다. 네가 알아서 해라.
- 돈이라서 그냥 놔두기도 그렇지만, 네가 알아서 해라.

9) 주워서 저금해라. (12)

- 주워서 저금해라.

10) 엄마의 말을 기억하는 아이 칭찬 (12)

- 엄마가 길에 떨어진 것은 더러운 거라고 했었지? 우리 딸이 기억을 잘하고 있었네.

11) 길에 버려져 있다고 다 더러운 것은 아니다. (12)

- 길에 떨어진 것이 다 더러운 것이 아니라는 것을 알려 준다.
- 돈은 물건하고는 다르지.

12) 돈의 의미를 이해시킨다. (36)

- 적은 돈이라도 모이면 큰돈이 된다는 것을 말해 준다.
- 10원을 만들기 위해 광산에서 광부들이 수백 미터 땅속에서 광석을 캐다가 여러 과정을 거쳐서 구리를 만들고 이것을 다시 돈을 만드는 조폐창에서 동전으로 만든단다. 그냥 보기에는 1원, 10원이지만 그것이 만들어지기는 굉장히 어려운 여러 과정을 거쳐 만들어지는 것이므로 적은 액수라도 귀하게 여겨야 된단다.
- 돈이란 원래 물건을 구입할 때 쓰는 것이기 때문이다.

13) 주워서 자신을 위해 쓰자. (36)

- 주워서 다음에는 과자 사먹어라.
- 그 금액이 아주 적고 주인을 알 수 없을 때는 주운 사람이 가질 수도 있는 거지.
- 버려진 물건이라도 다시 쓸 수 있는 물건은 재활용하면 좋겠지.

14) 불우이웃 돕기를 하자. (12)

- 주인을 찾아주어야겠지만 주인을 찾기 어려우니까 불우이웃을 돕는 데 사용하자.

15) 아이의 판단을 기다린다. (12)

- 너는 어떻게 생각하니?

3) If ~, then 사고 연습_45p

단지 하나의 예일 뿐이니 각자 생각이 얼마나 유용성이 있는지 확인해 보자.

시간상자를 파괴하겠다. 왜냐하면 외부와 철저하게 차단된 것은 감옥보다 더 심한 감옥이다. 시간의 경과는 나의 발전이기도 하므로 시간상자에 들어가느니 세상에서 나이들면서 살겠다. 설령 젊음이 유지된다고 하더라도 그것은 삶이 정지될 뿐이지 내가 사는 삶의 시간은 동일하다. 삶이 정지된 동안 벌어진 사건에 대한 지식을 학습하지 못하고 뒤이어 오는 후손들과 다시 경배하면서 살아야 하므로 더욱 삶이 힘들어진다.

제3장 문제에 대한 가능한 정답

◈ 내가 만드는 명언의 가능한 예_46p

창의성을 가지고도 그것을 활용하지 못하는 사람은
상황에 적응하지 못하면서 으시대는 사람과 같다.

◈ 성공을 위한 아이디어: 연금술_48p

- 처음 쪼개본 글자: '사', '과'
- 다시 만든 글자: 위처럼 쪼개면 다른 글자를 더 만들 수 없다.
- 더 이상 쪼갤 수 없이 쪼개어 나온 것: 'ㅅ', 'ㅏ', 'ㄱ', 'ㅗ', 'ㅏ'
- 다시 만든 글자: 사고, 가소, 갓, 삭,
- 위 쪼갠 글자를 다시 회전한다면 더 많은 글자를 만들 수 있다. 예: 서, 선, 수, 숙, 가
- 여기 기발한 유아의 생각을 소개한다.

언젠가 초인지-사칙연산적 사고로 교육받던 유아가 사과라는 글자를 가지고 도토리라는 글자를 만들 수 있다고 하여 선생님을 깜짝 놀라게 했다. 놀라는 선생님 표정과는 달리 그 아이는 "선생님, 있잖아요. 사과라는 글자를 나누면 전부 점

이 되니까 그 점으로 다시 뭐든 만들 수 있어요."라고 천연덕스럽게 말했다. 창의적 성공인은 사물을 쪼개어 볼 수 있어야 한다. 남들보다 쪼갤 수 있는 능력이 더 있다면 더 창의적일 것이다. 잘난 체하는 사람은 쪼개는 것을 유치하다고 생각하는 경향이 있다. 왜냐하면 기존 지식의 노예가 되어 있기 때문이다.

3) 창의성의 의미_63p

- 문제 1: 8을 2로 나누면 얼마인가?
  - 가능한 정답 1: 4 (8÷2=4)
  - 가능한 정답 2: 3 (8을 세로로 반을 나누면 3이라는 수가 좌우로 마주 봄)
  - 가능한 정답 3: 0 (8을 가로로 반을 나누면 0이라는 수가 상하로 마주 봄)
- 문제 2: 1 과 1을 더하면 얼마인가 ?
  - 가능한 정답 1: 2 (1+1=2)
  - 가능한 정답 2: 1 (수은(물) 방울 둘을 합치면 결합하여 여전히 한 개)
  - 가능한 정답 3: 11 (1을 그냥 그 옆에다 더하면)
  - 가능한 정답 4: 王 (一 十 一)
- 문제 3: 60 과 90을 더하면 얼마인가?
  - 가능한 정답 1: 150 (60+90=75)
  - 가능한 정답 2: 75 (60도의 물과 90도의 물을 섞으면 75도의 물이 된다. 물의 양에 따라 다양한 값이 나올 수 있다.)
  - 가능한 정답 3: 200 (왼손으로 들 수 있는 무게 60kg, 오른손으로 들 수 있는 무게 90㎏일 때 왼손과 오른손을 함께 더하여 사용하면 200㎏도 들 수 있다. synergy 효과)
- 문제 4: I, L, V, E로 만들 수 있는 글자는?
  - 가능한 정답 1: LIVE (삶, 생명)
  - 가능한 정답 2: EVIL (악)
  - 가능한 정답 3: VEIL (면사포)
  - 가능한 정답 4: VIEL (독일어: 많은)

◈ 정보생성하기의 연습_68p

A와 B는 밝기가 같다. 다른 면을 전부 다른 색으로 덮어보면 알 수 있다. 그럼에도 밝기가 달라보이는 것은 주변의 색깔이 다르기 때문이다.

우리도 다른 사람을 바라볼 때 바라보는 잣대(주변 환경)를 다르게 하여 같은 모습을 다르게 보고 있다. 우리는 이를 색안경을 끼고 본다고 한다.

1) Problem Solving 연습: 지하철 노선도_69p

◈ 기초문제

◈ 중급문제

작은 원에서 보면 셋중에서 가장 힘센 동물이다. 따라서 큰원에 등장한 동물 중 가장 힘센 동물이다.

◈ 고급문제

문제 1.

- 논리적으로 보면 실제 가는 방향과 노선에 표시되는 방향이 다르면 계속 달라야 한다. 그러나 노선이 타원으로 표시되어 빙 돌면 기차가 가는 방향과 노선의 방향이 일치하므로 프로그램이 방향을 일치시킨다. 따라서 빙 돌아서 반대 방향으로 가면 노선도와 지하철이 가는 방향은 일치한다.
- 노선도와 가는 방향을 일치하지 않은 경우 지금 보고 있는 문이 아닌 반대편 문에 있는 것을 보면 일치한다.

문제 2.

- 학생들의 말이 사실인지 알기 위해 다음과 같은 문제를 내었다.

"오늘 자동차는 어디쯤에서 어느 바퀴에 펑크가 났는지, 그리고 누가 어떻게 고쳤는지를 적어라."

2) 상황중심의 사고 연습: 수재의연금_72p

다음 답변은 어머니들에게 실제 인터뷰한 내용을 수록하였다. (　　)안의 숫자는 답변한 사람들의 숫자이다. 숫자가 많을수록 일반적으로 해결하는 방법이다. 그러나, 숫자가 적다고 해서 (반드시) 창의적인 경우라고는 할 수 없다. 읽어 본 후 창의적인 문제해결과 그렇지 않은 내용을 판단하길 바란다. 그리고 자신의 생각과 비교해 보자.

1) 자신에게 맞는 금액을 내자. (96)

- 몇 년 동안 모은 적지 않은 돈을 모두 성금으로 내고 난 뒤 아까워하고 후회하는 것보다는 네가 내어도 되겠다고 생각하는 금액을 정하고 기쁜 마음으로 성금 했으면 좋겠구나.
- 저금통을 통째로 가져가는 것도 착한 아이지만 엄마 생각에는 모두 다 가져가지 말고 5만 원 정도는 수재의연금으로 내고 나머지는 꼭 필요한 물건을 사는 건 어떨까?

- 그렇지만 네가 아끼는 돼지 저금통은 네가 낼 수 있는 돈의 액수보다 너무나도 많아. 너는 어린이인데 돼지 저금통이 돈은 네가 셀 수 없을 만큼 많거든. 그러니까 네가 셀 수 있는 만큼만 내면 안 될까?
- 모든 것은 자신의 현재 상태에 맞게 자신의 믿음에 따라 행동하여야 한단다. 불쌍한 사람을 돕는 것도 착한 일 하는 것도 좋지만 여유 껏 해야지.
- 친구처럼 저금한 돈을 모아서 통째로 내고 싶은 모양이구나. 근데 너는 어릴 때부터 열심히 모은 돈이라서 엄청 많은 돈이란다. 저기서 오천 원만 꺼내 수재의연금으로 내는 게 어떻겠니?
- 네가 몇 년간 모은 소중한 것이니까 그냥 보관하고, 다른 저금통을 사서 적당한 액수를 넣어 수재의연금으로 내자.
- 아이들이 내기에는 너무 큰돈이기 때문에 너희들에게 맞는 금액만 가져가라.
- 하지만 무조건 많이 도와주는 것이 잘하는 것은 아니란다. 자기의 형편에 맞게 해야지. 남이 한다고 똑같이 할 필요는 없다고 엄마는 생각한다.

2) 한 번 더 신중하게 생각해 보자. (60)

- 네가 저금한 돈을 모두 하고 싶다면 그렇게 해도 되겠지만, 왜냐면 네가 저금한 돈이니깐 그렇지만 한 번만 더 신중하게 생각해 보고 결정했으면 좋겠구나.
- 순간의 감정이 아닌 여러 상황을 판단해서 다시 생각해 보자.
- 하지만 네가 애써 70만 원이라는 많은 돈을 모았잖아 엄마가 생각하기로는 70만 원에서 네가 최소한으로 할 수 있는 남을 위해 쓸 수 있는 금액을 생각해서 도와주었으면 한다.
- 너와 엄마가 함께 수재의연금을 얼마만큼 낼지 생각해 보자꾸나.
- 몇 년간 저금을 한 돈도 중요하기 때문에 네가 잘 생각해서 모두 내는 것이 좋다면 그렇게 하렴.

3) 착한 아이라는 소리가 듣고 싶은가? (60)

- 친구가 그렇게 했기 때문에 너도 하고 싶은 건지, 선생님께 착한 아이라는 소리를 듣고 싶어서 그런지?
- 돈을 많이 내어서 너도 착한 아이가 되고 싶은 모양이구나. 그 대신 선생님께 네가 저금을 많이 한 것 중에서 내는 것이라고 편지를 적어 보는 게 어때?

- 물론 착한 아이가 되어야지. 저금통을 통째로 가져가지 않아도 아껴 모은 돈을 수재의연금으로 내는 건 훌륭한 일이란다.
- 저금통을 통째로 내는 것도 착한 일이지만, 많은 돈이 아니라도 네가 어려운 친구를 도와주려고 하는 착한 마음이 전해질 수만 있다면 착한 일을 한 아이라고 할 수 있단다.
- 엄마 심부름이나 동생과 놀아주어 엄마가 칭찬하며 맛있는 거 사먹으라고 주는 작은 돈이라도 내일 학교에 내어 불쌍한 사람에게 도움을 줄 수 있다면 이것은 네가 착한 아이가 될 수 있는 방법이란다.

4) 용돈을 절약해서 내자. (36)

- 그 대신 용돈을 조금 더 줄 테니 그걸로 수재의연금을 내자. 자기 용돈을 아껴서 남을 돕는 것도 무척 착한 일이야.
- 수재의연금은 너의 일주일치 용돈을 내자꾸나.
- 용돈을 내는 것도 저금통을 내는 것 못지 않게 착한 일이란다.

5) 남을 돕는다는 것의 의미. (36)

- 남을 돕는다는 것은 정말 훌륭한 일이란다.
- 남을 돕는다는 것은 여러 가지가 있단다. 네가 열심히 일을 돕거나 예를 들어, 청소를 돕거나 설거지를 한다든지 꼭 돈이 아니더라도 도울 수 있는 방법을 생각해 보면 매우 많단다.
- 우리 주변의 어려운 사람을 도와주는 건 좋은 일이다. 서로 도우면서 함께 살아가는 것이지.

6) 그 돈은 다른 것을 위해 모은 것이다. (24)

- 그 돈은 이 다음에 필요한 물건을 사려고 모은 거니까.
- 저금통에 돈은 따로 쓸 데가 있단다. 그렇게 갖고 싶어 하는 피아노를 사기로 하지 않았니? 오래도록 아껴 모은 거니까 일부는 수재의연금으로 내고 나머지는 정말 꼭 필요한 다른 일에 쓰는 것도 괜찮은 일인 것 같다.

7) 어려운 사람을 돕는다니 기쁘다. (12)

- 그래. 엄마도 네가 수해로 어려움을 겪는 사람을 돕고 싶다고 하니 기쁘구나.

8) 엄마도 성금을 내겠다. (12)

- 엄마도 많이는 못 내도 얼마간의 성금을 할거란다. 그 정도면 엄마도 부담스럽지 않고 누가 착하다고 말해 주지 않아도 좋을 금액이거든. 왜냐하면 엄마가 기쁘니까.

9) 남을 도울 일은 앞으로 많단다. (12)

- 하지만 당장 자신의 가진 것을 모두 낸다면 무엇으로 다음을 준비하지? 만약 며칠 후 또 다른 홍수나 화재로 난리가 나면 넌 무엇으로 도울 수 있겠니?

3) If ~, then 사고 연습_73p

단지 하나의 예일 뿐이니 각자 생각이 얼마나 유용성이 있는지 확인해 보자.

- 미래를 알아서 예지자가 된다.
- 예지자가 되지만 내가 힘이 약하면 남에게 이용당한다.
- 내일을 알고 있으므로 일상생활에서 대비를 할 수 있다.
- 많은 지식을 가지고 있으면 내일의 신문을 보는 것과 같을 수 있다.

제4장 문제에 대한 가능한 정답

◈ 내가 만드는 명언의 가능한 예_74

모든 사람이
잘못된 습관을 바꾸겠다고 생각하지만,
어느 누구도 자기 습관을
바꿀 행동을 하지 않는다.

◈ 성공을 위한 아이디어: 우연한 발견_76p

각자의 생각을 적고 반성해 보자. 투자 시간이 적으면 꿈이 달성될 수가 없다. 지하철에서 투자란 오늘의 가격으로 내일의 가격을 사는 것이라고 했다. 참 멋진 말이다. 현재 아직 사회에 진출하기 전의 1시간의 가치는 크지 않다. 최저임금으로 계산하여도 만 원이 안 된다. 이 값싼 1시간을 어디에 투자할지 깊이 생각해 보자.

자신의 미래에 직업으로써 생활할 능력을 구입하는 데 시간을 투자해 보자. 그 능력을 사들인 후 미래의 1시간의 가치를 상상해 보자. 우리가 가장 손쉽게 볼 수 있는 예가 운동선수이다.

이름난 운동 선수들을 보라 그들의 1시간은 지금 얼마나 값이 나가는지? 그러나 그들도 탁월한 선수가 되기 전에는 큰 값이 아니었다. 당신의 가치는 시간당 임금으로 나타난다. 현재 받을 수 있는 1시간의 가치를 생각해 보라. 그러고 난 뒤 10년 뒤에 당신이 받을 수 있는 1시간의 가치를 생각해 보라. 그 가격이 크게 차이나게 만들기 위해서 지금 무엇을 하여야 할까?

예로 오늘날 인기있는 축구선수 손흥민의 시간당 가치를 언론의 기사를 보면서 계산해 보자.

- 2013년 연봉은 약 10억 원으로 알려져 있다.
- 2018년 7월 11일 포브스가 공개한 자료에 의하면 주급은 1억2천4백만 원, 연봉으로는 64억7천만 원에 해당한다.
- 2018년 11월 13일 영국 HTC가 발표한 자료에 의하면 주급은 2억 원, 연봉으로는 약 106억 6천만 원이다.

이 금액으로 손흥민의 시간당 가치를 대략 계산해 보자. 축구선수는 매일 뛰는 것 아니지만 일반 직업인처럼 일주일에 5일 연 250일 하루 8시간, 연 2,000시간 근무한다고 치고 계산하면 다음과 같다.

2013년	2018년 이전	2018년 재계약 후
500,000원	3,235,000원	5,330,000DNJS

2013년 1시간에 500,000원 받던 가치가 지금은 1시간에 5,330,000원을 받는다. 능력 있는 사람의 가치는 가히 상상조차 하기 어렵다. 당신도 지금 1시간을 능력을 구입하는 데 투자하여 미래에 가치를 높이기 바랍니다.

◈ 정보연상하기의 연습_93p

각자의 생각을 적어 보자. 그리고 그 생각하는 것과 자신의 현재 모습을 연결시켜 보자. 나는 생각하는 그 내용이다. 연상은 부정적으로 하기보다 긍정적으로 하자.

2) 일상 활동: 글자 없는 그림책 이야기 꾸미기_95p

1) Problem Solving 연습_96p

◈ 기초문제

토끼로 볼 수도 있고, 오리로 볼 수 있다. 어느 특징을 잡아서 상상하느냐에 따라 다르게 본다.

◈ 중급문제

문제 1. 35개

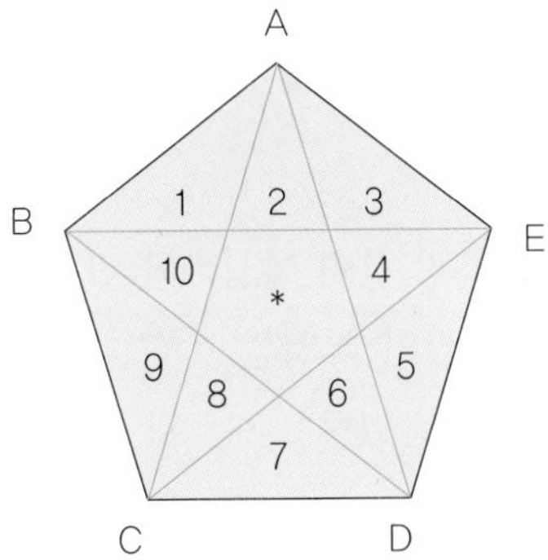

① 삼각형 한 개로 이루어진 삼각형: 10개

② 삼각형 두 개로 이루어진 삼각형: 10개

(1, 2), (2, 3), (3, 4), (4, 5), (5, 6), (6, 7), (7, 8), (8, 9), (9, 10), (10, 1)

③ 삼각형 세 개로 이루어진 삼각형: 5개

(1, 2, 3), (3, 4, 5), (5, 6, 7), (7, 8, 9), (9, 10, 1)

④ 삼각형 두 개와 *로 이루어진 삼각형: 5개
(8, *, 4), (10, *, 6), (2, *, 8), (10, *, 4), (6, *, 2)
⑤ 세 꼭지점으로 이루어진 삼각형: 5개
(A, C, D), (E, B, C), (D, A, B), (C, E, A), (B, D, E)

문제 2. 『탈무드』에서는 다음과 같이 설명하고 있다.
두 개의 머리 중에 한 머리에 뜨거운 물을 부어라. 물을 뒤집어 쓰지 않은 머리 쪽이 아무렇지도 않은 채 히죽 웃고 있으면 두 사람이고, 뜨겁다고 놀라 울면 한 사람이다.

◈ 고급문제

문제 1. 저자도 정확한 답을 모른다. 저자의 의문을 올려서 여러분들의 답을 듣고 싶다. 일반적으로 생각하면 100watt에 30watt가 더해진 '가'에서 더 밝을 것으로 생각할 수 있다. 그러나 저자는 다음과 같은 의문이 들었다. 100watt의 밝기가 가는 길에 30watt의 불이 가로 막고 있으므로 오히려 더 어두워지는 것 아닌가?
예를 들면 바둑 9단이 바둑을 두는데 초보자가 같이 뜬다고 하면 도움이 될까? 여러분의 현명한 답을 기대해 본다.

문제 2. 『탈무드』에서는 다음과 같이 설명하고 있다.
"내가 등불을 들고 다니면 앞이 보이는 사람들에게 소경이 걷고 있다는 것을 알려줄 수 있기 때문이다."라고 말했다.

2) 상황중심의 사고 연습: 자장면 한그릇_97p

다음 답변은 어머니들에게 실제 인터뷰한 내용을 수록하였다. (   )안의 숫자는 답변한 사람들의 숫자이다. 숫자가 많을수록 일반적으로 해결하는 방법이다. 그러나, 숫자가 적다고 해서 (반드시) 창의적인 경우라고는 할 수 없다. 읽어 본 후 창의적인 문제해결과 그렇지 않은 내용을 판단하길 바란다. 그리고 자신의 생각과 비교해 보자.

① 두 그릇 시킨다. (48)

- 별 문제 없이 두 그릇 시키겠다. 그 때는 한 그릇 못 먹어도 오늘은 한 그릇 다 먹을 수도 있으니까 자기 원하는 대로 시켜 주고 자기 양이 어느 정도인지 스스로 느낄 수 있는 기회를 준다.
- 아이가 자신의 몫인 한 그릇을 요구하면 인정해 준다. 그리고 한 그릇을 시켜서 다 먹지 못하더라도 그대로 놔둔다. 아이 스스로 이제 엄마랑 같이 나누어 먹으면 되겠다고 느낄 때까지는 아이가 요구하는 자신의 몫을 챙겨 준다.
- 우리 아들 아직 아기라고 생각했는데 벌써 커서 자장면 한 그릇을 먹을 만큼 컸네. 많이 먹어 하며 아이의 것을 한 그릇 따로 시켜 준다.
- 비록 남길지언정 두 그릇 시킨다. 그리고 나중에 자장면을 다 못 먹겠다고 그러면, "엄마 말이 맞지 한 그릇 다 못 먹겠지?" 이런 경험을 해 보아야 다음에는 엄마 말이 맞다는 것을 알게 될 것이다.

② 음식의 소중함과 음식물 쓰레기의 심각성을 말해 준다. (24)

- 굶주리며 살아가는 사람이 있다는 사실과 함께 음식의 소중함을 일깨워 준다.
- TV 등에서 보았던 도움이 필요한 나라의 굶주린 아이들의 예를 들어 음식의 소중함에 대해 말해 준다.

③ 한 그릇만 시킨다. (24)

- 꼭 한 그릇만 시킨다.
- 한 그릇을 시켜 지켜보고 있다 아이가 남기면 엄마가 먹는다. 억지로 엄마의 강한 면을 보여 주기 위함이다.

④ 시간을 두고라도 다 먹게 한다. (24)

- 과자든 껌이든 뭐든 많이 사서 남기면 두었다가 다른 것을 사달라고 할 때 남은 것을 다 먹어야 사준다.
- 만일 못 먹으면 남은 자장면을 싸서 집에 가져와서 먹으라고 한다.

⑤ 음식을 시키지 않고 밖으로 나온다. (12)

- 음식점을 나온다.

⑥ 조건을 제시한다. (12)

- 음식이 나오는 동안 다 먹겠다는 약속을 받고 만약 다 못 먹었을 때는 아들이 하기 싫어하는 일, 예를 들면 학습지 하기, 매운 음식 먹기 등등 중에서 하나를 고르게 한다.

⑦ 미리 이야기해 약속을 하고 다음부터는 반복되지 않도록 한다. (12)

- 먹기 전에 이야기한다. "다 먹을 수 있니? 다 먹지 못하면 다음부터는 한 그릇만 시킨다. 먹는 것에 욕심부리지 말아라!"

⑧ 곱빼기를 시켜 두 그릇으로 나누어 먹는다. (4)

- 곱빼기를 시켜 두 그릇으로 나누어 아이에게 당당하게 한 그릇 준다.

3) If ~, then 사고 연습: 소원을 들어주는 마법사_98p

각자의 생각을 서로 토론해 봅시다. 나 자신이 성취지향적인지? 쾌락지향적인지? 현실도피적인지를 생각해 보자. 만일 성취지향적이 아니라면 자신의 소원에 대해 다시 생각해 보자.

제5장 문제에 대한 가능한 정답

◈ 내가 만드는 명언의 가능한 예_100p

내가 아는 것보다
더 멀리 세상을 내다볼 수 있다면,
정신의 위력을 활용했기 때문이다.

◈ 성공을 위한 아이디어: 신사임당_102p

나 자신의 성공을 위하는 길! 그게 바로 부모를 위하는 길이다. 나 자신을 파괴하는 일은 나의 미래도 어둡게 하지만 부모에대한 효도도 동시에 사라짐을 명심하고 자신의 발전에 대한 꿈을 그려 보자.

◈ 정교화하기의 연습_113p

공룡을 그린 그림이다. 다음 사진과 비교하여 얼마나 구체화되었는지 비교해 보자.

1) Problem Solving 연습_115p

◈ 기초문제

◈ 중급문제

문제 1. 姜(강)

옥황상제의 여덟 번째 딸은 한자로 '八+王+女'로 나타낼 수 있는데, 글자를 분합하면 姜(강)자가 된다.

문제 2. 혜은

◈ 고급문제

오른쪽이 정직족이다.

	왼쪽	가운데	오른쪽	
왼쪽이 정직족이라면	정직족	정직족	거짓족	• 적어도 한 사람이 정직족이라는 것에 모순 • 가운데가 둘다 나와 같은 족이라는 것이 거짓말이 됨
오른쪽이 정직족이라면	거짓족	거짓족	정직족	• 적어도 한 사람이 정직족이라는 것에 부합 • 가운데가 가운데가 둘다 나와 같은 족이라는 것이 거짓말임이 나타남 • 왼쪽이 말한 것도 거짓말임이 나타남

2) 상황중심의 사고 연습: 혼자 자는 아이_117p

다음 답변은 어머니들에게 실제 인터뷰한 내용을 수록하였다. (　　)안의 숫자는 답변한 사람들의 숫자이다. 숫자가 많을수록 일반적으로 해결하는 방법이다. 그러나, 숫자가 적다고 해서 (반드시) 창의적인 경우라고는 할 수 없다. 읽어 본 후 창의적인 문제해결과 그렇지 않은 내용을 판단하길 바란다. 그리고 자신의 생각과 비교해 보자.

1) 엄마, 아빠는 부부라서 함께 잔다고 한다. (48)

- '새'가 자라는 것과 같이 엄마 새와 아빠 새는 항상 같이 있으면서 아기 새가 자라나도록 돕고 아기 새가 자라났을 때는 혼자서 날 수 있도록 도와준다. 그래서 엄마랑 아빠는 같이 지내고 아이들은 나이가 들면 자기 방을 가지게 된다고 설명하겠다.
- 엄마 아빠는 결혼을 해서 같이 자지만 너는 아직 어려서 결혼을 안 했으니까 혼자 자야 한다.
- 엄마 아빠는 부부란다. 그래서 같이 잠을 자는 거란다. 부부란 일심동체란다. 엄마 아빠는 한 몸이란 뜻이란다. 엄마 아빠는 사랑해서 결혼하여 같이 밥 먹고 잠자고 사랑을 해서 너를 낳았단다. 그래서 엄마 아빠는 한 방을 같이 쓰는 거란다. 너는 이젠 초등학생이고 혼자 방을 쓸 수 있을 만큼 컸다고 생각한다.
- 엄마와 아빠는 독립심과 자율성이 부족하여 같이 자는 것이 아니라, 부부라

서 같은 방을 쓴다.

2) 억지로 혼자 재우지 않고 점차 가능하도록 방안을 마련한다. (48)

- 아이가 원할 때는 너무 억지로 혼자 자게 하는 것보다는 가끔씩 같이 자거나 잠이 들고나면 자기 방으로 옮긴다.
- 아이가 왜 혼자 자길 두려워하는지 들어보고, 처음에는 무리하지 말고 점차 가능하도록 한다.
- 처음에 엄마 아빠도 너 만할 때 혼자 자는 게 싫었어. 그렇지만 자꾸 연습하면 잘할 수 있을 거야. 엄마 아빠도 그랬어. 일주일에 수요일은 엄마랑 자는 날로 정하면 어떨까? 나중에 어른이 되면 엄마랑 자고 싶지 않을 걸? 너도 예쁜 색시가 생길 거니까. 예쁜 색시는 혼자서도 잘 자고 씩씩한 남자애를 좋아한대. 옆집에 그 애가 그러더라.
- 며칠 밤 혼자 자 보고 그래도 무섭고 힘들면 몇 달 동안(기간을 정해서) 부모님과 같이 자고 그 이후에는 혼자 자야 한다고 약속을 받는다.

3) 결혼을 하면 함께 잠을 잘 수 있단다. (36)

- 어른이 돼서 결혼을 하면 함께 잠을 잘 수 있단다. 너도 다음에 어른이 돼서 결혼하면 그래서 엄마, 아빠처럼 함께 잠자면 되잖니. 하나님이 결혼한 남자와 여자는 함께 잠을 자도록 만드셨단다.
- 너도 커서 어른이 되면 결혼을 하게 될 것이고 그러면 너도 같이 방을 쓰게 될 사람이 생길 것이란다.
- 너도 더 커서 학교도 졸업하고 결혼도 하면 엄마, 아빠처럼 사랑하는 사람과 잘 거야. 네가 어른이 되면 알 수 있을 거야.

4) 혼자 자는 것은 용감해지는 것을 연습하는 것이다. (24)

- 혼자서도 무서움 안 타고 사나이답게 자기 위해서는 지금부터 혼자 자는 습관을 들여야 한다. 그래서 나중에 아빠처럼 엄마를 잘 지키며 자게 되는 것이다. 아내를 잘 지키며 자야 한다.
- 엄마 아빠는 어른이라서 용감하단다. 물론 혼자 잘 잘 수도 있어. 하지만 너는 아직 어리고 겁도 많고 씩씩하지도 않은 거 같구나. 씩씩하고 용감한 어른으로 자라려면 엄마는 네가 혼자서도 잘 잘 수 있어야 한다고 생각해. 엄마

아빠도 어렸을 때 혼자 자는 게 무섭고 싫은 적이 있었단다. 하지만 혼자 자는 연습을 많이 해 두었기 때문에 지금은 혼자서도 잘 잘 수 있고 어떤 힘든 일이 생겨도 잘 이겨낼 수 있는 어른이 된 거란다. 너도 혼자 자는 연습을 많이 해 둬야지 어른이 되면 어떤 어려운 일이 있어도 씩씩하고 용감하게 잘 이겨내는 어른이 될 수 있을 거야.

5) 아이 방에서 함께 재우고 나온다. (24)

- 아이 방에서 함께 잠을 재우고 나온다.
- 혼자 자는 연습을 시키는 데 좀 시간이 더 걸릴 것 같다. 아이와 약속해서 아이가 자기 방에서 잠든 후 엄마가 엄마의 방으로 간다.

6) 엄마, 아빠도 아이의 나이 때는 그러했다고 말해 준다. (24)

- 아빠도 어렸을 때는 이렇게 혼자 스스로 잤었다.
- 엄마, 아빠도 너 나이 때는 혼자 잤지. 7살이니까 혼자서도 잘 수 있을 거야. 할 수 있지?

7) 혼자 잘 때의 특권을 얘기해 준다. (12)

- 혼자 해 낼 수 있을 때 누릴 수 있는 어떤 특권이나 특혜를 말해 준다.

8) 엄마, 아빠도 이유를 모른다고 하면서 답을 함께 찾는다. (12)

- “그렇구나. 엄마도 아빠도 어른이면서 같이 자는구나. 그런데 엄마도 잘 모르겠네. 너는 아니?” 되물어 보면서 같이 답을 찾는다.

9) 형제를 본보기로 내세운다. (12)

- 독립심과 자율성에 대해서 설명을 해 주면서 부모나 위에 누나나 형들이 독립심과 자율성이 무엇인지 행동으로 보여 준다.

10) 너를 존중해서란다. (12)

- 너도 이젠 한 개인의 인격체로서 중요한 시기이기에 엄마 아빠는 너를 존중해 주기 위해서 혼자 방을 쓰게 하려는 것이니 너도 잘 이해해 주길 바란다.

11) 너의 세계를 꾸미기 위한 가구는 사촌동생 주어야겠다. (4)

- 그러면 너의 세계를 꾸미기 위해 새로 산 침대, 책상 등은 사촌동생 주어야겠다.

3) If ~, then 사고 연습_117p

자신의 생각을 적고 주변의 사람과 토론을 해 보시기 바랍니다.

제6장 문제에 대한 가능한 정답

◈ 내가 만드는 명언의 가능한 예_118p

도전하지 않는 것을 부끄러워하지 않는다면
보다 나은 삶을 만들어 낼 수 없으며,
함께하는 사람을 창조해내지 못하면
기댈 곳이 없는 외로움의 세계에 머무를 수밖에 없다.

◈ 성공을 위한 아이디어: 영구기관_121p

지금 현재는 환풍기로서 공기를 순환시키는 장치를 하고 있을 것이다. 그러나 근본적으로 지하에서 산소를 내품는 장치를 개발할 수 없을까?

1) Problem Solving 연습: 부분과 전체_136p

◈ 기초문제

그림을 뒤집어 보자. 사라진 알이 보인다. 이를 착시라고 한다. 우리의 감각에는 이러한 점이 있으므로 항상 사물을 관찰할 때는 전후 좌우를 살펴볼 필요가 있다.

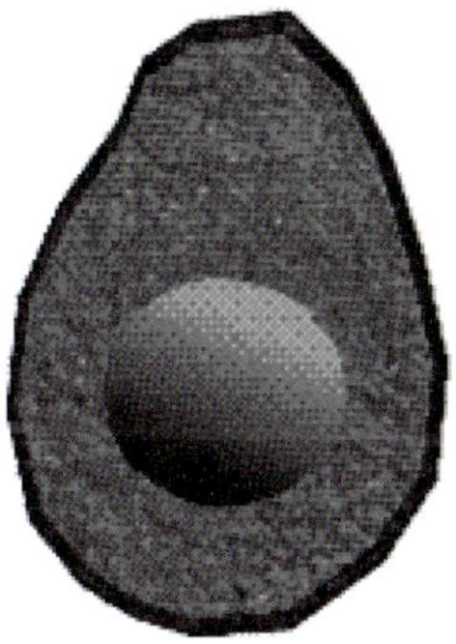

◈ 중급문제

문제1. 오각형이다.

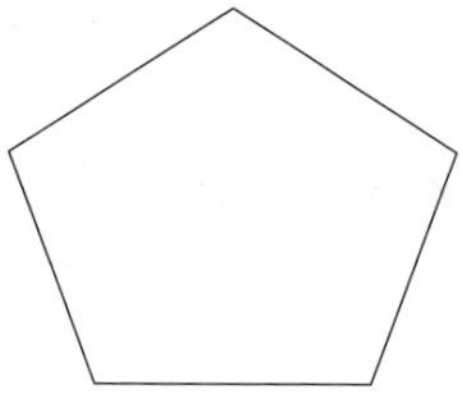

문제 2. 9개의 점 연결하기

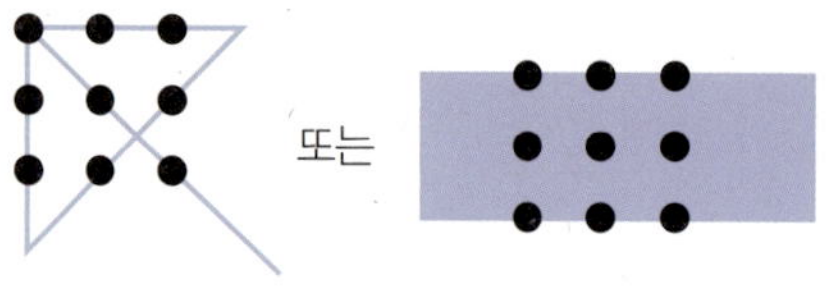

굵은 선으로 긋는다.

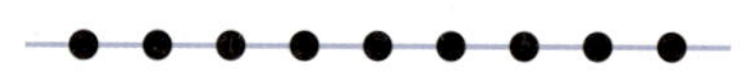

종이를 잘라서 이어 놓고 선을 긋는다.

◈ 고급문제

착시를 이용해 그린 원래의 그림이다. 두 사람의 관계를 잘 살펴보자.

2) 상황중심의 사고 연습: 이웃집 소음_139p

다음 답변은 어머니들에게 실제 인터뷰한 내용을 수록하였다. (　　)안의 숫자는 답변한 사람들의 숫자이다. 숫자가 많을수록 일반적으로 해결하는 방법이다. 그러나, 숫자가 적다고 해서 (반드시) 창의적인 경우라고는 할 수 없다. 읽어 본 후 창의적인 문제해결과 그렇지 않은 내용을 판단하길 바란다. 그리고 자신의 생각과 비교해 보자.

1) 서로 양보한다. (48)

- 가끔은 내가 지는 것도 이기는 것이라고 생각한다.
- 물론 내 자식 일이 중요하겠지만 그만큼 남의 자식 일도 중요하다. 시험도 중

요한 것이지만 피아노 대회도 매일 있는 게 아니니까 또 너무 늦은 시간이 아니니까 한 시간, 두 시간 정도는 피아노 연습을 하게 하고 그 시간 동안 윗집 아이는 잠시 머리를 식히고 시험 공부하면 되지 않겠는가.

- 시험공부를 하는 이웃집을 생각한다면 굳이 집에서 연습할 필요는 없다고 생각한다. 서로 피해자기 때문에 조금씩 양보한다. 피아노 소리가 작게 나도록 할 수도 있을 것이다. 저녁 7시면 이른 시간은 아닌 것 같다. 공동생활을 하는 아파트에선 그 정도는 조심해야 된다고 생각한다. 다른 사람 마음이 다 내 마음 같을 순 없으니까.
- 윗 층에서 인터폰이 왔다면 충분히 합의할 수 있는 상황이라고 생각한다. 밑의 층에 사는 사람은 윗 층의 소음을 감수하며 살아야 하는데 살다가 어떠한 반대되는 상황이 벌어질지는 아무도 모르는 일이기 때문에 서로 좋게 양보하며 타협하면 좋을 것 같다. 시간을 정해서 가령 식사시간에 피아노를 치거나 해서 서로 방해받는 시간을 최대한 줄이고 다음에 윗 층에서 뛰는 소리는 이번 일을 계기로 조금 참아줄 수 있다고 생각한다.

1) 피아노 학원에서 연습하게 하는 등 다른 방법을 찾는다. (36)

- 아침에 조금 일찍 일어나서 (피아노 학원 선생님의 양해를 미리 구해 두고) 학원에 가서 간단하게 한두 번만 연습해 보게 하고 칭찬해 주며 격려해 주어 자신감을 갖게 해서 대회에 참여하게 하겠다.
- 피아노 치기 시간은 오후 6:00까지로 정했다. 정말 연습이 필요하면 다른 방법을 찾아보자. 방음벽을 한다거나, 피아노 교습소에서 한다거나.
- 피아노 학원에 부탁해서 그곳에서 연습을 하든가 다른 어떤 방법을 생각하겠다. 이웃과 계속 불편하게 지낼 수는 없으니깐.

3) 이웃에 미리 양해를 구하고 피아노 연습을 시켰을 것 같다. (36)

- 피아노 대회에 나가는 딸이 있는 집이라면 먼저 한 시간 정도 양해를 구하는 게 서로에게 예의를 지키는 것이라 생각된다.
- 미리 찾아가서 이야기하고 몇 시까지만 칠 수 있도록 이해를 구한다.
- 자신의 입장만 생각할 것이 아니라 윗집에서도 쉽사리 전화한 것은 아닐테니, 양해를 구하고 만나서 자신의 처지나 상황을 이해시키는 것도 필요할 것

같다.

4) 피아노 연습보다 편안한 마음을 가질 수 있도록 하겠다. (24)

- 대회에 나가기 전날! 물론 연습도 중요하겠지. 그러나 그보다 더 중요한 것은 긴장하지 않고 편안한 마음을 가지는 것. 그리고 그 결과가 어떻든지 간에 의연할 수 있는 마음가짐을 가지게 해 주는 것이 더 중요하지 않을까? 주위에 시끄러울까 봐 조마조마해하며 하는 연습이 얼마나 도움이 될 까? 더욱이 엄마가 다투기까지 하면. 딸과 함께 피아노 연주 음악을 들으면서 마음을 편안하게 해 주고, 좋은 결과를 얻었을 때의 행복한 상상을 하도록 해 주며 혹시 결과가 좋지 않더라도 다음에 더욱 좋은 기회가 있을 거라는 준비된 마음을 심어 주겠다.
- 일단 딸이 대회를 대비해서 연습을 열심히 했으므로 오늘은 그만 하라고 이야기하겠다. 일찍 휴식을 취하는 것도 대회 준비의 일부인 것이다.

5) 다른 방법이 없으면 그냥 피해를 준다. (12)

- 정 안 되면 그냥 이웃에게 피해를 준다.

6) 실제 그런 상황에 닥치면 양보하지 못할 것 같다. (12)

- 당장 이런 똑같은 상황에 처해 보지 않은 상황에서 이기주의보다는 더불어 사는 사회를 가르치며 내가 양보하겠다고 하겠지만, 실제 그러한 상황이 닥치면 책임지지 못할 것 같다. 그렇다고 둘 다 손해 보고 아이들에게도 좋은 기억으로 남지 못하게 해서야.

7) 시험 보는 집에서 다른 곳에서 공부하도록 한다. (12)

- 만약 시험 보는 집이 우리 집이라면 독서실이나 이모 집에 가서 공부를 하게 했을 것이다.

8) 이웃 간에 친분이 있었더라면 이런 일이 없을 것이다. (12)

- 자신의 상황만 생각하는 이기적인 마음이 불러오는 결과인 것 같다. 평소 위 아랫집이 친분을 갖고 있었다면 이런 일이 생기지 않았을 일이다. 계속되는 피아노 소리에 윗집에서도 적잖이 참았을 것으로 생각된다.

9) 디지털 피아노를 사준다. (12)

- 근본적으로 공통 주택에서는 피아노는 헤드폰을 끼고 사용하는 디지털 피아

노를 사줘야 한다.

10) 이웃과 시간 약속을 미리 한다. (12)

- 이웃과 미리 시간 약속을 하여 피아노 치는 시간을 정하고, 그 시간 동안 공부하는 아이는 휴식을 취한다.

11) 스스로 남에게 피해가 되는 일은 하지 않는 것이 좋다. (4)

- 남에게 피해가 된다면 안 해야 된다. 되도록이면 남에게 해가 되는 행동은 하지 않게 한다.

12) 속으로 투덜거리며 피아노 치는 것을 멈춘다. (4)

- 속으로는 투덜거리면서 피아노 치는 것을 멈춘다.

3) If ~, then 사고 연습_139p

이 세상에서 한 사람이라도 나를 인정해 주는 사람이 있다면 살만한 가치가 있다고 합니다. 이제 나를 인정해 주는 사람을 찾아보세요. 그러나 먼저 남이 인정해 줄만한 나만의 독특한 능력을 쌓는 것이 중요하겠지요.

제7장 문제에 대한 가능한 정답

◈ 내가 만드는 명언의 가능한 예_140p

의미 있는 삶을 추구하는 것은 숨쉬는 것과 같다.
숨쉬지 않으면 죽는 것처럼,
삶의 의미를 발견하지 않으면 생명이 있으되 죽은 것이다.
나에게 의미 없는 삶은 상상도 할 수 없다.

◈ 성공을 위한 나의 아이디어: 투명 태양전지_142p

나도 남들처럼 무엇인가 새로운 것을 생각할 수 있다는 신념을 가지고 생각해 보자.

(3) 초인지적 사고하기의 연습_157p

수철이: 이유는 개인이 달리는 속도보다 자동차의 속도가 중요하다.

1) Problem Solving 연습: 생명체가 가득차는 일수_159p

◈ 기초문제

- 그림과 같이 팔짱을 낀 후 끈의 양끝을 잡고 팔을 풀면 끈이 묶어진다.

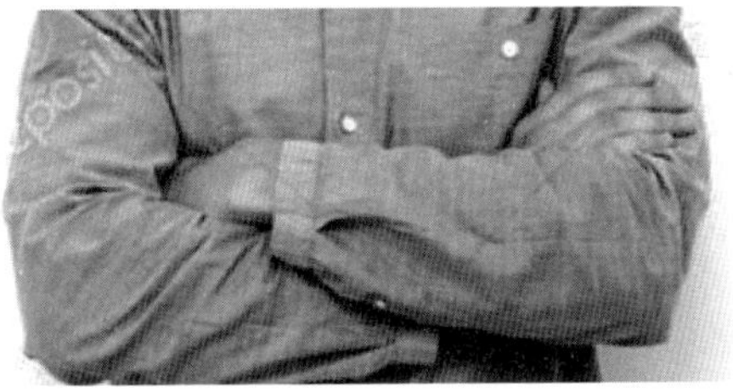

◈ 중급문제

문제 1. 오른쪽(지하철 타는 방향이 반대이므로)

문제 2. 왼쪽(지하철 타는 곳이 가운데 있다는 것을 생각하여야 함)

문제 3. 사해: 사해는 남북 방향으로 67㎞에 걸쳐 있는 완전히 폐쇄된 바다이다. 동서로는 18㎞에 이른다. 이스라엘, 팔레스타인, 요르단의 국경과 접하고 있다. 지중해 바닷물 1ℓ당 소금 함유량은 37g이지만, 사해 바닷물의 소금 함유량은 275g이나 된다.

자료: http://www.womansense.org/sub_read.html?uid=3581

◈ 고급문제

문제 1. 17일 (문제를 거꾸로 생각하면서 풀어보자. 완전히 가득 찬 것이 18일이라면 그 전날은?)

문제 2. 답, 5원: 병값 105원 − 코르크값 5원 = 100원

2) 상황중심의 사고 연습: 내 맘은 당신으로 가득 차 있어요_161p

"아 그래요? 이제야 해답을 찾았다. 나는 당신을 만나고 난 뒤 내 마음을 잃어버려서 도무지 어디에 가 있는지 찾으려고 발버둥을 쳤는데 알고 보니 모두 자기 마음속에 들어가 있었군요. 아! 나는 내 마음을 모두 당신에게 빼앗기고 있습니다."

당신의 멋진 아이디어는 무엇이었나요?

3) If ~, then 사고 연습_161p

미래를 생각하면서 나의 집을 설계해 보고 그러한 집을 가질 수 있도록 오늘부터 노력해야겠지요?

제8장 문제에 대한 가능한 정답

◈ 내가 만드는 명언의 가능한 예_162p

모든 사람들은 태어날 때부터 만물의 영장이다.
문제들은 어른이 된 후에도
동물이 아닌 인간으로 남게 하는 방법이다.

◈ 성공을 위한 나의 아이디어: 자기충족적 예언_164p

당신의 삶이 의미없고 무기력하다면 평소 당신의 생각에 문제가 있다.
다음 두 사람의 예를 보고 자신의 평소 생각을 다시 생각해 보자.

• 나는 멍청하다. • 나는 자신감이 없다. • 나는 누구에게서도 인정받지 못한다. • 나는 도대체 잘하는 것이 없다. • 오늘도 난 무얼 하지?

➡ • 무기력한 삶

• 나는 영특하다. • 나는 무엇이든 할 수 있다. • 나는 누구에게서도 호감을 받는다. • 나는 나만의 독특한 능력이 있다. • 오늘의 일과에 시간배분을 어떻게 할까?

➡ • 의미 있는 삶

◈ 역발상하기의 문제_178p

안타를 많이 치는 것도 중요하지만 그 안타가 나오는 순서도 매우 중요하다.

일상생활에서 무엇을 한다는 것도 중요하지만 무엇을 먼저 할 것인가 하는 순서도 깊이 생각하여야 한다.

A팀	홈런	1루타	2루타	홈에서 아웃	1루타	1루타	홈에서 아웃	삼진
	1점	주자 1루	주자 2루	홈으로가는 주자 아웃	주자 1, 3루	주자 1, 3루	홈으로 가는 주자 아웃	잔루 1, 3루
B팀	1루타	1루타	홈런	아웃	아웃	아웃		
	주자 1루	주자 1, 2루	3점					

1) Problem Solving 연습: 축구열풍_179p

◈ 기초문제

문제 1. 빨간색

문제 2. 빨간색

문제 3. 노란색

◈ 중급문제

문제 1.

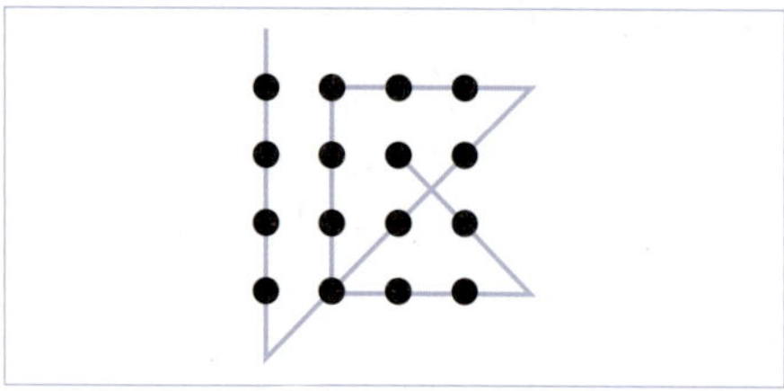

문제 2. 굵은 선 하나로 그으면 된다.

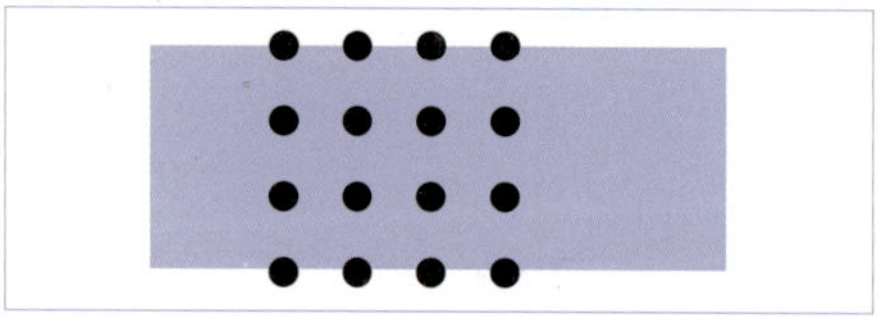

문제 3. 마지막 사람은 사과가 한 개 남은 바구니를 통째로 가지고 갔다.

◈ 고급문제

매사추세츠 공대(MIT) 건축대학원 학생인 제임스 그레이엄과 타데우스 저시크는 최근 수십만 명의 인파가 몰리는 곳에서 군중의 무게를 이용해 기차를 움직일 정도의 전력을 얻는 '군중 발전소'(Crowd Farm) 계획을 발표했다. '피에조 전기(piezoelectricity)'라고도 불리는 압전기의 원리를 이용한 것이다.

이들은 방 안에서 왔다 갔다 하는 동작만으로도 비록 순간이나마 60W(와트) 전구에 불을 켤 수 있다면서 힘차게 2만 8천 527보를 걸으면 역시 잠깐이지만 기차를 움직일 수 있을 정도의 전력이 생긴다고 지적했다.

이들이 구상하는 '군중 발전소'의 원리는 기계적 운동이 전기로 전환될 수 있다는 원리를 확대해 많은 사람이 지나가는 장소에 푹신푹신한 바닥재를 깔아 놓고 그 속에 사람의 움직임에 따라 움직이는 전기전환장치를 설치해 놓는다는 것이다. 이 장치는 회전코일과 전자석을 이용, 사람들의 움직임을 전류로 전환하게 된다.

이들은 지난해 베니스 비엔날레에서 관람객이 의자에 앉기만 하면 4개의

LED(발광다이오드) 등에 불이 들어오도록 하는 발명품을 전시해 큰 인기를 끌었다. 이때 사람들의 열광적인 반응에 용기를 얻은 이들은 아이디어를 한 걸음 더 발전시켜 오는 2050년까지 이탈리아 토리노시의 운동경기장과 기차역, 지하철역에 사람들의 압력으로 가동되는 소형 발전시설을 설치할 계획이다.

토머스 에디슨은 자신의 여름 거처를 방문한 사람들에게 이상하게 생긴 회전문을 지나가도록 부탁한 뒤 이렇게 말했다. “당신은 방금 회전문을 돌려 우리 집 우물에서 물탱크로 몇 갤런의 물을 길어 올렸다.”

자료: http://emagazine.snu.ac.kr/contents_detail.asp?category_prim=7&prim=3489

2) 상황중심의 사고 연습: 맨손으로 먹으라고 해놓고…_181p

다음 답변은 어머니들에게 실제 인터뷰한 내용을 수록하였다. (　)안의 숫자는 답변한 사람들의 숫자이다. 숫자가 많을수록 일반적으로 해결하는 방법이다. 그러나, 숫자가 적다고 해서 (반드시) 창의적인 경우라고는 할 수 없다. 읽어 본 후 창의적인 문제해결과 그렇지 않은 내용을 판단하길 바란다. 그리고 자신의 생각과 비교해 보자.

1) 나라마다 먹는 방법이 다름을 이해시킨다. (48)

- 베트남 사람들은 그렇게 음식을 먹는 게 옛날부터 내려온 관습이지만 우리나라 사람들은 수저로 밥을 먹어왔단다. 그래야 더 깨끗한 음식을 먹을 수 있단다. 손도 더러워지지 않고.
- 외국에는 손으로 안 먹고 칼과 포크로 식사를 하는 나라도 있다.
- 어제 그 음식은 베트남이라는 나라의 음식이었는데 그 나라 사람들은 음식을 손으로 먹는 걸 좋아한대. 하지만 지금 우리가 먹는 음식은 우리 나라의 음식이고 우리 나라에선 수저를 사용해야 한단다. 엄마. 아빠처럼!~
- 각 나라마다 음식 먹는 예절들이 다르고 습관도 다르다. 우리는 밥과 반찬이 따로 있어서 숟가락과 젓가락을 사용한다.

2) 수저를 사용했을 때 편리하고 위생적인 것을 알게 한다. (24)

- 음식을 손으로 먹었을 때의 불편함과 수저 사용을 했을 때 편리하고 위생적인 면을 비교해서 보여 주고 설명해 준다.
- 손에 벌레나 병균이 있다.

3) 다른 나라에서는 어떻게 식사하는지 조사하게 한다. (24)

- 다른 나라 사람들은 무엇으로 음식을 먹는지 궁금한데 우리 한번 알아보자. 한국은 어떤 것으로 음식을 먹느냐 하면 수저를 사용해.
- 세계 각 나라에 사는 사람들이 어떻게 식사하는지 어떤 음식을 즐겨먹는지 등을 책이나 기타 다른 매체를 통해서 아이와 함께 조사해 보자.

4) 손을 써서 먹는 음식을 먹게 하여 도구의 사용에 대해 느껴보게 한다. (24)

- 저녁에 상추나 다른 종류의 쌈밥을 먹게 해 준다. 손으로 싸서 먹는 즐거움도, 바른 습관으로 먹는 것도 자연스럽게 판단하게 해 준다.
- 쌈밥을 먹으면서 손을 써서 식사할 때와 기타 도구를 이용해서 식사하는 것들을 직접 판단할 수 있도록 해 준다.

5) 식사예절에 대해 가르쳐준다. (12)

- 먼저 식사 예절에 대해 말해 준다.

6) 음식마다 먹는 방법이 있음을 이해시킨다. (12)

- 너는 왜 과자는 손으로 집어먹니? 숟가락으로 안 먹고. 음식은 음식마다 먹는 방법이 있는 거야. 잠잘 때 잠옷 입고, 유치원 갈 때 원복 입는 것처럼.

7) 여기가 베트남이야? (12)

- 화를 내면서 반드시 수저를 사용하게 한다. “여기가 베트남이야?”

3) If ~, then 사고 연습_183p

시를 읽고 난 뒤 자신의 생각이 변하는지 적어 보자.

제9장 문제에 대한 가능한 정답

◈ 내가 만드는 명언의 가능한 예_184p

나쁜 생각에 둘러싸여 있으면서
스스로 만족하고 행복하다고 망상하는 사람은 위험하다.
악마에게 인도되는 허수아비와 다를 바 없다.

◈ 성공을 위한 나의 아이디어: 가장 가치로운 자산_186p

당신은 영원히 당신의 자산으로서 무엇을 준비하고 있는가? 하나를 마련하여도 가치로운 것을 내 것으로 만들자. 그것이 결국 나를 가치롭게 만든다. 나는 투명한 유리와 같다. 그 속에 무엇을 담느냐에 따라 나의 모습이 결정된다.

◈ 추상화 자석 활용연습_200p

Macphail, E.(1987)의 답

비둘기가 침팬지같이 하지 않는 것은 신체적으로 침팬지와 다르기 때문이다. 비둘기는 상자를 옮기기 어렵다. 대신에 날 수 있다. 우리가 알 필요가 있는 것은 비둘기는 침팬지와 다른 신체적 요구를 가지고 있으나 유사한 지적 능력의 요구 상황에서는 유추문제를 해결할 수 있다는 것이다. 이것은 유추능력이다. 그러나 중요한 것은 침팬지도 그 사물에 대한 이전 경험이 없다면 사물의 조작을 포함하는 문제를 풀 수 없다(Macphail, 1987).

1) Problem Solving: 금화주머니_202p

◈ 기초문제

문제 1.

다른 도형들은 도형의 변의 갯수와 원의 갯수가 같다.

문제 2. 다음 시계는 이전 시계보다 1시간 10분 지난 시간을 가리키고 있다.

1시 30분

◈ 중급문제

문제 1.

- 여자와 남자로 구분

여자: 여자 경찰, 여자 화가, 여자 군인, 여자 음악가 남자: 남자 경찰, 남자 군인, 남자 음악가, 남자 화가

- 질서유지자와 예술가로 구분

질서유지자: 여자 경찰, 남자 경찰, 남자 군인, 여자 군인 예술가: 여자 화가, 남자 화가, 남자 음악가, 여자 음악가

문제 2. 이전에는 문을 안으로 열도록 되어 있었다. 따라서 불이 난 다급한 상황에서 사람이 한꺼번에 몰려들다 보니 안쪽에서 문을 열 수가 없었다. 이에 모든 공공건물의 문은 바깥으로 열도록 되었다.

◈ 고급문제

모든 주머니를 열어서 주머니를 순서대로 두고 각 주머니에서 순서대로 하나, 둘, 셋, 넷 등 개수를 빼내어 이를 저울에 모두 올려 놓고 무게를 단다. 그러고 난 뒤 끝자리 수를 보고 찾아낸다.

예를 들면 끝자리가 8이면 9g 짜리가 2개이다. 왜냐하면 10g 짜리는 모두 끝자리가 0이기 때문이다. 그러면 두 번째 주머니가 가짜 주머니이다.

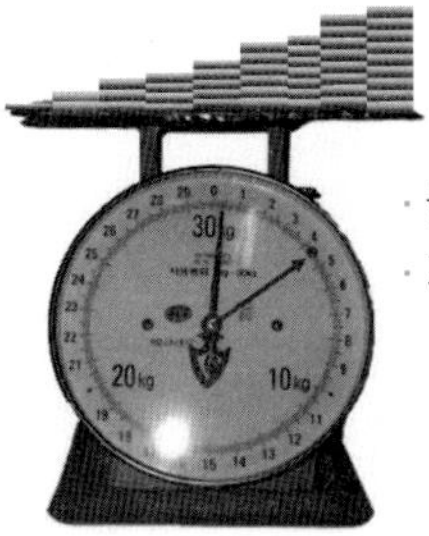

· 금화를 끄집어 낸 갯수의 주머니를 본다.
· 저울의 끝자리 수를 본다.

2) 상황중심의 사고: 식사준비_204p

다음 답변은 어머니들에게 실제 인터뷰한 내용을 수록하였다. (　　)안의 숫자는 답변한 사람들의 숫자이다. 숫자가 많을수록 일반적으로 해결하는 방법이다. 그러나, 숫자가 적다고 해서 (반드시) 창의적인 경우라고는 할 수 없다. 읽어 본 후 창의적인 문제해결과 그렇지 않은 내용을 판단하길 바란다. 그리고 자신의 생각과 비교해 보자.

1) 이해하고 혼자 먹는다. (36)

- 가족들에게 조금은 섭섭하겠지만 나름대로의 사정이 있어 그런 것이기에 이해하고 맛있게 혼자 먹는다.
- 정말 맥이 풀리는 일이다. 혼자 저녁을 먹고 치운다.
- 혼자라도 분위기 잡고 맛있게 실컷 먹는다.

2) 가족에게 서운함을 이야기하고 저녁시간에 대해 가족회의를 한다. (36)

- 가족들의 상황이나 딸의 결심은 인정하되 식구들이 다 모였을 때, 서운하다고 솔직히 이야기하고 특별한 경우를 빼고는 저녁은 같이 먹자고 하겠다.
- 주부로서 엄마 아내로서 함께하지 못한 시간에 대해 아쉬움이 너무 커서 나의 정신건강에 해가 된다는 생각이 든다면 가족회의에 저녁만이라도 함께 먹자는 제의를 한다. 그러한 상황에서 엄마의 마음이 어떠했다는 등을 솔직히 이야기하며 좀 더 화기애애한 가족분위기가 되도록 노력해 본다.

3) 저녁을 먹지 않을 것이다. (36)

- 더욱 더 정성 들여 준비한 저녁 식사가 엉망이 되어 버려 실망은 두 배로 커져 나 또한 저녁을 먹을 수 없을 것 같다. 만찬을 준비해 놓고 감상만 하고

치우지 않을까.

- 아무도 안 먹는다니 밥 먹을 생각이 싹 가시겠다. 누군가 들어올 때까지 밥상을 치우지 않고 내 맘을 헤아려 줄 때까지 기다리겠다.
- 맥이 풀려 딸이랑 함께 다이어트할 것 같다. 아들과 남편은 각자 타당성 있는 이유가 있기 때문에 맥은 풀렸지만 하지만 딸과 함께라도 맛있게 먹어야겠다고 생각하고 있었는데 딸마저 다이어트 하겠다고 하였을 때 정말 황당하겠다.

4) 가족의 개인적 시간을 인정한다. (12)

- 그 순간 실망이 되고 내가 노력하고 기대했던 것과 다른 결과에 대해 마음이 아플 수도 있겠으나 가족은 나의 소유가 아니라 개개인의 인격체가 모여 구성된 집합체이므로 비록 저녁식사를 함께하지 못한 아쉬움은 클지라도 가족 개개인의 사적인 약속과 개인적 시간 또한 인정한다.

5) 다음 날 가족의 저녁을 준비하지 않는다. (12)

- 다음 날 가족의 저녁을 준비하지 않는다. 왜 저녁이 준비 안되었냐고 항의하면 어제의 일을 말하면서 서운함을 표한다.

6) 아침에 미리 저녁 계획을 알아둔다. (4)

- 아침에 가족의 저녁 계획을 알아두고 저녁 준비에 참고로 한다.

7) 딸에게 밥 먹는 옆에 있어달라고 한다. (4)

- 딸아이를 불러 엄마 밥 먹는데 앉아서 친구 해 달라고 한다.

3) If ~, then 사고 연습: 미인대회_205p

아름다움은 자신감을 스스로 자신감을 가지게 하고 다른 사람을 이끌어 들이는 매력이 있다. 아름다워지기 위해서 나는 무엇을 해야 할지 잘 생각해 보자. 그러나 명심할 것은 아름답다는 것은 외모만을 얘기하는 것은 아니라는 것이다. 드라마에 악역으로 나오는 사람이 아무리 예쁘더라도 우리는 아름답다고 하지 않는다.

제10장 문제에 대한 가능한 정답

◈ 내가 만드는 명언의 가능한 예_206p

미래에 대해 생각할 수 없다고 생각하는 한,
나를 위한 힘든 일을 하지 않기로 마음먹는 한,
결과적으로 나의 인생을 바꾸는 것은 불가능하다.

2) 일상활동: 수수께끼(riddle)_220p

- 'r'
- 석류

1) Problem Solving 연습: 계산하기_222p

◈ 기초문제

문제 1. 케익을 180° 회전시켜 보면 사라진 한 조각의 케익을 찾을 수 있다.

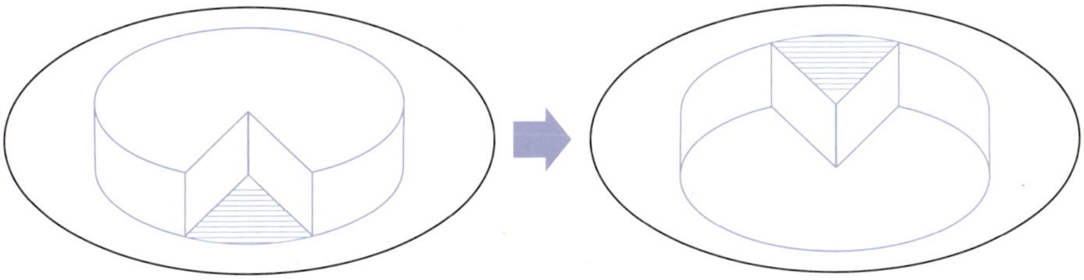

문제 2. 도형을 이용해서 그리라고 했지 그것만으로 그리라고는 안했으므로 다양하게 그릴 수 있다. 예를 들면 다음 그림도 가능하다.

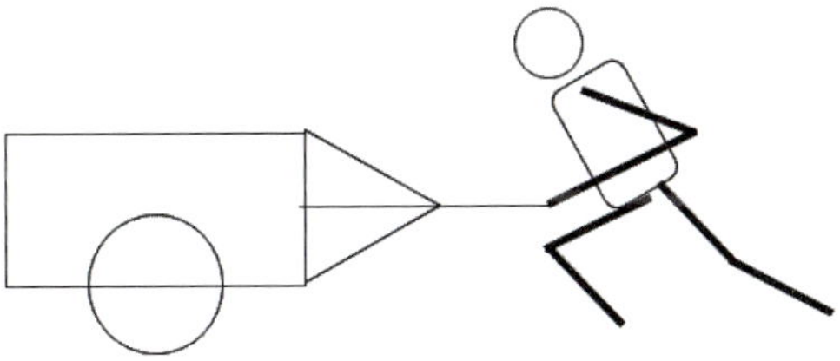

◈ 중급문제

문제 1. "예, 교수님~. 맞는 말씀입니다. 제가 다른 곳으로 날아가겠습니다."
문제 2. "당연히 돈자루를 택합니다."
문제 3. "나는 지혜를 택했을거네."
문제 4. "교수님, 뭐 각자 부족한 것을 택하는 것 아니겠습니까?"
문제 5. "교수님, 제 시험지에 점수는 없고, 교수님의 서명만 있던데요."

◈ 고급문제

칼큘레이터란 영화의 내용중에서 나온 문제를 조금 꾸며 보았다.

"두 아이가 초콜릿을 사고 싶어했는데 한아이는 100원짜리 동전 10개가 부족하고, 다른 아이는 100원짜리 동전 1개가 부족했다. 두 아이의 돈을 모두 합쳐도 초콜릿 1개 반을 사기에는 좀 부족했다. 두 아이가 각자 가진 돈은 얼마일까? 가진 돈은 100원 단위로 생각하자.

초콜릿 가격 = a, 한아이 돈 =b, 다른 아이 돈=c 라고 가정하자. 그러면 다음의 식이 성립된다.

$a=b+1000$, $a=c+100$ $1.5a>b+c$ 이 식을 두고 다음 표를 작성해 보자.

a:초콜릿가격	b:한아이 돈	c: 다른 아이돈	1.5a	b+c
1,000	0	900	1,500	900
1,100	100	1,000	1,650	1,100
1,200	200	1,100	1,800	1,300
1,300	300	1,200	1,950	1,500
1,400	400	1,300	2,100	1,700
1,500	500	1,400	2,250	1,900
1,600	600	1,500	2,400	2,100
1,700	700	1,600	2,550	2,300
1,800	800	1,700	2,700	2,500
1,900	900	1,800	2,850	2,700
2,000	1,000	1,900	3,000	2,900

a:초콜릿가격	b:한아이 돈	c: 다른 아이돈	1.5a	b+c
2,100	1,100	2,000	3,150	3,100
2,200	1,200	2,100	3,300	3,300
2,300	1,300	2,200	3,450	3,500
2,400	1,400	2,300	3,600	3,700

이 표를 보면 두 아이가 가진 돈은 1,100원 이하와 2,000원 이하이다.

2) 상황중심의 사고: 아이의 놀이_224p

유아들의 놀이에 병행놀이라고 하는 것이 있다. 함께 놀아도 각자 따로 놀고 있는 것이다.

3) If ~, then 사고 연습_225p

초능력이란 거창하게 슈퍼맨처럼 인류가 할 수 없는 것이 있는가 하면 다른 사람이 할 수 없는 것을 내가 하는 것도 초능력이다. 예를 들면 영아들이 볼 때 어른들은 초능력자이다.

제11장 문제에 대한 가능한 정답

◈ 내가 만드는 명언의 가능한 예_226p

좋은 친구들이 얼마나 강력한지 깨닫는다면
외톨이로 지내는 일을 결코 하지 않을 것이다.

◈ 빼기사고 연습_243p

	신기성	독창성	정교성	유용성
생각 1: 접었다 폈다 하는 스마트 폰	X	X	X	X
생각 2: 홀로그램으로 영상이 화면 위에 부상하는 스마트 폰	O	O	X	?
생각 3: 평소에는 액정 화면에 나타나나 크게 보고 싶을 때는 프로젝트로 영상이 화면에 크게 비쳐지는 스마트폰	O	O	X	O

1) Problem Solving: Zenon의 궤변_245p

◈ 기초문제

◈ 중급문제

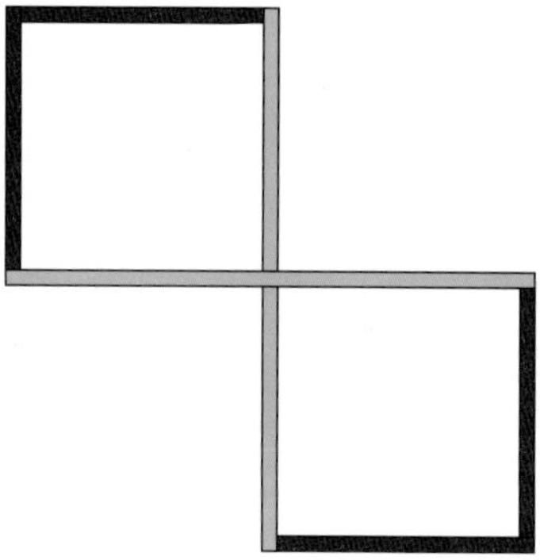

◈ 고급문제

문제 1. 두 직선을 포함하는 삼각형을 그림과 같이 그린다. 다음에 밑변의 긴 직선이 꼭지점 A에 갈려면 가운데 있는 짧은 직선을 통과하게 된다. 이때 긴 직선의 어느 부분도 짧은 직선을 통과하지 않으면 꼭지점 A로 갈 수 없다. 이는 긴 직선의 모든 부분은 짧은 직선에 모두 포함되어 있다는 것이다. 따라서 긴 직선은 짧은 직선과 같다. 단지 통과한다는 것과 통과지점의 크기는 다른 것이 아닐까?

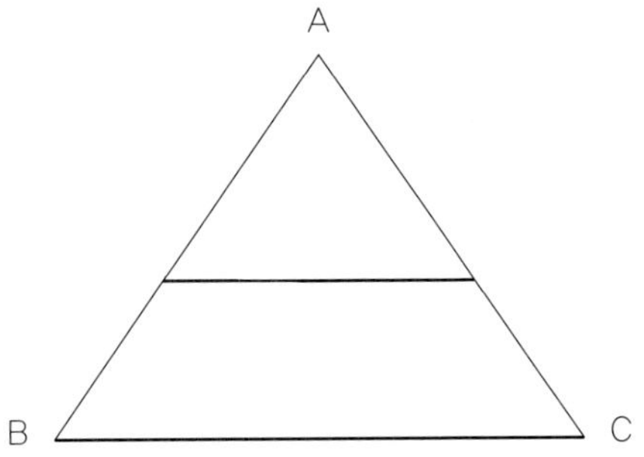

문제 2. 움직이는 화살도 순간순간 잘라보면 정지한 것이다. 따라서 나는 화살도 결국 정지한 것을 모아놓은 것이다.

문제 3. 앞서가는 거북이를 뒤 따르는 토끼가 추월하려고 하면 반드시 차이나는 거리만큼 가야 하고, 그러려면 그 만큼 시간이 소요된다. 그러면 그 시간 만큼 거북이는 또 앞서 간다. 이러한 사실의 계속적인 순환에 의해 토끼는 거북이를 절대 앞설 수 없다고 한다.

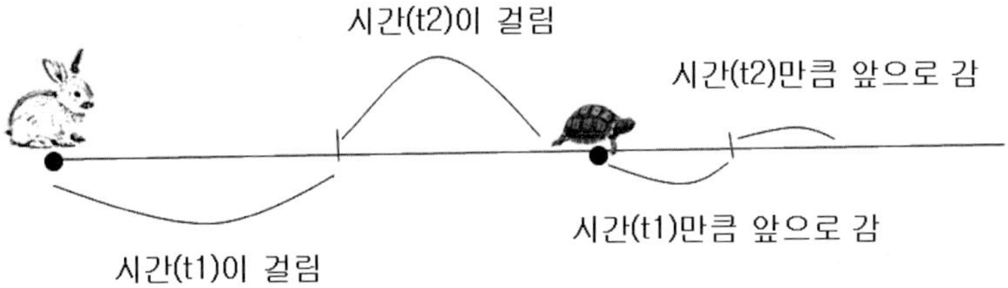

Zenon의 궤변은 글자 그대로 궤변이다. 논리적으로 그럴듯하지만 현실과 맞지 않는다. 이것은 무엇인가 그 상황에 포함된 조건을 빠뜨려서 생각하고 있기 때문이다. 첫 번째 궤변은 크기를 무시한 것은 아닐까? 두 번째 궤변은 움직임이라는 것은 결국 시간에 따른 위치이동인데 시간의 개념을 빼버린 것이 아닐까? 세번째 궤변은 무엇을 빠뜨렸을까? 우리는 다른 사람이 지각하지 못하는 조건을 빠뜨림으로써 논리적으로 그럴듯한 궤변을 만드는 경우가 너무나 많다. 또한 상대방은 알고 있으나 자신이 알지 못하는 조건으로 인해 매우 그럴듯해 보이는 궤변에 논리적이라고 속아 넘어가기 쉽다. 이는 결국 전체에 내포된 모든 부분을볼 수 없는

인간의 약점이다.

2) 상황중심의 사고 연습: 백화점에서 떼쓰는 아이_247p

1) 야단을 치거나 체벌을 하겠다(48)

- 그래도 떼를 쓰고 말을 안 들으면 그 자리에서 야단을 쳐서 데리고 나온다.
- 떼쓰는 상황에서는 사주지 않는다. 아이를 한 대쯤 때릴 것 같다.
- 백화점에서 얼른 데리고 나와 집으로 와서 혼내준다. 얘기를 해서 듣지 않는 경우는 체벌이 필요하다.
- 사람들이 없는 구석진 장소로 이동한 후 아이의 잘못에 대해 설명하고 약간의 체벌을 한다.

2) 불필요한 물건과 위험한 물건을 가르쳐 준다. (36)

- 가지고 싶은 것을 다 가질 수는 없다는 것을 말해 준다. 나이가 어린아이라서 하는 말을 잘 이해하거나 하지는 않겠지만 무엇을 얻기 위해서 스스로 노력을 해야 한다는 조건을 내세운다. 그리고 꼭 필요한 것과 없는 것에 대해 설명한다.
- 총알이 나가는 총은 잘 못하면 다칠 수도 있고 남에게 피해를 줄 수도 있기에 사지 않는 것이 좋겠다고. 위험하지 않고 안전하게 가지고 놀 수 있는 장난감을 사주겠다고 한다.
- 총을 갖고 싶어 하는 아이의 마음을 이해해 주는 반면 총은 위험하기 때문에 지금은 살 수 없고 초등학교에 가면(8살이 되면) 사주겠다고 약속을 한다. 한번 약속은 꼭 지키도록 노력한다.

3) 그냥 두고 나온다. (24)

- 우는 아이를 놔두고 그냥 나온다.
- 무관심해진다.

4) 안 되는 것은 안 된다. (24)

- 아이가 원한다고 모두를 해 줄 수 없고, 고집스러운 행동을 하는 것을 막기 위해서도 안 되는 것은 안 된다고 한다.
- 처음부터 안 되는 건 안 되는 것이다. "다음에 사 주마"라고 하는 건 기대심

리만 만든다.

5) 고집 부리면 아무 것도 사주지 않는다. (24)

- 아이를 데리고 집으로와 아이에게 고집 부리면 아무 것도 사주지 않는다는 것을 가르쳐 주고 꼭 그 장난감이 필요한지 이야기를 한다.
- 아이에게 이렇게 떼를 쓰면 더 사줄 수 없다는 엄마의 생각을 전해 주고 엄마에겐 필요한 물건을 사는 것임을 이해시켜야 한다.

6) 사람들 앞에서 꾸짖지 않는다. (24)

- 사람들 앞에서는 꾸짖지 않으려 애쓸 것이다.
- 아이에게 엄하게 조용히 하라고 한 다음 옷을 고쳐 입고 그 장소를 벗어나 차분히 설명을 해 준다.

7) 수준에 맞는 것을 찾아보라고 유도한다. (12)

- 5살 수준에 맞는 총을 아이와 같이 골라 보도록 의논을 한다. 그래서 이런 일이 일어나지 않도록 미연에 방지를 한다.

8) 앞으로의 행동을 봐서 유사 다른 장난감으로 사준다고 한다. (12)

- 앞으로 하는 행동을 봐서 며칠 후에 (기간을 정확하게 정한다) 위험한 총이 아니라 다른 장난감을 사 주겠노라 한다.

9) 어떻게 해야 할지 모르겠다. (12)

- (그런 경우를 못 겪어서 어떻게 해야 할지 난감하다. 화도 많이 날 것 같다.)

3) If ~, then 사고 연습_247p

이런 경우는 없겠지만 그렇게 느끼는 사람은 있습니다. 이 세상은 자기가 외롭지 않으려고 집단을 형성해 한 개인을 괴롭히는 경우가 있습니다. 이는 자기 집단 구성원의 응집력을 위해 희생양으로 특정 개인을 힘들게 하는 것입니다. 그 괴롭힘을 당하는 개인은 이 세상이 적으로 둘러싸여 있는 것입니다. 이런 사람을 위해 나는 어떻게 하겠습니까?

제12장 문제에 대한 가능한 정답

◈ 내가 만드는 명언의 가능한 예_248p

지금으로부터 이십년 후에
당신은 꿈을 달성하지 못한 삶에 많이 실망할 것이다.
그러니 현재의 잘못된 시간 낭비를 던져 버려라.
알찬 도전과 작은 성공을 거듭하며 항해하라.

1) Problem Solving 연습: 종이 찢기_264p

◈ 기초문제

문제 1.

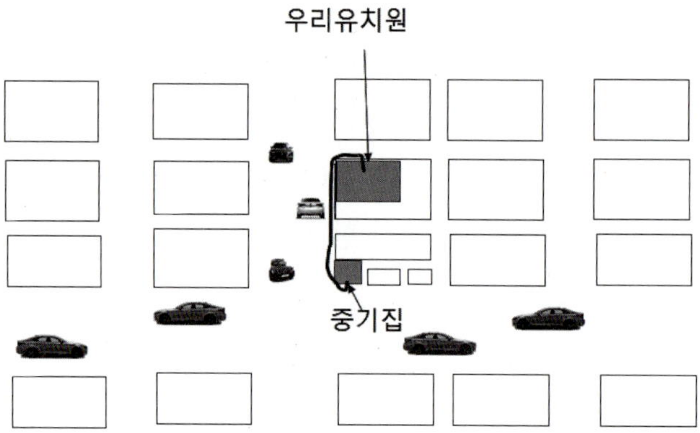

문제 2. 위험한 찻길로 다니지 않으려는 어머니의 배려이다.

◈ 중급문제

종이를 접어서 그리면 된다.

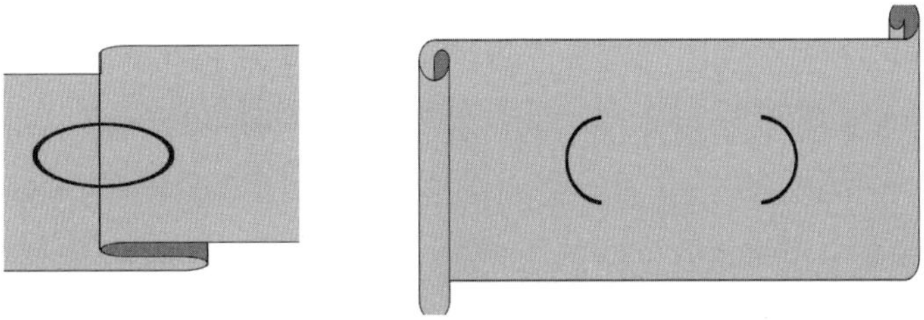

◈ 고급문제

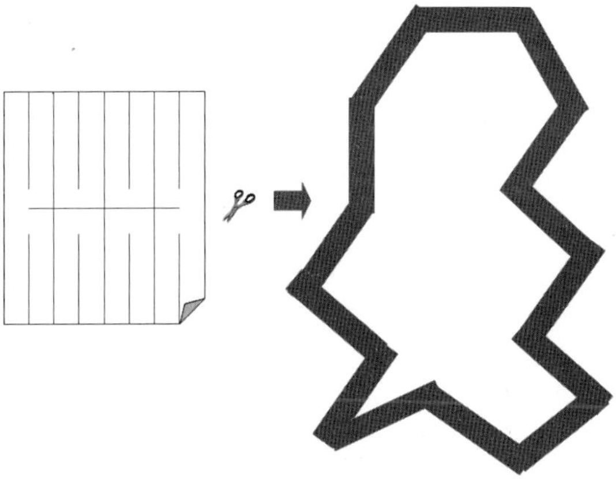

2) 상황중심의 사고: 에너지 절약_266p

벤저민 프랭클린. 작가이자 인쇄업자, 출판업자, 과학자, 정치가, 외교관으로 유명한 18세기의 사람입니다. 미국 독립을 이끌어내고 헌법의 기초를 마련해 미국 민주주의의 초석을 세웠다고 평가받는 그는, 피뢰침을 발명했고 '서머타임' 제도를 주장한 것으로도 유명합니다.

프랭클린이 미국대사로 파리에 근무할 때. 당시 사람들은 비싼 양초 값 때문에 겨울 저녁시간을 보내는 데 많이 힘들었다고 합니다. 프랑스 정부도 대책마련에 나섰지만 뾰족한 해결책을 찾아내지는 못했습니다. '양초'에 초점을 맞춘 그들은 양초 값을 내리기 위해 새로운 제조기술 개발에 나서거나 매점매석을 단속했지만 뚜렷한 성과가 나오지 않은 것입니다.

프랭클린은 양초에 초점을 맞추지 않고 다른 관점에서 이 문제에 접근했습니다. 그리고 새로운 제안을 내놓았습니다. 바로 서머타임제도입니다.

서머타임제는 에너지 절약을 위해 해가 빨리 뜨는 봄과 여름에 시계를 1시간 앞당겨 놓아 일을 일찍 시작하고 잠에 일찍 들도록 하는 제도죠.

당시 프랭클린이 처음 제안한 이후 현재 전 세계 86개국에서 시행하고 있습니다. OECD, 즉 경제협력개발기구 가맹국 30개국 중에는 한국 일본 아이슬란드 등 3개국만 실시하지 않고 있을 정도입니다.

미국은 올해부터 서머타임제를 4주나 확대했고, 이 조치로 하루 10만 배럴의 석유 절약 효과가 발생할 것으로 보고 있습니다.

겨울철 저녁, 비싼 양초값 때문에 고통을 받는 사람들. 그들의 문제를 해결해 주기 위해 양초에 초점을 맞추지 않고 시간제도에 초점을 맞춰 서머타임제도를 고안해낸 프랭클린.

멋진 문제해결 방법, 비즈니스 아이디어는 프랭클린처럼 관점을 달리 보는 시도에서 나올 수 있습니다.

예병일의 경제노트(2007. 6. 22.). http://kr.blog.yahoo.com/yehbyungil/5237

3) If ~, then 사고 연습_267p

- 유치원 교사 또는 직장인으로서 새출발하는 마음을 현재, 미래, 등과 연결하여 적어 봅시다.

참고문헌

국내문헌

강석영 역(1990). 신체의 소사전(다카하시 나가오 지음). 서울: 전파과학사.

교육과학기술부(2011). 2011년 교육과학기술부 주요업무계획. 서울: 교육과학기술부.

교육학 용어사전(1986).

김명숙, 서혜애, 이미순, 전미란, 진석언, 한기순 역(2010). 영재교육과 재능계발. 서울: 시그마프레스.

김상기 역(1979). 탈무드. 경기: 태종출판사.

김정오, 곽호완, 남종호, 도경수, 박권생, 박창호, 정상철 옮김(2008). 감각과 지각. E. B. Goldstein, Sensation and Perception(7th ed.). 서울: 시그마프레스.

김충선 역(1984). 삶의 의미를 찾아서(빅터 Frankl 저, The Will to Meaning: Foundations and Applications of Logotherapy). 서울: 청솔출판사.

김현재, 김명자, 김복영, 송민영, 박현주, 박성혜 역(2000). 홀리스틱 교육과정(Miller, J. P., The Holistic Curriculum, 1996). 서울: 책사랑.

네이버 지식백과. 스티브 잡스. 디제라티, 2013. 2. 25., 커뮤니케이션북스.

노안영, 강영신(2005). 성격심리학. 서울: 학지사.

매일경제 세계지식 포럼 사무국(2007). 다보스 리포트-힘의 이동. 서울: 매일경제신문사.

문용린 외 11인(2012). 창의·인성교육 활성화 방안 연구. 서울: 한국과학창의재단.

박권생, 손기쥬 역(1991). 여섯 가지 사고모. 서울: 교육과학사.

박성익, 최정임 옮김(2008). 감각과 지각. E. B. Goldstein, Sensation and Perception(7th ed.). 서울: 시그마프레스.

박영태(2000). 창의성 개발을 위한 초인지-사칙연산적 사고법. 동아논총, 37, 6-86.

박영태(2000a). 자유와 사랑을 통한 인성교육, 학생지도연구, 동아대학교.

박영태(2001). 창의성, 인성, 그리고 창의적 인성의 의미 분석. 동아대학생연구, 29, 23-50.

박영태(2002a). 창의적 인성 교육 프로그램 개발. 지방교육경영. 9, 235-264.

박영태(2002b). 창의성의 별. 서울: 학지사.

박영태(2005). 사랑의 학습지도법. 서울: 학지사.

박영태(2012). 창의인성 함양을 위한 MeFOT 모형과 질문생성기법. MeFOT 창의인성연구, 1(1), 5-26.

박영태(2013a). 창의인성 함양을 위한 Think Magnet. MeFOT 창의인성연구, 2(1): 5-27.

박영태(2013b). MeFOT의 정보생성을 위한 학습의 눈. MeFOT 창의인성연구, 2(2): 5-24.

박영태(2014). 창의인성 함양을 위한 누리과정에의 MeFOT적용방안. MeFOT 창의인성연구,

3(1), 5-33.

박영태(2016). MeFOT 활용 유아주도적 과학교육의 방안. MeFOT 창의인성연구, 5(1), 75-101.

박영태(2017). 창의성교육의 방향에 대한 재고찰. 부산교육, 부산광역시교육연구정보원, 16-28.

박영태(2018). 창의인성의 요소와 유아의 창의인성교육의 방향. MeFOT창의인성연구, 6(1), 41-64.

박영태, 하수연(2003). 엄마의 창의성 계발. 서울: 서현사.

박영태, 하수연(2004). 유아를 위한 창의적 두뇌게임. 서울: 학지사.

박영태, 하수연(2012). 활동형태에 따른 MeFOT 훈련이 유아의 창의성에 미치는 효과. 인문논총, 29, 267-291.

박종성 역(2007). 생각의 탄생. 서울: 에코의 서재.

서희전, 김혜정(2016). 유아 창의·인성 교육에 대한 교사의 인식 및 실태. 한국교원교육연구, 33(3), 345-374.

손영수 역(1987). 과학사의 진실. 서울: 전파과학사.

시사영어편집국 역(2003). 50가지 재미있는 이야기. 서울: YBM Si-sa.

안중덕(2013). MeFOT 기반 독서활동과 과정중심 독서지도가 청소년 활동역량, 창의적 인성 및 독서태도에 미치는 효과. 동아대학교대학원 박사학위논문.

양용칠 역(2007). 학습심리학(Driscoll, M. P., Psychology of Learning for Instruction, 2005). 서울: 교육과학사.

위키백과(2018. 12. 13.).

유영미 역(2016). 부분과 전체(Werner Heisenberg 저). 서울: 서커스출판상회.

이경덕 역(2007). 창조성의 비밀. 지은이: 모기겐이치로. 서울: 한문화멀티미디어.

이관용, 이장호 역(1982). 카운슬링과 심리치료의 이론과 실제. 서울: 대한교과서주식회사.

이상로, 이관용 역(1984). 성격의 이론(Hall, C.S. & Lindzey, G., Theories of Personality). 서울: 중앙적성출판부.

이상우, 정종진 역(1995). 인간성격의 이해(Schultz, D., Grow Psychology, model of healthy personality). 서울: 중앙적성출판부.

이성진(1985). 교육심리학 서설. 서울: 교육과학사.

이은주(2014). 창의와 인성교육 활성화를 위한 교수·학습 방법 및 미래형 교실 환경 연구. 한국교원대학교 교육정책전문대학원 박사학위논문.

이창규(2003). 창의성의 측정과 영역성에 대한 탐색적 연구. 성균관대학교대학원 박사학위논문.

임선하(1996). 창의성에의 초대. 서울: 교보문고.

임웅 역(2009), 창의성 : 그 잠재력의 실현을 위하여(R. J. Sternberg, E.L. Grigorenko, & J.L. Singer. Eds.(2008). *Creativity: From potential to realization,* Washington, DC: American Psychological Association.). 서울: 학지사.

장윤경 역(2017). 세상에서 가장 기발한 우연학 입문. Vince Ebert 저. 서울: 지식너머.

장현갑 역(1986). 생리심리학. 서울: 교육과학사.

전수현(2014). 창의인성 함양을 위한 초등미술과 프로젝트 학습의 개발. 경인교육대학교, 석사학위논문.

조현욱 역(2018). 사피엔스. Yuval Harari 저. 서울: 김영사.

지혜리(2012). 창의.인성 교육을 위한 생태 원예 체험활동 프로그램 개발. 서울교육대학교 교육대학원, 석사학위논문.

최인수(1998). 창의성을 이해하기 위한 여섯 가지 질문. 한국심리학회지, 17(1), 25-47.

하수연(2018). Mind-body bridging 기반 생각자석 활용 창의인성 함양 방안. 아시아문화학술원(인문사회 21) 2018년 추계학술대회 발표 논문.

하수연(2018. 12. 7). 부모를 훌륭한 분으로 만드는 방법. 경기도: 장안대학보.

하수연, 정서목(2012). 팔정도(八正道)에 담긴 유아 인성교육의 방법적 함의. MeFOT 창의인성연구, 1(1): 153-173.

하주현, 박은희(2016). 공감, 판단의 독자성, 창의적 인성의 관계. 창의력교육연구, 16(4), 91-102.

한국발명진흥회 http://www.kipa.org.

홍배식(2010). 사회과교육 영역 창의인성 교육의 실제. 교육문화연구, 16(3), 31-61.

외국문헌

Abuhamdeh, S., & Csikszentmihalyi, M.(2004). The artistic personality: A systems perspective. In R. J. Sternberg, E. L. Grigorenko, & J. L. Singer(Eds.)(2008). *Creativity: From potential to realization,* Washington, DC: American Psychological Association.

Ainsworth-Land(1982). Imaginning and creativity: An integrating perspective. *The Journal of Creative Behavior,* 16, 5-128.

Albert, R. S.(1975). Toward a behavioral definition of genius. *American Psychologist, 30,* 140-151.

Amabile, T. M.(1983). *The Social Psychology of Creativity.* New York: Springer.

Amabile, T. M.(1990). Within you, without you: Towards a social psychology of creativity, and beyond. In M. A. Runco & R. S. Albert (Eds.). *Theories of Creativity* (61-91).

Newbury Park, California: Sage.

Amabile, T. M.(1996). Creativity in context: Update to The Social Psychology of Creativity. Boulder, CO: Westview.

Anderson, J.R.(1983). *The Architecture of Cognition.* Cambridge, Mass: Harvard University Press.

Ayan, J.(1997). *Aha!: 10 Ways. To Free Your Creative Spirit and Find Your Great Ideas*. Random House.

Baer, J.(1998). The case for domain specificity of creativity. *Creativity Research Journal*, *11*(2), 173-177.

Baer, J.(1999). Domains of Creativity. In M. A. Runco, & S. R. Pritzker(Eds.), *Encyclopedia of Creativity*, 591-596, Academic Press.

Baldwin, J.(1987). Expert systems and evidential reasoning. Gregory, R., & Marstrand, P. K.(1987). *Creative intelligences*. Frances Pinter Ltd. 56-67.

Baron, J.(1991). Beliefs about thinking. In J. F. Voss, D. N. Perkins, & J. W. Segal (Eds.), *Informal Reasoning and Education*, 169-186, Hillsdale, New Jersey: Erlbaum.

Block, S. H., & Block, C. B.(2010). Mind-Body Workbook for PTSD. New Harbinger Publications, Inc. Oakland, CA 94609.

Boden, M. A.(2004). *The Creative Mind: Myths And Mechanisms*. Routledge.

Bransford, J., & Stein, B.S.(1993). *The IDEAL Problem Solver: A Guide for Improving Thinking, Learning and Creativity*. New York: Freeman.

Bransford, J. D. & Stein, B. S.(1984). The ideal problem solver: A guide for improving thinking, learning, and creativity. New York: Freeman.

Bruner, J. S.(1962). The conditions of creativity. In H. Gruber, G. Terrell, & M. Wertheimer(Eds.), *Contemporary Approaches to Creative Thinking*, 1-30, New York: Atherton.

Carson, S. H., Peterson, J.B., Higgins, D.M. (2005). Reliability, Validity, and Factor Structure of the Creative Achievement Questionnaire. *Creativity Research Journal*, *17*(1), 37-50.

Chi, M.T.H., & Bassok, M.(1989). Learning from Examples vs. Self Explanations. In L. B. Resnick(ed.). *Knowing, Learning, and Instruction: Essays in Honor of Robert Glaser*. Mahwah, New Jersey: Erlbaum.

Chi, M. T. H., Feltovich, P., & Glaser, R.(1981). Categorization and representation of physics problems by experts and novices. *Cognitive Science*, 5, 121-152.

Cohen, L.M.(1989). A continuum of adaptive creative behaviors. *Creativity Research Journal 2,*

169-183.

Craft, A.(2005). *Creativity in Schools: tensions and dilemmas*. Routledge.

Cropley, A. J.(1992). *More ways than one: Fostering creativity*. Norwood, New Jersey: Ablex.

Cropley, A. J.(1999). Creativity and cognition: Producing effective novelty. *Roeper Review*, *21*, 253-260.

Cross, D. R. & Paris, S. G.(1988). Developmental and Instructional Analyses of Children's Metacognition and Reading Comprehension. *Journal of Educational Psychology*; *80*(2), 131-142.

Crutchfield, R. S.(1962). Conformity and creative thinking. In H. Gruber, G. Terrell, & M. Wertheimer (Eds.), *Contemporary Approaches to Creative Thinking*, 120-140. New York: Atherton.

Csikszentmihalyi, M.(1988). Society, culture, and person: A systems view of creativity. In R. J. Sternberg(Ed.), *The nature of creativity*(325-339). New York: Cambridge University Press.

Csikszentmihalyi, M.(1996). *Creativity: Flow and the psychology of discovery and invention*. New York: HarperCollins.

De Bono, E.(1985). *Six Thinking Hats*. London: Penguin Book.

Deci, E. & Ryan, R. M.(1980). The empirical exploration of intrinsic motivational processes. In L. Berkowitz(Ed.), *Advances in Experimental Social Psychology*, 39-80. New York: Academic.

Deci, E.(1971) Effects of externally mediated rewards on intrinsic motivation. *Journal of Personality and Social Psychology*, *18*, 105-115.

Deci, E.(1975). *Intrinsic motivation*. New York: Plenum.

Dewey, J.(1933). *How we think: A restatement of the relation of reflective thinking to the educative process*. Boston: D.C. Heath.

Diamond, M. with Hopson, J.(1998). *Magic trees of the mind.* New York: Dutton.

Driscoll, M. P.(2005). *Psychology of Learning for Instruction*. Pearson Education, Inc.

Dudek, S. Z. & Cote, R.(1994). Problem finding revisited. In M. A. Runco,. *Problem Finding, Problem Solving, and Creativity*, 130-150. Norwood, New Jersey: Ablex.

Dunkle, M. E., Schraw, G., and Bendixen, L. D.(1995). Cognitive Processes in Well-Defined and Ill-Defined Problem Solving. Paper presented at the annual meeting of the American Educational Research Association. San Francisco, Apr.

Eberle, R. E.(1971). Scamper: games for imagination development. Buffalo, New York:

DOK. Pub.

Eberle, R. E.(1977). SCAMPER. Buffalo, New York: DOK.

Edward H. A.(1995). MIT의 시과학(Vision Science) 교수의 체커 그림자 착시(checker shadow illusion).

Ericsson, K.A.(1996). The acquisition of expert performance: An introduction to someone of the issues. In K.A. Ericss(Ed.), *The road to excellence: The acquisition of expert performance in the arts and science, sports, and games*(1-50). Mahwah New Jersey:Erlbaum.

Feist, G. J.(1999). Influence of personality on artistic and scientific creativity. In R. J. Sternberg. *Handbook of creativity*, 273-296. New York: Cambridge University Press.

Feist, G. J.(2001). Natural and sexual selection I the evolution of creativity. *Bulletin of Psychology and the Arts*, *2*, 11-16.

Feist, G. J.(2008). 인간의 창의적 재능에서 진화되어 온 유동적 특수성. 임웅 역(2009). 창의성:그 잠재력의 실현을 위하여. In R. J. Sternberg, E. L.Grigorenko, & J. L. Singer(2008). *Creativity: From potential to realization*, Washington, DC: American Psychological Association.). 서울: 학지사.

Feldman, D. H.(1999). The Development of Creativity, In R. J. Sternberg, *Handbook of Creativity*. Cambridge University Press.

Finke, R., Ward, T. B., & Smith, S. M.(1992). *Creative cognition: Theory, research, and applications*. MIT Press.

Fishbein, D.D., and others.(1990). Learners Questions and Comprehension in a Tutoring System. *Journal of Educational Psychology, 82*, 163-170.

Flagle, C. D.(1960). Operations research and systems engineering. Baltimore, MD: Teh Johns Hopkins press.

Freeman, J.(1983). Emotional problems of the gifted child. *Journal of Child Psychology and Psychiatry*, *24*, 481-485.

Galton, R.(1869). *Hereditary genius: An inquiry into its laws and consequences*. London: Macmillan.

Getzels, J. W., & Jackson, P. W.(1962). *Creativity and Intelligence*. London and New York: John Wiley & Sons Inc.

Gick, M. L., & Lockhart, R.S. (1995). Cognitive and affective components of insight. In R. J. Sternberg and J. E. Davidson(Eds.), *The nature of insight* 197-228. Cambridge, Massachusetts: MIT Press.

Glaser, R., & Cooley, W. W. (1973). Instrumentation for teaching and instructional management. In R. M. W. Travers(Ed.). *Second handbook of research on teaching*. Chicago: Rand McNally.

Goertzel, V. & Goertzel. M. G.(1962). *Cradles of eminence*. Boston, Massachusetts: Little, Brown.

Gottlieb, G.(1976). The roles of experience in the development of behavior and the nervous system. In G. Gottlieb(Ed.), *Studies on the development of behavior and the nervous system, (Vol. 3),* Neural and behavioral specificity, New York: Academic..

Gregory, R.(1987). Intelligence based on knowledge-knowledge based on intelligence. In Gregory, R. & Marstrand, P. K.(1987). *Creative intelligences*. Frances Pinter Ltd. 1-8.

Grieve, F. G., Whelan, J. P., Kottke, R., & Meyers, A. W.(1994). Manipulating adults' achievement goals in a sport task: Effects on cognitive, affective, and behavioral variables. *Journal of Sport Behavior*, *17*, 1-17

Gruber, H. E.(1981b). On the relation between "a-ha" experiences and the construction of ideas. *History of Science*, *19*, 41-59.

Guilford, J. P.(1963). An informational theory of creative thinking. Paper presented at the Convention of the Western Psychological Association, Santa Monica, CA.

Guilford, J. P.(1967). *The nature of human intelligence*. New York: McGraw-Hill.

Guilford, J. P.(1968). *Intelligence, creativity and theory educational implications*. SD: Robert Knapp.

Hayes, J.R.(1989). Cognitive processes in creativity. In J. A. Glover, R. R. Ronning, & C. R. Reynolds(Eds.), *Handbook of creativity*(135-145). New York: Plenum.

Hayes, J. R.(1989). *The complete problem solver*(2nd ed.). Hillsdale, New Jersey: Erlbaum.

Holton, G.(1973). Thematic origins of scientific thought. Cambridge, Massachusetts: Harvard University Press.

Johnson, D. M.(1972). *A systematic introduction to the psychology of thinking*. Harper & Row.

Jonassen, D.H. & Henning, P.(1999). Mental Models: Knowledge in the Head and Knowledge in the World. *Educational Technology*, *39*(3), 37-42.

Jonassen, D.H.(2002). Learning as Activity. *Educational Technology*, *42*(2), 45-51.

Jonassen, D. H.(2004). *Learning to solve problems*. John Wiley & Sons, Inc.

Kitchner, K. S.(1983). Cognition, Metacognition, and Epistemic Cognition: A Three-Level Model of Cognitive Processing. *Human Development, 26*, 222-232.

Knapp, R. H.(1963). Demographic, cultural and personality attributes of scientists. In C. W. Taylor, & F. E. Barron(Eds.), *Scientific Creativity: Its recognition and development*, 205-

216.

Koestler, A.(1964). *The Act of Creation*. New York: MacMillan.

Kohlberg, L.(1987). The development of moral judgement and moral action. In L. Kohlberg(Ed.). *Child psychology and childhood education: A cognitive developmental view*. New York: Longman.

Kohn, A.(1993). Choices for Children: Why and how to let students decide. *Phi Delta Kappan*, *75*, 8-20.

Koslowski, B., Okagaki, L., Lorenz, C., and Umbach, D.(1989). When Covariation Is not Enough: The Role of Causal Mechanism, Sampling Method, and Sample Size in Cusak Reasoning. *Child Development*, *60*, 1316-1327.

Kraft, U. (2005). Unleashing creativity. *Scientific American Mind*, *16*(1), 16-23.

Lepper, M., Greene, D., & Nisbett, R.(1973). Undermining children's intrinsic interest with extrinsic rewards: A test of the "overjustification" hypothesis. *Journal of Personality and Social Psychology*, *28*, 129-137.

Lubart, T, I.(1994). Creativity. In R. J. Sternberg, *Thinking and problem solving*, 289-332. New York: Academic Press.

Lubart, T.I & Guignard, Jacques-Henri(2008). 창의성의 일반성과 특수성-다변량적 접근. 임웅 역(2009), 창의성 : 그 잠재력의 실현을 위하여. In R. J. Sternberg, E. L.Grigorenko, & J. L. Singer(2008). *Creativity: From potential to realization*, Washington, DC: American Psychological Association.). 서울: 학지사.

Lubart, T. I., & Lautrey, J.(1998). Family environment and creativity. Paper presented at the 15th biennial meetings of the International Society for the Study of Behavioral Development, Berne, Switzerland.

Lubart, T. I., Mouchiroud, C., Tordjman, S., & Zenasni, F.(2003). *Psychologie de la creativite* [Psychology of creativity]. Paris: Colin.

MacKinnon, D.(1983). The highly effective individual. In R. S. Abert (Ed.), *Genius and eminence: A social psychology of creativity and exceptional achievement*, 114-127. Oxford: Pergamon.

MacKinnon, D. W.(1962). The nature and Nurture of Creative Talent. *American Psychologist*, *17*, 484-495.

MacKinnon, D. W.(1970). Creativity: A multi-faceted phenomenon. In J. Roslanksy(Ed.), Creativity(pp. 19-32). Amsterdam: North-Holland.

Macphail, E.(1987). Creativity, intelligence and evolution. Gregory, R. & Marstrand, P.

K.(1987). ed. *Creative intelligences*. Frances Pinter Ltd. 129-137.

Marjoram, T.(1988). *Teaching able children*. London: Kogan Page.

Mazur, E.(1997). *Peer Instruction: A User's Manual*. Prentice Hall.

McCrae, R. R.(1987). Creativity, Divergent Thinking, and Openness to Experience. *Journal of Personality and Social Psychology*, *52*(6), 1258-1265.

McKnight, T. W., & Phillips, R. H.(2002). *Love Tactics*. Garden City Park.

McLaren, R. B.(1999). Dark Side of Creativity. In M. A. Runco, & S. R. Pritzker, *Encyclopedia of Creativity*, Academic Press.

Mednick, S. A.(1962). The associative basis of the creative process. *Psychological Review*, *69*, 220-232.

Miller, J. P.(1996). The Holistic Curriculum, The Ontario Institute for Studies in Education.

Mumford, M. D. & Gustafson, S. B.(1988). *Creativity syndrome: integration, application, and innovation*. Psychological Bulletin, 103, 27-43.

Newell, A., & Simon, H. A.(1972). *Human problem solving*. Englewood Cliffs, New Jersey: Prentice Hall.

Nickerson, R. S.(1990). Dimensions of Thinking: A critique. In B. F. Jones & L. Idol (Eds.), *Dimensions of Thinking and Cognitive Instruction: Implications for Educational Reform*, *1*, 495-509.

Nickerson, R. S.(1999). "Enhancing Creativity", In Sternberg, R. J.: *Handbook of Creativity*. Cambridge University Press.

Noddings, N. & Shore, P. J.(1984). *Awakening the inner eye: Intuition in education.* New York: Teachers College Press.

Nonaka, I.(1991). The Knowledge-Creating Company. *Harvard Business Review*, *69*(6), 96-104.

O'Hara, L. A. & Sternberg, R. J.(1999). Creativity and Intelligence, In R. J. Sternberg, *Handbook of Creativity*, Cambridge University Press.

Perkins, D. N.(1990). The nature and nurture of creativity. In B. F. Jones, & L. Idol (Eds.), *Dimensions of thinking and cognitive instruction*, 415-443. Hillsdale, New Jersey: Erlbaum.

Perkins, D. N.(2000). The eureka effect: The art and logic of breakthrough thinking. New York: Norton.

Piaget, J.(1969). *Science of education and the psychology of the child.* New York: Viking.

Piaget, J.(1976). *To understand is to invent*. New York: Penguin.

Pidwirny, M. (2006). Definitions of Systems and Models. *Fundamentals of Physical Geography*. Date Viewed. http://www.physicalgeography.net/fundamentals/4b.html

Pink, D. H.(2005). *A Whole New Mind: Moving from the information age into the conceptual age*. Allen & Unwin.

Plucker, J.(2008). Generalization of creativity across domains: Examination of the method effect hypothesis. *Journal of Creative Behavior, 38*(1), 1-12.

Plucker, J., Beghetto, R. A., & Dow, G. T.(2008). Why isn't creativity more important to educational psychologists? Potential, pitfalls, and future directions in creativity research. *Educational psychologist, 39*(2), 83-96.

Plucker, J. A. & Renzulli, J. S.(1999). Psychometric Approaches to the Study of Human Creativity. In R. J. Sternberg, *Handbook of Creativity*. Cambridge University Press.

Rogers, C.(1954). Toward a theory of creativity. *International Society for General Semantics, 11*, 249-260.

Rogers, C.(1961). *On Becoming A Person*. Boston: Houghton Mifflin Co.

Root-Bernstein, R. & Root-Bernstein, M(2008). 예술적인 과학자와 과학적인 예술-박식함과 창의성 간의 연계. 임웅 역(2009). 창의성: 그 잠재력의 실현을 위하여. In R. J. Sternberg, E. L.Grigorenko, & J. L. Singer(2008), *Creativity: From potential to realization*, Washington, DC: American Psychological Association.). 서울: 학지사.

Root-Bernstein, R.(1999). Discovery. In M. A. Runco & S. R. Prentky(Eds.). *Encyclopedia of Creativity, 1*, 559-571. SD: Academic Press.

Root-Bernstein, R. S., & Root-Bernstein, M. M.(1999). Sparks of genius: The thirteen thinking tools of the world's most creative people. Boston: Houghton Mifflin.

Rubenson, D.L. & Runco, M.A.(1995). The psychoeconomic view of creative work in groups and organizations. *Creativity and Innovation Management, 4*, 232-241.

Runco, M. A. & Albert, A. Eds.(1990). *Theories of creativity*. Newbury Park, California: Sage.

Runco, M. A. & Albert, R. S.(1986b). The threshold hypothesis regarding creativity and intelligence: An empirical test with gifted and nongifted children. *Creative Child and Adult Quarterly, 11*, 212-218.

Runco, M. A. & Okuda, S. M.(1993). Reaching creatively gifted children through their learning styles. In R. M. Milgram, F., Dunn, & G. E. Price, Teaching and Counseling Gifted and Talented Adolescents: An International Learning Style Perspecitive, 103-115. New York: Praeger.

Runco, M. A.(1990). Implicit theories and ideational creativity. In M. A. Runco & R. S. Albert(Eds.). *Theories of Creativity*, 234-252, Newbury Park, California: Sage.

Runco, M. A.(1996). Personal creativity: Definition and developmental issues. *New Directions for Child Development*, *72*, 3-30.

Runco, M. A.(2004). Creativity. *Annual Review of Psychology*, *55*, 657-687.

Runco, M. A.(2007). *Creativity*. Elsevier Academic Press.

Runco, M.A.(2008). 모든 사람은 창의적 잠재성을 지니고 있다. 임웅 역(2009), 창의성: 그 잠재력의 실현을 위하여. In R. J. Sternberg, E. L.Grigorenko, & J. L. Singer(2008). *Creativity: From potential to realization*, Washington, DC: American Psychological Association.). 서울: 학지사.

Runco, M. A.(Ed.). (1994). *Problem finding, problem solving, and creativity*. Norwood, New Jersey: Ablex Publishing.

Runco, M. A., & Albert, A. Eds.(1990). *Theories of creativity*. Newbury Park, California: Sage.

Schank, R. C.(1988). *The Creative Attitude: Learning to Ask and Answer the Right Questions*. New York: Macmillan.

Science Times(2008). Science newsletter(2008. 6. 25.), 1271.

Senge, P.(1990). *The fifth discipline: The art of practice of the learning organization*. New York: Double day Books.

Simon, D.P.(1978). Information Processing Theory of Human Problem Solving. In D. Estes(ed.), *Handbook of Learning and Cognitive Process*. Mahwah, New Jersey: Erlbaum.

Simonton, D. K.(1976). Biographical determinants of achieved eminence: A multivariate approach to the Cox data. *Journal of Personality and Social Psychology*, *33*, 218-226.

Simonton, D.K.(1984). Genius, creativity, and leadership: Hisrotiometric inquiries. Cambridge, Massachusetts: Havard University Press.

Simonton, D. K.(1987). Developmental antecedents of achieved eminence. *Annals of Child Development*, *5*, 131-169.

Simonton, D. K.(2000). Creativity: Cognitive, personal, developmental, and social aspects. *American Psychologist*, *55*, 151-158.

Simonton, D. K.(2002). Persistent myths, probabilities, and psychologists as human beings. *Dialogue*, *17*, 24-25.

Simonton, D. K.(2008). 제약을 갖는 확률론적 과정으로서의 창의성. 임웅 역(2009), 창의성: 그 잠재력의 실현을 위하여(R. J. Sternberg, E.L. Grigorenko, & J.L. Singer.

Eds.(2008). *Creativity: From potential to realization,* Washington, DC: American Psychological Association.). 서울: 학지사.

Sternberg, R. J. & Lubart, T. I.(1992). Buy low and sell high: An investment approach to creativity. Current Directions in Psychological Science, 1, 1-5.

Sternberg, R. J. & Lubart, T. I.(1995). *Defying the crowd: Cultivating a creativity in a culture of conformity*. New York: The Free Press.

Sternberg, R. J. & Lubart, T. I.(1999). The Concept of Creativity: Prospects and Paradigms, in ed. Sternberg, R.J, Handbook of Creativity. Cambridge University Press.

Sternberg, R. J.(1985). Implicit theories of intelligence, creativity, and wisdom. *Journal of Personality and Social Psychology*, *49*, 607-627.

Sternberg, R. J.(1988). A three-facet model of creativity. In Sternberg, R. J.(Ed.), The nature of creativity (pp. 125-147). Cambridge, England: Cambridge University Press.

Sternberg, R. J.(1996). *Cognitive Psychology*. Harcourt Brace College Publishers.

Sternberg, R. J., & Lubart, T. I.(1992). Buy low and sell high: An investment approach to creativity. Current Directions in Psychological Science, 1, 1-5.

Sternberg, R. J., Grigorenko, E. L., & Singer J. L. Eds.(2008). *Creativity: From potential to realization,* Washington, DC: American Psychological Association.

Stevenson, H. W., Chen, C., & Lee, S-Y.(1993). Mathematics achievement of Chinese, Japanese, and American children: Ten years later. *Science*, *259*, 53-58.

T. Lubart, & J. H. Guignard(2004). The Generality-Specificity of Creativity: A Multivariate Approach, in Creativity From Potential to Realization 43, 44(Robert J. Sternberg, Elana L. Grigorenko & Jerome L. Singer eds., 2004).

Tatarkiewicz, W.(1980). A History of Six Ideas: an Essay in Aesthetics, Translated from the Polish by Christopher Kasparek, The Hague: Martinus Nijhoff.

Taylor, C. W.(1988). Various approaches to and definitions of creativity, In ed. R. J.Sternberg, The Nature of Creativity: Contemporary Psychological Perspectives. Cambridge University Press.

Thistlewaite, D. L.(1963). The college environment as a determinant of research potentiality. In C. W. Taylor & F. Barron(Eds.), *Scientific creativity: Its Recognition and Development*, 265-271. New York: Wiley.

Torrance, E. P.(1962). *Guiding creative talent*. Englewood cliffs: Prentice Hall.

Torrance, E. P.(1968). A longitudinal examination of the fourth-grade slump in creativity, *Gifted Child Quarterly*, *12*, 195-199.

Torrance, E. P.(1972). Can we teach children to think creatively?. *Journal of Creative Behavior*, 9, 12-195.

Torrance, E. P.(1974). Torrance Tests of Creative Thinking. Personnel Press.

Torrance, E.P.(1977). *Creativity in the classroom*. Washington, DC: National Education Association.

Urban, K. K.(1995). Creatibity-A componential approach. Post conference china meeting of the 11th world conference on gifted and talented children. Beijing, China, August, 5-8.

Vygotsky, L. S. (1978). *Mind in Society*. Cambridge, Massachusetts: Havard University Press.

Wallas, G.(1926). *The art of thought*. New York: Hartcourt, Brace & World.

Ward, T.(2003). Creativity, in ed. Nagel, L., Encyclopaedia of Cognition, New York: Macmillan.

Weisberg, R. W.(1992). *Creativity: Beyond the myth of genius*. New York: Freeman.

Weisberg, R. W.(1993). *Creativity: Beyond the myth of genius*. Freeman.

Whimbey, A., & Lochead, J.(1999). *Problem Solving and Comprehension*(6th ed.) Mahwah, New Jersey: Erlbaum.

Winick, M.(1976). *Malnutrition and brain development*. New York: Oxford.

Wong, B. Y.(1985). Metacognition and Learning abilities, In D. L. Forest-Pressley, g. e. Mackinnon, & T. G. Waller(eds.), Metacognition, Cognition, and Human Performance, 2, Instructional Practices, 137-180.

Wood, P.K.(1983). Inquiring Systems and Problem Structures: Implications for Cognitive Development. *Human Development. 26*, 249-265.

홈페이지자료

http://en.wikipedia.org/wiki/creativity. 창의성. (2018. 11. 5. 인출).

http://en.wikipedia.org/wiki/Knowledge. 지식. (2018. 10. 30. 인출).

http://kr.blog.yahoo.com/yehbyungil/5237. 예병일의 경제노트. (2007. 6. 22. 인출).

http://members.optusnet.com.au/charles57/Creative/Basics/index.html. Creativity Basics.

http://members.optusnet.com.au/charles57/Creative/Children/herrmann.htm

http://members.optusnet.com.au/charles57/Creative/Resources/affirmations.htm

http://mopasblog.tistory.com/11810225. 에스컬레이터, 행정자치부 블로그. (2018. 5. 5. 인출).

http://my.dreamwiz.com/mijk/dada.htm

http://news.jtbc.joins.com/article/ArticlePrint.aspx?news_id=NB10110749. (2018. 12. 20.)

http://terms.naver.com, 시사상식사전, 4차 산업혁명. (2018. 12. 5. 인출).

http://www.creativityforlife.com/full_article.php?article_id=1

http://www.creativityforlife.com/full_article.php?article_id=108

http://www.fablabconnect.com/meet-women-shaping-future-drone-business. 드론. (2017. 10. 3. 인출).

http://www.humorproject.com/

http://www.jpb.com/creative/article_creative_myths.php

http://www.kipa.org/

http://www.mediafine.co.kr, 미디어파인, 신수식 칼럼. (2017. 8. 14. 인출).

http://www.mikekerr.com/pics/Creativity_and_humour.pdf

https://blog.naver.com/kingcap12/220872846923. 장님과 코끼리. (2018. 5. 10. 인출).

https://ecopark.bucheon.go.kr/site/homepage/menu/viewMenu?menuid=149004003001

https://en.wikipedia.org. 스무고개. (2018. 12. 13. 인출).

https://en.wikipedia.org/wiki/Satire_on_False_Perspective (2018. 2. 10.)

https://ko.wikipedia.org/wiki/시스템. (2018. 12. 25. 인출)

https://namu.wiki/w/공상. (2018. 12. 25.)

https://upload.wikimedia.org/wikipedia/commons/e/eb/Tangramallconvex.PNG. (2018. 11. 19.)

https://upload.wikimedia.org/wikipedia/commons/e/eb/Tangramallconvex.PNG. 탱그림. (2018. 11. 19. 인출).

https://zetawiki.com/wiki/. 제타위키. 토끼-오리 착시. (2018. 5. 10. 인출).

저자소개

박영태

서울대학교 교육학과
동아대학교 대학원 교육학과(교육학석사)
동아대학교 대학원 교육학과(교육학박사)
동아대학교 교육학과 교수 역임
동아대학교 교육대학원 유아교육전공 책임교수 역임
현: 동아대학교 교육학과 명예교수

하수연

경성대학교 유아교육과
동아대학교 교육대학원 유아교육전공(교육학석사)
동아대학교 대학원 교육방법 전공(교육학박사)
현: 장안대학교 유아교육과 교수

박원혁

미국 Idaho State University (Ph. D.)
psychology & educational leadership doctor of education
현: 영남대학교 고등교육정책연구소 연구교수

새로운 삶을 창조하는

창의성과 문제해결능력

초판 1쇄 발행 2019년 3월 6일
초판 2쇄 발행 2021년 2월 8일

지 은 이 | 박영태 · 하수연 · 박원혁
펴 낸 이 | 김기섭
편 집 인 | 이초롱
펴 낸 곳 | 창지사 www.changjisa.com
08589 서울시 금천구 가산디지털 1로 83 파트너스타워 1차 9층
전화 (02)719-2211~3
팩스 (02)701-9386
등 록 | 1977년 4월 28일 · 제1-421호

ISBN 978-89-426-1201-7 (93370)

값 20,000원

이 도서의 국립중앙도서관 출판예정도서목록(CIP)은 서지정보유통 지원시스템 홈페이지(http://seoji.nl.go.kr)와 국가자료공동목록시스템(http://www.nl.go.kr/kolisnet)에서 이용하실 수 있습니다(CIP제어번호: CIP2019007963).